森田寛二著

行政改革の違憲性

信山社

はしがき

「考えるということは、いつの時代においても努力と勇気を必要としてきたものである。努力を必要とするというのは、考えることは、定説を安易に受け入れたり他人のくだした決定に安易にしたがうことを拒否するものだからである。また、勇気が必要だというのは、考えることによってさらけだされる空虚さはわびしいものであり、またいっぽう、考えることによって負わされる責任は耐えがたいほど重いものだからである」。――ブライアン・マスターズ（森　英明：訳）『人はなぜ悪をなすのか』（二〇〇〇年、草思社）二八七頁。

「定説」に対しても自説に対しても批判的に（カント的意味で批判的に）思考する。このような試み的態度が学問的作業の骨格の一つを形成するとの自覚の下に、本書ものされる。

憲法七三条柱書きは「内閣は、他の一般行政事務の外、左の事務を行ふ」と規定して「一般行政事務」といっているが、この「一般行政事務」の「一般」の場合、その意味を判定するにあたって《第一段的に》視野に入れられるべきは、日常的コミュニケーションにおける「一般」であろう。

『日本国語大辞典　第二版　第一巻』一二〇〇頁（二〇〇〇年、小学館）は、「一般」の語義として基本的に三つ掲記している。第一が「一様」、第二が「共通して全体にわたっていること」、第三が「普通」である。

この《知》、そして、憲法七三条柱書きは単に「行政事務」と規定しているのではなくて「一般行政事務」と規定していること、更には、そこには「他の一般行政事務」とあって「他の」とあり、同条各号の記載との関連で「一般行政事務」といっていることを考慮に入れるならば、同条柱書きの「一般行政事務」の「一般」については、その規準的意味は「共通して全体にわたっていること」ではないかという視角からの点検がされてしかるべきであろう。

ちなみにいっておくと、手元にある一九四一年（三省堂）発行の『広辞林〔新訂携帯版〕』は「一般」の語義として基本的に二つ、すなわち「ぜんたい」と「一様」を、そして一九四三年（三省堂）発行の『明解国語辞典』は「一般」の語義として二つ、すなわち「ぜんたい」と「同様」を掲記している。

ここで一九四〇年代の辞書に言及したのは、当時「一般」は「普通」の意で使用されていなかったことを主張するためではない（そう主張することは、おそらく、事実に反するであろう）。そうではなくて、憲法七三条柱書きにいう「一般」の規準的意味として「共通して全体にわたっていること」を考えることの適切・不適切の作業の必要性が、そこからも知られうるために言及したのである。

「定説」などがそのような適切・不適切の作業を欠いてきたことは、たとえば宮沢俊義『（法律学体系コンメンタール篇）日本国憲法』（一九五五年、日本評論新社）五五四頁の以下のような注釈から推知されうるであろう。「〔憲法七三条柱書きにいう〕『他の一般行政事務の外』とは、内閣はひろく行政権を有し（六五条）、かならずしも本条〔憲法七三条〕に例示される事務だけを行うものでない、という趣旨をあらわす。すなわち、本条の列記は、内閣の権限に属する重要なものの例示の意味を有するにすぎず、内閣の権限が決してそれにかぎられるものではない」。

右の引用節中の見解について私は、二〇〇〇年（良書普及会）公刊の著書『行政機関と内閣府』二一〇頁で、こう書いた。「この〔宮沢教授の〕注釈によれば、『内閣は、他の一般行政事務の外、左の事務を行ふ』と規定する憲法七三条柱書きは、要は（「平成十一年七月十六日」付けで公布された一定の法律による改正の前の地方自治法二条三項の言い回しを用いつついうと）《内閣の事務を例示すると、次のとおりである》と定めているにすぎないことになる。それは、あたかも『一般行政事務』という語句がそこにないがごとき注釈である。これは、無体ではなかろうか」。

二〇〇一年（良書普及会）発行の藤田宙靖教授の著作『行政組織法［新版］』一四六頁注二に、以下のように記されている。「憲法七三条にいうこの『一般行政事務』とは、『行政事務の全体的要諦』の意であり、文字通りの一般行政事務を意味するものではない、という指摘をするものがある。参照、森田・前掲論文」。

藤田教授は、「文字通りの一般行政事務」という言い回しを用いて批評をおこないながらも、「一般」の「文字通りの」意味が何であるかを明言することを避けている。その一事からも判然明白に一つの《知》を得ることができるであろう。読者は留意されていい。右の記述は、「定説」や藤田教授自身の「説」などが憲法七三条柱書きにいう「一般」の規準的意味として「共通して全体にわたっていること」を考えることの適不適の作業を棚上げした上に成立していることをはしなくも露呈していることに。

憲法七三条柱書きが「内閣は、他の一般行政事務の外、左の事務を行ふ」というときの「一般行政事務」の「一般」について、ここに指摘した規準的意味を考えることの適不適の点検をおこなうと、そこから別の吟味点の存在が胸に宿ってくるであろう。

「内閣」と「行政各部」との間における《形態的な関係》として憲法「第五章　内閣」は、真実、《タテ型》を肯定しているか。憲法「第五章　内閣」が肯定しているのは、《ヨコ型》（《並び型》）ではないか。これが、胸に宿った別の吟味点である。

私の論考の結果は、以下のとおりであった。「内閣」と「行政各部」との間には《形態上のヨコ型》が肯定されており、一つの《分立》思想が受容されている。

そして、この論考をも基礎にして到達した根底的な知見は、こうであった。憲法「第五章　内閣」においては「内閣」は《行政事務の全体的要務》という「一般」を、「行政各部」は各《行政事務》という「各般」を担当するという考え方がとられている。

「定説」に対する省察の視角は、むろん、単数ではないが、本書を産出した作業を導いた視角の一つは、

「言葉の選定は、単なる選定ではない。言葉の選定は、《事象に対する洞察》を基礎にもつ」であった。——参照、前掲『行政機関と内閣府』ⅰ頁。

憲法における言葉の選定に注意を集中するとき、逸することができないのは英訳日本国憲法である。宮沢教授の上記コンメンタールの「はしがき」四頁に、こうある。「日本国憲法の正文は日本語文であり、英訳は単なる訳文にすぎないが、かような日本国憲法成立の経過を考えるとき、その各条文を正しく解釈するために、その英訳が非常に参考になることは明白だろうとおもう」。

「英訳が非常に参考になる」。事実である。一例をあげよう。憲法七四条は「法律及び政令には、すべて主任の国務大臣が署名し、内閣総理大臣が連署することを必要とする」と規定しているが、同条について宮沢教授の上記コンメンタール五八一頁はいう。「本条の趣旨はじゅうぶんに明確とはいいがたい。／……執行の責任者としての公証の趣旨であるならば、……まず内閣総理大臣が署名し、第二次的に、主任の国務大臣が署名（連署）するほうが合理的なようにおもわれる」。

この「本条の趣旨はじゅうぶんに明確とはいいがたい」という論定の土台の一つを提供しているのが、「[憲法七四条の]『連署』とは、他の者の署名に添えて署名することをいう」（上記コンメンタール五七九頁）という把握である。

憲法七四条の「連署」が単なる add a signature の意に解されている訳であるが、「連署」を表記する英語として英訳日本国憲法（そして、マッカーサー草案）が使っているのは countersign である。英英辞典をひもといてみよう。

ＯＡＬＤ (6th ed.)【countersign】: to sign a document that has already been signed by another person, especially in order to show that it is valid.

ＬＥＤ【countersign】: to sign (something that somebody else has already signed), usually to show that their signature is correct or legal.

英英辞典のこのような解説から、憲法七四条の「連署」countersign は単なる add a signature の意ではなくて add a signature in order to show that the first person's signature is valid という意であり、「連」には「添えて」add ということ以上の事柄がふくまれているとみる見地の当否について吟味的な追究をする必要性が感得されるであろう。

それを試みて、どうなったか。憲法七四条は、「内閣」は《行政事務の全体的要務》という「一般」を、「行政各部」は各《行政事務》という「各般」を担当するという（憲法「第五章　内閣」における）座標軸的な考え方とフィットしており、《憲法七四条は不合理である》とはいいえない。この結論に達したのである。

本書は、月刊誌「自治研究」にその二〇〇〇年一二月号から二〇〇一年一一月号までの号に一〇回にわたって掲載した論文「憲法『第五章　内閣』中の規定などに違反する行政改革」をベースにして、それに推敲的な加筆・補訂をしたものである。

書物が公になるのは、出版人の力である。信山社の渡辺左近様から寄せられた御力添えと御厚情に深い感謝の意を表したいとおもう。

二〇〇二年八月

森田寛二

目次

第一章　憲法七三条の一般行政事務とは

一　中心テーゼ及びその周辺テーゼ

次のⅠに書き記すのは、月刊誌「自治研究」一九九九年一一月号で公にした論文「国家行政組織法と内閣府設置法(二)[1]」のなかの論考である。

Ⅰ　憲法七三条柱書きは「内閣は、他の一般行政事務の外、左の事務を行ふ」と規定して「一般行政事務」といっているが、ここに「一般」というのは《全体的要諦》の意味で、したがって、「一般行政事務」というのは《行政事務の全体的要務》のことである。——憲法七三条柱書きは《内閣は、左の事務その他一般行政事務（行政事務の全体的要務）をおこなう》旨の規定である。

《内閣は、左の事務その他一般行政事務（行政事務の全体的要務）をおこなう》旨の規定である憲法七三条柱書きにおいては、「内閣」は《行政事務の全体的要務》という「一般」を、「行政各部」は各《行政事務》という「各般」を担当する考え方がとられている。

のみならずそれは、憲法「第五章　内閣」を貫いている考え方でもある。憲法「第五章　内閣」の最初の規定である憲法六五条は「行政権は、内閣に属する」と定めているが、同条の「行政権」については《後方穴埋め方式》が採用されており、その《後方穴埋め》をしているのが憲法七三条である。——そして既述のように、憲法七三条柱書きは《内閣は、左の事務その他一般行政事務（行政事務の全体的要務）をおこなう》旨の規定である。

そこで、こうなる。「行政権は、内閣に属する」と定めている憲法六五条の「行政権」というのは《『一般行政事務』をする権》——《『行政事務の全体的要務』という『一般』をする権》——をいう。[2]

右のⅠの議論を再び展開し、しかも補強をもおこなっているのが、二〇〇〇年一〇月に公刊した著書『行政機関と内閣府』である。そこで私は、英訳日本国憲法に言及して左記のⅡⅢのように指摘し、議論の補強を試みた。

Ⅱ　憲法七三条柱書きは「内閣は、他の一般行政事務の外、左の事務を行ふ」と規定しているが、英訳日本国憲法では、その柱書きにいう「一般行政事務」は general administrative functions となっている。

その general であるが、それは原義系統の意味で用いられている。手元の辞書には「『種族（gen）を導く人』が原義」とあり、寺澤芳雄：編『英語語源辞典』には of the whole kind の意のラテン語に由来するとある。

「行政権は、内閣に属する」と定めている憲法六五条の「行政権」は、英訳日本国憲法では、executive power となっているが、その executive は administrative との対比のなかで使用されており、その executive をこの administrative を用いて表記すると、general administrative となる。――憲法六五条の executive power は general administrative power の意味である。(3)

Ⅲ　executive を administrative との対比のなかで使用する立場に関連して、少し語源的考察をしておくと、executive について手元の辞書は、ちょっと疑問があるが、「徹底して（ex）行なう（cute）」がその語源的意味であると記し、上記『英語語源辞典』は、「『全く、完全に』など強意を表わす」語と to follow の意の語とからなる言葉を淵源とすると記している。

これに対し administer について手元の辞書は、「……に（ad）仕える（minister）」がその語源的意味であると書き、上記『英語語源辞典』は、to be near as an aid の意のラテン語に由来すると書いている。(4)

右記のⅡⅢでのべたところから知られるように英訳日本国憲法は、executive を administrative との対比のなかで使用して、その六五条で「内閣」に属する「権」を言表して executive power（= general administrative power）と、その七二条で「行政各部」を言表して various administrative branches と、その七三条柱書きで「内閣」のおこなう「事務」を言表して（単に administrative functions ではなくて）general administrative functions といっているというのが、私の所見である。

なお、憲法六五条の executive が administrative との対比のなかで――憲法七二条にいう「行政各部」に関連して用いられる administrative との対比のなかで――使用される術語としての役割をもっていることについては、更に後記本章**四**と第五章**二**などで一層の明るみの下に浮上させるべく照明が当てられるであろう。

二　executive を後方で穴埋めする

中心テーゼは、こうであった。「行政権（executive power）は、内閣に属する」と定める憲法六五条の「行政権（executive power）」については《後方穴埋め方式》がとられており、その《後方穴埋め》をしているのは憲法七三条である。

同様のことが、一九四六年二月一三日に吉田茂外務大臣らが受け取ったいわゆるマッカーサー草案の六〇条――「executive power は、内閣に属する」――の executive power についても妥当するというのが、私の考究成果である。

否、「executive power は、内閣に属する」と定めるマ草案六〇条の executive power については、より明瞭に《後方穴埋め方式》がとられているといいうるのである。

その《後方穴埋め》規定、すなわち（憲法六五条の産出元としての性格を有する）マ草案六〇条の executive power の《穴埋め》をしている《後方》の規定は、（憲法七三条の産出元としての性格を有する）マ草案六五条である。

マ草案六五条は、（憲法七三条と同じく）柱書きの部分と一号から七号までの各号列記の部分とからなっているが、その冒頭部分は、こうである。In addition to other executive responsibilities, the Cabinet shall …….

みられるようにマ草案六五条は、In addition to other executive responsibilities という言葉で始まっている。

このIn addition to other executive responsibilitiesが、「内閣は、他の一般行政事務の外、左の事務を行ふ」と定める憲法七三条柱書きの「他の一般行政事務の外」に当たる部分である。

マ草案六五条にはother executive responsibilitiesと規定されているが、ここにotherというのは《同類のなかの残りの》ということを言い表しているとみていいであろう。――otherの中心的意味は「同類の中の残り」であると明記している英和辞典としては、若林俊輔：編『ヴィスタ英和辞典』（一九九七年、三省堂）九九九頁がある。

そのotherは《同類のなかの残りの》の意であるから、マ草案六五条の柱書き部分は「内閣は、左の事務その他executive responsibilitiesをおこなう」旨の規定である。

論説の基盤を整理しておこう。

マ草案六〇条：「executive powerは、内閣に属する」。

マ草案六五条柱書き：「内閣は、左の事務その他executive responsibilitiesをおこなう」。

ここに整理したところから観取されうるようにマ草案六五条は、「内閣は、左の事務その他executive responsibilitiesをおこなう」といって「左」すなわち同条各号でexecutiveに当たるものを示し、この仕方でexecutiveについて部分定義をおこなっている。

そのようにマ草案六五条は、部分定義をおこないつつ「内閣は、……その他executive……をおこなう」といっているのであるから、同条がマ草案六〇条のexecutiveの《後方穴埋め》規定としての性格をもっていることは、明瞭であろう。

なお、マ草案六五条の直前の「条」であり、憲法七二条の産出元であるマ草案六四条は、「内閣総理大臣は、内閣に代わって法律案を国会に提出し（introduce bills on behalf of the Cabinet）」と規定していて「法律案を」といっており、憲法七二条のように「議案を」と定めていなかったが、マ草案六四条の「内閣に代わって法律案を国会に提出し」というその部分が、マ草案六五条柱書き中の「内閣は、……その他 executive ……をおこなう」を例示するという意味合いをも帯びているという特筆に値する事柄については、後記第九章、なかんずくその注(199)で読者の前に明るく差出されるであろう。

話題を一番の論題である executive の意味それ自体の方に移そう。日本国憲法制定過程の比較的早い段階から、マ草案六五条の executive responsibilities に《行政事務》という語を当てるのは不適切であると判断されていた。こう論定していいことは、一九四六年二月二六日の閣議配布案六五条[5]ではその executive responsibilities に「行政的責任」という語が当てられていたものの、三月二日案七五条[6]、三月五日案六九条[7]及び三月六日公表の憲法改正草案要綱六九条では「一般政務」という語が当てられ、そしてその「一般政務」が、四月一三日案六九条[8]及び四月一七日公表の憲法改正草案六九条では「一般行政事務」に変わったということからして容易に窺い知られうるとおもう。——単なる《政務》ではなくて「一般政務」、単なる《行政事務》ではなくて「一般行政事務」である。

当該 executive responsibilities に《行政事務》という語を当てるのは不適切であると判断されていたのである。このことは、強い注視と精考に値するであろう。そしてそのことは、他方で、政府におけるマッカーサー草案の内容理解のために力を貸したものの、いまだ覆いをかけられたままにされている裏方がいたのではあるまいかという推量の念を私に抱かせたのである。——更に参照、次の三。

三　三月五日整理英文が物語ること

論考を世に問うた後の一九九九年の一一月中旬のことであるが、件の「一般政務」や「一般行政事務」の「一般」には感心した旨を日本国憲法制定過程に造詣の深い布田勉教授に打ち明けたところ、教授は、教授所蔵の資料ファイルをひもとき、興味をそそられる一つの事実に私の注意を促した。

布田教授所蔵のその資料ファイルに「松本［烝治］文書二の（三一）」のコピーがあり、そのなかに、件の executive responsibilities に当てられるべき言葉に関し苦心をした跡がみられたのである。

しかも、そこでは、その executive responsibilities に当てられるべき言葉に関し、次のⅰⅱの二通りの理解を許すような叙述（訂正をふくめた叙述）がされていた。[9]——ⅰの順序であったと推断していいことは、この三の末尾部分における論述から知得されうるであろう。

ⅰ　行政事務→一般行政事務→一般政務[10]

ⅱ　行政事務→政務→一般政務

右のような叙述（訂正をふくめた叙述）が三月二日案七五条柱書き——「内閣ハ他ノ一般政務ノ外特ニ左ノ事務ヲ執行ス」——の起草過程上の文書にあることは、第一に、三月二日案の起草過程の段階で既にマ草案の executive responsibilities に《行政事務》という語を当てるのは不適切であると判断されていたこと、第二に、三月二日案の起草過程の段階で既にその executive responsibilities に当てられるべき言葉として「一般行政事務」が視野に入っていたことを証拠だてている点で、大いなる注目を払って、大いなる考究の端緒としていいものであろう。

三月二日案では、マ草案の executive responsibilities に「一般政務」の語が当てられたが、総司令部民政局における三月二日案の英訳——これは、三月四日昼間にされた——では、その「一般政務」はどのような英語で表記されたであろうか。

マ草案と同様、それは executive responsibilities であったか。[11] それとも、英訳日本国憲法と同様、general administrative functions であったか。

そのどちらでもなかったことは、笹川隆太郎・布田勉「憲法改正草案要綱の成立の経緯（一）——日本側携行案の英訳文を中心とする再検討――」が教えるところである。三月二日案英訳は、「一般政務」を general affairs of government という英語で表記したのである。[12]

「一般政務」という言葉は、三月二日案、三月五日案及び三月六日公表の憲法改正草案要綱で使用されているが、四月一三日案で「一般政務」は「一般行政事務」に変わり、そして憲法は同じく「一般行政事務」、英訳日本国憲法は general administrative functions といっている。

この点に関連して、強く強調しておきたいことがある。「一般政務」から「一般行政事務」への変更の《起点》は、日本文の案文のみの観察にもとづいて判定してはならない。これである。

佐藤達夫（佐藤功：補訂）『日本国憲法成立史・第三巻』に、こうある。「一般政務」から「一般行政事務」への変更は、憲法改正草案要綱を公表した三月六日から四月一三日までの間において「こちら限りで修正をした」点の一つであるものの、「英文に触れ」てはいない[13]、と。

「こちら限りで修正をした」という弁を眼底においてはならない。眼底におかれるべきは、「英文に触れ」てはいないという弁である。その段階の「英文」こそが、探究されるべきものである。

その段階の「英文」は、マ草案と同様 executive responsibilities であったであろうか。それとも、三月二日案英訳と同様 general affairs of government であったであろうか。あるいは、英訳日本国憲法と同様 general administrative functions であったであろうか。

先に私は、「総司令部民政局における三月二日案の英訳――これは、三月四日昼間にされた[14]――」と書いたが、その三月四日の「午後九時」から翌三月五日の「夕方四時」まで続けてされた、総司令部民政局におけるいわゆる「逐条審議[15]」の結果を整理した「英文[16]」が、佐藤達夫文書に残されている。「司令部ニテ説明後ノ終案（三月五日版）」との書き込みがある「CONSTITUTION OF JAPAN」が、それである。

このいわゆる三月五日整理英文の六九条には、英訳日本国憲法と同様 general administrative functions と規定されている。そして、三月六日午前に楢橋渡書記官長が署名した英文にも、佐藤文書によれば、general administrative functions とあったとのことである。

佐藤文書のなかの右のような資料と状況的な事柄からみると、三月四日午後九時から翌三月五日夕方四時まで続けてされた三月二日案に関する逐条審議の過程で、general affairs of government は斥けられ、general administrative functions が採用されたと推考されるであろう。——三月二日案の「一般政務」(general affairs of government) は斥けられ、それに代わって採用されたのが、三月二日案の起草過程の段階で既にマ草案の executive responsibilities に当てられるべき言葉として視野に入っていた「一般行政事務」(general administrative functions) である。

三月二日案がマ草案の executive responsibilities に《行政事務》でも《政務》でもなくて「一般政務」の語を当て、三月五日整理英文がその「一般政務」の排斥の上にたって「一般行政事務」と規定したという事実、そして、三月五日整理英文の後の三月五日案及び三月六日公表の憲法改正草案要綱では、整理英文によって排斥された「一般政務」の語がなお使われており、四月一三日案で「こちら限りで」「一般政務」を「一般行政事務」に変更したという事実、これらは何を示しているであろうか。

最後に一言。いま指摘した点などに関連する経過上の《謎》の部分があることは、心に留めておいていい。——また参照、後記第三章**三**(注(74)にも留意)。

四　マ草案に先立つ第一次試案など

上にのべたようにマ草案「第五章　内閣」の最初の規定である六〇条は、「executive power は、内閣に属する」と、同じくマ草案「第五章　内閣」のなかの規定である六五条は、その柱書き部分で「内閣は、左の事務その他 executive responsibilities をおこなう」と規定している。

それらの規定中の executive の意味把握に関し、重要な視角を提供してくれる資料がある。それは、マ草案に先立ついわゆる第一次試案[17]である。

左記の⑴⑵⑶⑷⑸は、第一次試案の「The Executive」と題する章のなかの「一条前段」、「三条」、「七条一項」、「七条二項柱書き及び同項一号」、そして「七条二項四号」である。――念のためいっておくと、第一次試案は、第二次試案[18]と異なって、次の⑴の「executive power は、内閣に属する」という趣意を貫徹しておらず、いわば「executive power は、内閣総理大臣にも属する」という考え方をもふくんでいる。この点については、さしあたり高柳賢三・大友一郎・田中英夫：編著『日本国憲法制定の過程Ⅰ』一七四頁掲記の、そして二四六頁掲記の文書の閲覧を指示しておきたいとおもう。

⑴ 「executive power は、内閣に属する[19]」。

⑵ 「内閣は、内閣総理大臣 (a Prime Minister)、国務大臣 (Ministers of States) 及び無任所大臣 (Ministers without Portfolio) から成り、これらの大臣は、文民であることを要する (shall at all times be civilians)。内閣総理大臣は、立法府が時宜に即して正当と認めて administrative responsibilities を賦与した executive departments and agencies の長に内閣の構成員を任ずる。各国務大臣は、当該 department の administration について、内閣総理大臣の指示を受け (be guided)、個別に (personally) 内閣総理大臣に対し責任を負う[20]」。

⑶ 「内閣総理大臣は、国務大臣の長の地位にあり、法律案を提出し、一般国務について立法府に報告し、Administration の各部門 (various branches of the Administration) に対し一般的な指揮 (general control) をおこなう[21]」。

⑷ 「内閣総理大臣及び内閣は、左の事務 (the following functions) をおこなう。／外交関係事務を統理し (Conduct foreign relations)、他国の政府及び国際機関との間に条約及び約定について取り決めをおこなう (negotiate treaties and agreements) こと。……[22]」。

⑸ 「［内閣総理大臣及び内閣は、］法律が誠実にして能率的に遂行されるよう監督すること (See that the laws are faithfully and efficiently enforced.)。国務大臣が公務を能率的に処理することについては、最終の責任は国務大臣にある（The efficient management of public business by the Ministers of State shall be his ultimate responsibility.)[23]」。

右に記したところからみて、executive の語と administrative, administration の語とは、使い分けて用いられているとみていいであろう。

administrative, administration の語についていうと、それらは憲法七二条にいう「行政各部」に関連して使用されるのである。

このことは、たとえば右記⑵で、executive departments and agencies（これの基幹をなす executive departments は、右記⑶で various branches of the Administration と言い換えられている）の担当事務を executive responsibilities ではなくて administrative responsibilities といい、あるいは、単に administration といっていることから知得されうるであろう。

そして executive は、憲法七二条にいう「行政各部」に関連して用いられる administrative との対比のなかでこれを使用するという見地がとられて、「executive power は、内閣に属する」と規定されているのである。

右の見地に立脚するならば、第一次試案の右記⑷が「……左の事務（the following functions）をおこなう」というときの「左の事務（the following functions)」は、administrative responsibilities ではなくて executive responsibilities でこれを表記するということになるが、実際、右記⑷の最初の部分に対応する第二次試案中の規定は、「内閣は、左の事務その他 executive responsibilities をおこなう[24]」というふうに規定し、executive responsibilities といっている。

第一次試案に戻ろう。先に私は、右記⑵にいう executive departments and agencies（executive branches などではないことにも注意）の基幹をなす executive departments は、右記⑶で various branches of the Administration と言い換えられていることに注意を促した。

そのことや、大臣を長とするdepartmentの担当事務に係る「最終の責任」がその大臣にあると明記されていることを裏付けとして持ち出すことが可能な事柄であるが、departmentが組織であり、しかも《executive powerをもつ組織》に《対比》されている組織であることからみて、departmentは、《executive powerをもつ組織と(形態的には)切り離されて置かれる組織》としての性格を有すると判断される。

したがって、右記⑵がexecutive departments……というときのexecutiveは《executive上の》ではなくて《executiveに服する》の意であるから、executiveはadministrativeとの対比のなかでこれを使用するという見地は確保されているといいうるであろう。

既述したように当該executive departmentsは、第一次試案の右記⑶でvarious branches of the Administrationと言い換えられているが、この言い換えられた部分は、第二次試案の対応部分ではseveral executive departments and agenciesとなっており、[25]マ草案も同様に規定した。

第二次試案のその部分に係る条文とこれを受けて作成されたマ草案中の条文(マ草案六四条)とは同一で、以下のような規定である。「内閣総理大臣は、内閣に代わって法律案を提出し(introduce bills on behalf of the Cabinet)、一般国務及び外交関係について国会に報告し、several executive departments and agenciesを指揮監督する」。――三月二日案は、マ草案六四条にいうseveral executive departments and agenciesの部分を(その趣意の幹線に焦点を合わせて)「行政各部」と規定し、[26]そして、三月四日の三月二日案英訳は、その「行政各部」をvarious administrative branchesという英語で表記した。[27]

その規定から判読されるようにマ草案六四条は、《executive powerをもつ内閣》との《対比》でseveral executive departments and agenciesといっているのである。――同条の「several executive departments and agenciesを指揮監督する」という定めは、大臣を長とするdepartmentの担当事務に係る「最終の責任」がその大臣にあることなどを前提にしている。

大臣を長とするdepartmentの担当事務に係る「最終の責任」はその「大臣」がもち、executive powerに係る「最終の責任」は「内閣」がもつという考え方が観取されるであろう。

要するに、こうである。マ草案六四条がexecutive departments and agenciesというときのdepartmentは、「内閣」と《対比》されている組織であるから、《内閣と（形態的には）切り離されて置かれる組織》としての性格を有する。

したがって、マ草案六四条がexecutive departments……というときのexecutiveは、《executive上の》ではなくて《executiveに服する》の意であるから、executiveはadministrativeとの対比のなかでこれを使用するという見地は、マ草案においても確保されているといいうるのである。

この**四**の結末的テーゼの方に歩みを進めよう。マ草案六〇条は単に「executive powerは、内閣に属する」と規定するにすぎないものの、マ草案六五条柱書きは「内閣は、左の事務その他executive responsibilitiesをおこなう」と規定して、executiveについて《後方穴埋め》をしている。そして、executiveはadministrativeとの対比のなかで使用されている術語であるから、《行政事務の全体的要務》という意味の「一般行政事務」はexecutive responsibilitiesに当てるべき用語として適切なものである。(28)

もはや明晰に把握されたであろう。マ草案「第五章　内閣」においても「内閣」は《行政事務の全体的要務（executive responsibilities)》という「一般」を、「行政各部」は各《行政事務（administrative responsibilities)》という「各般」を担当するという考え方がとられているのである。——そこから知られるように、《内閣に置かれる組織》の担当事務は（「内閣」の担当事務たる）executive responsibilitiesの枠内のものであることを要する。

五　憲法「第五章　内閣」の座標軸

周知のように憲法「第五章　内閣」のなかにある憲法七二条は、「内閣総理大臣［内閣の首長としての立場における内閣総理大臣[29]」は、……行政各部を指揮監督する」と規定している。

そう定めていることから理解されるように憲法七二条は、「内閣」との《対比》で「行政各部」といっているのである。——同条の「行政各部を指揮監督する」という定めは、大臣を長とする「行政……部」の担当事務に係る「最終の責任」はその大臣にあること、別言すると、大臣を長とする「行政……部」の担当事務を「管理」するのはその大臣にあることなどを土台にもっている。

大臣を長とする「行政……部」の担当事務を「管理」するのはその「大臣」で、「内閣」の担当事務を「管理」するのはその「内閣」であるという考え方が観取されるであろう。

要するに、こうである。「行政……部」は、「内閣」と《対比》されているものであるから、《内閣と（形態的には）切り離されて置かれる組織》としての性格を有する[30]。——また参照、後記第五章**七**。

この思索の上にたって私は、月刊誌「自治研究」一九九九年一一月号に掲載した論文「国家行政組織法と内閣府設置法（二）」及び二〇〇〇年一〇月に刊行した著書『行政機関と内閣府』のなかで、左のように論じた。

憲法「第五章　内閣」においては「内閣」は《行政事務の全体的要務》という「一般」を、「行政各部」は各《行政事務》という「各般」を担当するという考え方がとられている。

これは、何よりも第一に、憲法七三条柱書きが「一般行政事務」、すなわち「行政事務」ではなくて「一般行政事務」といっていること、次に第二に、いうところの「一般」は《全体的要諦》という意味で、したがって、「一般行政事務」というのは《行政事務の全体的要務》のことであること、また第三に、憲法七三条柱書きは《内閣は、左の事務その他一般行政事務をおこなう》旨の定めであるという条文構造上の事柄、そして第四に、憲法七三条各号記載の意味内容などを根拠にして、そのように論じたのである[31]。——なお、《『法律案』を作成して国会に提出すること》が憲法七三条柱書きにいう「他の一般行政事務」（「他の」《行政事務の全体的要務》）に当たることについて参照、後記第九章**二**（注（199）にも留意）。

付言する。本章（本書のこの第一章）は何を新規的に明らかにしたかというと、「内閣」は《行政事務の全体的要務》という「一般」を、「行政各部」は各《行政事務》という「各般」を担当するという考え方はマ草案においてもとられていること、一九四六年二月下旬から四月中旬までの間における日本国憲法制定過程上の動きのなかにはその考え方の放逐を帰結する事実は認められないことを新規的に明らかにしたのである。

六　内閣府設置法三条二項等は違憲

日本国憲法についての学問は、憲法七三条柱書きが「一般行政事務」、すなわち「行政事務」ではなくて「一般行政事務」といっていること、同条柱書きは《内閣は、左の事務その他一般行政事務をおこなう》旨の規定であること、マ草案の executive responsibilities に当てられた言葉は「行政事務」ではなくて「一般行政事務」であったこと、executive は administrative との対比のなかで使用されることがあることなどの点について注視・探究を怠ってきた[32]。その注視・探究の怠りの所産が、内閣府設置法である。

何故か。まず最初に、その注視・探究は、憲法「第五章　内閣」においてとられている座標軸的な考え方[33]、すなわち、「内閣」は《行政事務の全体的要務》という「一般」を、「行政各部」は各《行政事務》という「各般」を担当するという考え方の発見に通じることに注意を向けられたい。

そして、この考え方によれば、《内閣に置かれる組織》の担当事務は、《行政事務の全体的要務》という「一般」に関する事務であって、各《行政事務》という「各般」は、これを「行政各部」――すなわち《内閣と（形態的には）切り離されて置かれる組織》――で担当するということになる[34]。

ところで、内閣府設置法二条で「内閣に、内閣府を置く」と規定され、《内閣に置かれる組織》としての性格を有している内閣府は、どのような事務をつかさどることになっているであろうか。

内閣府は、《行政事務の全体的要務》という「一般」に関する事務（「……内閣の事務を助けること」）のみならず、内閣府設置法三条二項及び四条三項で、「……内閣の事務を助けること」以外の一定の事柄に関する事務をも担当することになっている。

このように内閣府は、《内閣に置かれる組織》としての性格を有しているにもかかわらず、《内閣と（形態的には）切り離されて置かれる組織》で担当すべき事務をも担当するとされている。これは、件の注視・探究を怠った結果であろう。

要するに、こうである。「内閣府設置法三条二項（第二種の『任務』規定）及び同法四条三項（第二種の『所掌事務』規定）は、憲法『第五章　内閣』中の憲法六五条と憲法七三条柱書きの両方の規定に違反する[35]」。

本章の末語。「人は何が正しいかを感覚で感じるものではあるが、その感覚は思考によって鍛えられる……。なぜなら、思考することによってものごとを明確に見ることが可能となるが、思考の欠如は目におおいをかけるようなものだからである[36]」。

(1)　森田寛二「国家行政組織法と内閣府設置法（二）」自治研究七五巻一一号（一九九九年）三頁以下。

(2)　以上のⅠについて参照、森田・前掲注（1）六―七頁、一八―一九頁。

また参照、森田寛二『行政機関と内閣府』（二〇〇〇年、良書普及会）二〇―二一頁、三四―三五頁。

(3)　以上のⅡについて参照、森田・前掲注（2）八九頁。

(4)　以上のⅢについて参照、森田・前掲注（2）九〇頁。

(5)　佐藤達夫（佐藤功：補訂）『日本国憲法成立史・第三巻』（一九九四年、有斐閣）一八―二〇頁、三三頁（四〇頁）。

(6)　佐藤・前掲注（5）九三頁（一〇〇頁）。

(7)　佐藤・前掲注（5）一六三頁（一七一頁）。

(8) 佐藤・前掲注（5）三三六頁（三四四頁）。

(9) 布田教授の理知的な教示に対して厚く感謝を申しあげたいとおもう。

(10) 「行政事務」という字句のなかの「行」と「事」を除くと、「政務」となる。

(11) 本文でのべたように、三月四日昼間に総司令部民政局で三月二日案の英訳がされたが、そのときの日本側英訳者に対する三月二日案起草関係者の要望を記したものとして、佐藤・前掲注（5）一〇五頁がある。

「[総司令部民政局で三月四日午前のある時刻] 両嘱託 [外務省の長谷川元吉嘱託と小畑薫良嘱託] と司令部側の将校二、三人、婦人一人及び二世の青年一人とで日本案の英訳がはじめられた。私は、あらかじめ両嘱託に対し、なるべくマ草案にあることばを使って英訳するように注意し、日本案にマ草案の対応条文の目印しを付記したものを参考として提供した」。

(12) 笹川隆太郎・布田勉「憲法改正草案要綱の成立の経緯(一)——日本側携行案の英訳文を中心とする再検討——」石巻専修大学経営学研究三巻一号（一九九一年）八四頁。

右の論文が明らかにした資料（三月四日の三月二日案英訳）が第一級の資料的価値を有することは、本書第三章三（注（74）にも留意）や第一〇章の注（212）の論述からも感得されうるであろう。

(13) 参照、佐藤・前掲注（5）三二六—三二九頁。

(14) 佐藤達夫『ネパールの伊藤博文』（一九七二年、啓正社）二〇六頁。

(15) 佐藤・前掲注（5）一一〇頁。

(16) 参照、佐藤・前掲注（5）一一五頁、一五三頁。

(17) 参照、田中英夫『憲法制定過程覚え書』（一九七九年、有斐閣）二〇—二一頁。

(18) 参照、田中・前掲注（17）二〇—二一頁。

(19) 犬丸秀雄・監修『日本国憲法制定の経緯』（一九八九年、第一法規出版）九〇頁における原文書の写真にもとづく。

(20) 犬丸・前掲注（19）九〇頁における原文書の写真にもとづく。

(21) 犬丸・前掲注（19）九八頁、一〇〇頁における原文書の写真にもとづく。

(22) 犬丸・前掲注(19)一〇〇頁における原文書の写真にもとづく。
(23) 犬丸・前掲注(19)一〇〇頁、九四頁における原文書の写真にもとづく。
(24) 高柳賢三・大友一郎・田中英夫：編著『日本国憲法制定の過程Ⅰ』(一九七二年、有斐閣)一八〇頁における原文の記録にもとづく。
(25) 高柳・大友・田中・前掲注(24)一八〇頁における原文の記録にもとづく。
(26) 佐藤・前掲注(5)九三頁(一〇〇頁)。
(27) 笹川・布田・前掲注(12)八四頁。
(28) 高柳・大友・田中・前掲注(24)一七九頁(一八一頁)、そして二六七頁(二九一頁)は executive responsibilities の executive に「行政上の」という語を当てているが、不適切であろう。executive responsibilities の executive に「行政上の」という語を当てるならば、administrative responsibilities の administrative には同一の「行政上の」という訳語を当てることはこれを避けるべきであろうが、田中・前掲注(17)一五六頁は、administrative responsibilities の administrative を「行政上の」と訳出している。
(29) 参照、森田・前掲注(2)七七―八九頁、本書第九章。
(30) また参照、森田・前掲注(1)四頁、森田・前掲注(2)一七頁。
(31) 参照、森田・前掲注(1)六―八頁、一五頁、一八―一九頁、森田・前掲注(2)二〇―二一頁、三〇頁、三四―三五頁。
(32) 二〇〇〇年秋に月刊誌「自治研究」に四回にわたって掲載された行政組織研究会の論文「中央省庁等改革関連法律の理論的検討」も、本文でのべた諸点について注視・探究を怠っている。
なお、右の論文について同論文は、「内容については全員［磯部力教授、稲葉馨教授、今村都南雄教授、小早川光郎教授、三辺夏雄教授、藤田宙靖教授、森田朗教授］が責任を負っているが、最終的な文責は、代表者である藤田がこれを負う」と記している。自治研究七六巻九号(二〇〇〇年)四頁。
(33) 「憲法七三条柱書きは、憲法『第五章　内閣』の柱梁のなかの柱梁としての意義を有する」旨、森田・前掲注(1)一九頁、森田・前掲注(2)三五頁。

(34) 参照、森田寛二「国家行政組織法と内閣府設置法(三)」自治研究七五巻一二号(一九九九年)一六頁、森田・注(2)所掲・五三頁。

(35) 森田・前掲注(34)一六頁、森田・前掲注(2)五四頁。

(36) ブライアン・マスターズ(森　英明:訳)『人はなぜ悪をなすのか』(二〇〇〇年、草思社)二八九頁。

第二章　憲法六六条一項の国務大臣など

一　憲法六六条一項の「国務大臣」

憲法六六条一項は、内閣が「国務大臣」からなる《合議体》であることを明示して、「内閣は、法律の定めるところにより、その首長たる内閣総理大臣及びその他の国務大臣でこれを組織する」と規定している。

この憲法六六条一項の「国務大臣」について私は、以前の述作のなかで、[37] 左のように論定・説示した。――なお、用語方について二点のべておくと、左の論定的説示に出てくる《内閣の統轄の下に》という言い回しのなかの《轄》は、《離れているもの》との《一定のつながり》の意で、[38] 「行政……部」は、「行政各部」（参照、前記第一章五）というときの「行政……部」である。[39]

憲法六六条一項の「国務大臣」というのは、《内閣の統轄の下における『行政……部』の担当事務》を《分担管理することができる地位》をいう。[40]

これまた以前の述作に書いたところから明らかなように、右に記した私の論定的説示は、これを次のように言い換えることができる。

憲法六六条一項の「国務大臣」というのは、《内閣と（形態的には）切り離されて置かれる一定の組織の事務》を《分担管理することができる地位》をいう。

みられるように私の所説は、《内閣の統轄の下における『行政……部』の担当事務》ということを「国務大臣」の意味の中心にすえているが、それを中心にすえたことの根拠としては、左記のⅠⅡを指摘しうるであろう。

Ⅰ　内閣の構成員であることを表示するという目的のみに仕えるものであるならば、単に「大臣」と規定してもその目的は達成することができたにもかかわらず、憲法六六条一項においては単に「大臣」とは規定されておらず、「国務大臣」と規定されていて「国務」という語がふくまれていること。――関連していう。次の二における論考から知られるように、マッカーサー草案に先立つ第一次試案では、内閣の構成員であることを表示するという目的に仕えているのは、明らかに「大臣」という字句であって、「国務大臣」という字句ではない。

Ⅱ　憲法七三条一号が「国務を総理する」というときの「国務」というのは、《内閣の統轄の下における『行政……部』の担当事務》をいうこと。[41]――この論定は、「法律を誠実に執行し、国務を総理すること」(英訳日本国憲法：Administer the law faithfully; conduct affairs of state）という同号の記載全体に関する吟味的考究や、この憲法七三条一号の「総理する」(conduct)、同条二号の「処理する」(manage)、そして同条四号の「掌理する」(administer)という似た表現の違い目について掘り下げ的究明をすることなどを通して獲得されたものである。[42]

右記ⅠⅡにくわえて、いわゆる無任所の国務大臣の存在肯定は憲法中のどのような規定との関係づけのなかで主張されうるものであろうかという点に関し思考をめぐらしてみよう。左のⅢに到達するであろう。

Ⅲ　憲法六六条一項は、いわゆる無任所の国務大臣、すなわち、《内閣の統轄の下における『行政……部』の担当事務》を《分担管理》しない「国務大臣」の存在を否定する趣旨ではないこと。――なお、無任所の国務大臣の担当事務が《行政事務の全体的要務(executive responsibilities)》の枠内のものであることを要することについて参照、後記第一〇章。

以上のⅠⅡⅢを胸中において考えると、憲法六六条一項の「国務大臣」が何であるかの所説は、先に呈示したようなものとなろう。憲法六六条一項の「国務大臣」というのは、《内閣の統轄の下における『行政……部』の担当事務》を《分担管理することができる地位》をいうのである。

そして、その憲法六六条一項の「国務大臣」論が憲法七四条の「主任の国務大臣」についての（根拠を具備した新規の）論考ともフィットしていることは、この点の論証をもふくんでいる後記第四章における論述から確実に知得されうるであろう。――後記第四章**二**では、「国務」「一般国務」「国務大臣」「主任の国務大臣」に関する整理的叙述も試みられる。

補足的に一言。憲法六六条は三つの「項」からなっているが、その三つの「項」に共通する性格については、後記第一〇章**五**で照明を当てる。

更に補足的に一言。《内閣の統轄の下に》という用語の私の使用方が、平成一一年法律九〇号による改正の前の国家行政組織法における「内閣の統轄の下に」概念に関する支配的な理解の問題性の洞察の上にたって新たに呈示した私の理解を受け継いでいることは、以前の述作を一読すれば把握されうるとおもうが、後記第五章**七**及び第一二章などの論述から、一層明瞭に把握されるであろう。

二　第一次試案などの「国務大臣」

憲法六六条一項に対応する定めは、マ草案ではどこにあったかというと、六一条一項にあり、それは、第二次試案中の規定――「内閣は、その首長たる内閣総理大臣（a Prime Minister）及び国会の承認したその他の国務大臣（and such other Ministers of State as may be authorized by the Diet）をもって組織する」[43]――と同一である。

それでは、第一次試案では、どのように規定されていたであろうか。第一次試案中の関連規定は、強い注目に値するものである。

別けても、第一次試案の「The Executive」と題する章のなかの「三条」、そして付随的に「七条二項四号」に留意されていいであろう。

「三条」及び「七条二項四号」は、既に前記第一章**四**で紹介したところであるが、読者の便宜を考えて、左に再記しておこう。――なお、前記第一章**四**でのべたように、第一次試案は、第二次試案と異なって、「executive power

は、内閣に属する」という規定の趣意を貫徹しておらず、いわば「executive power は、内閣総理大臣にも属する」という考え方をもふくんでいることに注意を要する。

「三条」：「内閣は、内閣総理大臣、国務大臣及び無任所大臣から成り、これらの大臣は、文民であることを要する。内閣総理大臣は、立法府が時宜に即して正当と認めて administrative responsibilities を賦与した executive departments and agencies の長に内閣の構成員を任ずる。各国務大臣は、当該 department の administration について、内閣総理大臣の指示を受け、個別に内閣総理大臣に対し責任を負う」。

「七条二項四号」：「［内閣総理大臣及び内閣は、］法律が誠実にして能率的に遂行されるよう監督すること。国務大臣が公務を能率的に処理することについては、最終の責任は国務大臣にある」。

右の「三条」前段をみて直ちに脳裡に浮かんでくる疑問は、こうであろう。いうところの「国務大臣」とは何をいい、「無任所大臣」とは何をいうのか。

もっとも、「無任所大臣」が何であるかは、「三条」中段などから容易に知られうるであろう。「administrative responsibilities を賦与した executive departments and agencies の長に……任」ぜられない「大臣」、言葉をかえていうと、《大臣を長とする department の administrative responsibilities》について《責任を負う》地位に任ぜられない「大臣」、いま一度言葉をかえていうと、《大臣を長とする department の administrative responsibilities》を《分担管理》しない大臣が、「無任所大臣」である。――《administrative responsibilities》を《分担管理》しないのであるから、「無任所大臣」の担当事務は《executive responsibilities》の枠内のものであることを要する。

さて、「無任所大臣」がそのような意味であるならば、「内閣は、内閣総理大臣、国務大臣及び無任所大臣から成」るという「三条」前段のなかの定めは、一定の不適切さを帯有しているといわざるえないであろう。

「無任所大臣」がそのような意味であるならば、「三条」中段に示唆されているところにもかかわらず、「三条」前段のなかの当該定めは、初めに「無任所大臣」の指定があって、そのことによってその指定を受けた者は「内閣の構成員」となるという趣旨をも醸し出してしまうからである。

要するに、こうである。「任所」の「有り」「無し」は可能性の問題になるように、《内閣の組織規定》は定めをおく必要がある。

「国務大臣」の方に考察の眼を移そう。「三条」前段の「国務大臣」――これは、「内閣総理大臣」をふくんでいない――が何であるかは、第一に、「国務大臣」は「無任所大臣」に対比されていること、第二に、「三条」中段が「administrative responsibilities を賦与した executive departments and agencies の長に内閣の構成員を任ずる」と、そして「三条」後段が「各国務大臣は、当該 department の administration について、……責任を負う」と規定していること、第三に、「七条二項四号」が「国務大臣が公務を能率的に処理することについては、最終の責任は国務大臣にある」といっていることなどからみて、次のように考えられる。

すなわち、《大臣を長とする department の administrative responsibilities》を《分担管理》する大臣という意味における「任所大臣」を指して「国務大臣」といっている、と。

「無任所大臣」が先述のような意味で、「国務大臣」がここに指摘したような趣意であるならば、「内閣は、内閣総理大臣、国務大臣及び無任所大臣から成」るという「三条」前段のなかの定めは、これまた一定の不適切さを帯有しているといわざるをえないであろう。

「国務大臣」が右に指摘したような趣意であるならば、「三条」中段の定めにもかかわらず、「三条」前段のなかの当該定めは、初めに「任所大臣」という意味における「国務大臣」の指定があって、そのことによってその指定を受けた者は「内閣の構成員」となるという趣旨をも醸し出してしまうからである。

要するに、こうである。「任所」の「有り」「無し」は可能性の問題になるように、《内閣の組織規定》は定めをおく必要がある。

「三条」前段の「国務大臣」が先に指摘したような趣意であるならば、更にひとは、次のような疑問をも抱くであろう。「内閣総理大臣」をもって《『大臣を長とする department の administrative responsibilities』を『分担管理』する大臣》とすることは、認められないのか、と。

そのことを認める趣旨であるならば、当然のことながら《内閣の組織規定》は、一工夫をくわえた定めにこれを変換する必要がある。

このようにみてくれば、もはや明白であろう。上に記してきたような必要性に鑑みて産出されたのが、第二次試案における《内閣の組織規定》、すなわち「内閣は、その首長たる内閣総理大臣及び国会の承認したその他の国務大臣をもって組織する」という組織規定――これが、そのままマ草案六一条一項となった――であると私は判断しているのである。

いまのべたようにマ草案のなかの《内閣の組織規定》は、上に記してきたような必要性に鑑みて産出されたのであるから、そこから次のような論定が得られるであろう。

マ草案の「国務大臣」というのは、《大臣を長とする department の administrative responsibilities》を《分担管理することができる地位》をいう。

関連して指摘しておきたいとおもう。左記 i ii iii の整理的叙述をみれば理解されるように、第一次試案のなかの上記「七条二項四号」は、第一次試案・第二次試案・マ草案にいう「国務」や「国務大臣」の意味内容を考える上で逸することができないものである。

i　第一次試案のなかの上記「七条二項四号」:「[内閣総理大臣及び内閣は、] 法律が誠実にして能率的に遂行されるよう監督すること。国務大臣が公務を能率的に処理することについては、最終の責任は国務大臣にある」。

ii　第二次試案中の対応する「条」の四号:「[内閣は、] 法律を誠実に execute し、国務を掌理 (administer) すること」。(44)

iii　マ草案中の対応する「条」の一号: (右の ii と同様で)「[内閣は、] 法律を誠実に execute し、国務を掌理

(administer) すること」。

この二の結論を記そう。それは、こうである。マ草案の Minister of State の意味内容は、憲法六六条一項の「国務大臣」の意味内容と基本において同一である。

マ草案の Minister of State というのは、《大臣を長とする department の administrative responsibilities》を《分担管理することができる地位》をいい、憲法六六条一項の「国務大臣」というのは、《内閣の統轄の下における『行政……部』の担当事務》を《分担管理することができる地位》をいうからである。

三　内閣府設置法六条二項は違憲

日本国憲法についての学問は、憲法七三条一号の「国務」の意味について吟味的解明を怠り、その結果として、憲法六六条一項の「国務大臣」の意味、そしてマ草案の Minister of State の意味について追究を怠ってきた。[45] その追究の怠りの所産が、内閣府設置法である。

何故か。まず最初に注意を要するのは、以下のことである。憲法六六条一項の「国務大臣」というのは、《内閣の統轄の下における『行政……部』の担当事務》を《分担管理することができる地位》をいうのであるから、「国務大臣」が「分担管理」することができるのは、《内閣の統轄の下における『行政……部』の担当事務》、すなわち《内閣と（形態的には）切り離されて置かれる一定の組織の事務》であるということである。[46]

にもかかわらず内閣府設置法は、その六条二項で「内閣総理大臣は、……第四条第三項に規定する事務［内閣に置かれる内閣府の第二種の『所掌事務』］を分担管理する」と定めて、《内閣と（形態的には）切り離されて置かれる一定の組織の事務》ではなくて、《内閣に置かれる組織の一定の事務》を「内閣総理大臣」という「国務大臣」の「分担管理」の対象としているのである。[47] ――「内閣の事務」及び《内閣に置かれる組織の事務》を「管理」するのは「内閣」であって「国務大臣」ではないことは、以前の述作[48]や前記第一章**五**及び**六**で指摘したところであるが、後記第四章**五**と第五章**八**でも論及する予定である。

そこで、こうなる。「内閣府設置法六条二項は、『国務大臣』が『分担管理』することができない事務を『内閣総理大臣』という『国務大臣』の『分担管理』の対象としているので、憲法六六条一項に違反する(49)」。

本章の末語。マクス・プランク『現代物理学の思想・下』は、探究心に恥じることなきよう説いて、こう書いている。「精密科学の建設に参加することを許された者としては、……ゲーテと共に、次の意識の中にみずからの満足と内面の幸福を見いだしたい――探究できるものは探求しつくした。探求できないものは、安んじて尊敬しよう(50)」。

(37)　森田・前掲注（1）九―一〇頁、森田・前掲注（2）二四頁。

(38)　《内閣の統轄の下に》という用語の私の使用方について参照、森田・前掲注（1）三頁、森田寛二「国家行政組織法と内閣府設置法（一）」自治研究七五巻一〇号（一九九九年）三―六頁、森田・前掲注（2）一七頁、三―六頁。

(39)　「行政……部」の性格について更に参照、森田・前掲注（1）四―五頁、一四―一五頁、森田・前掲注（2）一七―一八頁、二九―三〇頁。

(40)　また参照、森田・前掲注（34）一四頁、森田・前掲注（2）五二頁。

(41)　森田・前掲注（1）八―九頁、森田・前掲注（2）二二―二三頁。

(42)　参照、森田・前掲注（1）八―一五頁、森田・前掲注（2）二二―三〇頁、九〇頁。

憲法七三条一号――「法律を誠実に執行し、国務を総理すること」――は、《法律をその精神にぴったり合った仕方で捕捉し、その上にたって、内閣の統轄の下における『行政……部』の担当事務を総合的・統合的にととのえる》旨の規定である。森田・前掲注（1）八―九頁、森田・前掲注（2）二二―二三頁。

「憲法七三条一号の『総理する』は、英訳日本国憲法では、conduct となっている。その conduct について、手元の辞書には『共に（con）導く（duct）』との説明があり、上記『英語語源辞典』には to bring together の意のラテン語の系統に属するとある」旨、森田・前掲注（2）九〇頁。

「憲法七三条一号が『総理する』といったのは、『処理する』という行為は、別段の定めがない限り、内閣の担当事務の外にあるという前提で『総理する』といったと把握されうる」旨、森田・前掲注（1）九頁、森田・前掲注（2）二三―二四頁。

「憲法七三条二号［が『外交関係を処理すること』と規定するとき］の『処理する』の英訳をみると、そこでは manage となっている。manage について、手元の辞書には『《(馬を) 手で御する》が原義』とあり、上記『英語語源辞典』には to handle, train (horses) の意の語から縁を引いているとある」旨、森田・前掲注（2）九〇頁。

憲法七三条四号が「官吏に関する事務を掌理すること」と規定するときの「掌理する」というのは《掌握的にととのえる》ことをいい、「同号は、内閣の担当する《行政事務の全体的要務》に当たるのは、『官吏に関する事務』については、『掌理する』という行為であって、『処理する』という行為でも『総理する』という行為でもないことを定めたものである」旨、森田・前掲注（1）一三―一四頁、森田・前掲注（2）二八―二九頁。

「憲法七三条四号の『掌理する』……［は、］英訳日本国憲法では、administer となっている。その administer について、手元の辞書には『……に（ad）仕える（minister）』が語源的意味であるとの記述があり、上記『英語語源辞典』には to be near as an aid の意のラテン語に由来するとある。／右で『掌理する』の英訳は administer となっていることをのべたが、憲法七三条一号が『法律を誠実に執行し』というときの『執行し』は、英訳日本国憲法では、administer となっている」旨、森田・前掲注（2）九〇頁。

以上の点に関連して更に参照、本書第三章三（注（74）にも留意）。

(43) 高柳・大友・田中・前掲注（24）一七八頁における原文の記録にもとづく。

(44) 高柳・大友・田中・前掲注（24）一八〇頁における原文の記録にもとづく。

(45) 本書第一章の注（32）で言及した行政組織研究会の論文も、この追究を怠っている。

(46) また参照、森田・前掲注（34）一四頁、森田・前掲注（2）五二頁。
(47) 参照、森田・前掲注（34）一四―一五頁、森田・前掲注（2）五二頁。
(48) 参照、森田・前掲注（1）一〇―一二頁、森田・前掲注（2）二五―二七頁。
(49) 森田・前掲注（34）一五頁、森田・前掲注（2）五二頁。
(50) マクス・プランク（田中加夫・浜田貞時・福島正彦・河井徳治：訳）『現代物理学の思想・下』（一九七三年、法律文化社）二七七頁。

第三章　解明の埒外にあった憲法七四条

一　「署名」と「連署」の対象限定

憲法七四条は「法律及び政令には、すべて主任の国務大臣が署名し、内閣総理大臣が連署することを必要とする」と規定する。――英訳日本国憲法では、All laws and cabinet orders shall be signed by the competent Minister of State and countersigned by the Prime Minister. となっている。

みられるように憲法七四条は「法律及び政令には」といっており、「憲法改正、法律、政令及び条約には」とはいっていない。「署名」と「連署」の対象は、「法律及び政令」に限定されているのである。

この点に関し宮沢俊義『(法律学体系コンメンタール篇) 日本国憲法』は、次のように論じている。

「本条〔憲法七四条〕により主任の国務大臣の署名および内閣総理大臣の連署が必要とされるのは、法律および政令にかぎられる。しかし、先例によれば、条約についても、同様に取り扱われている。憲法改正についても、おそらく同様に取り扱われるであろうと解される。実際上重要な問題ではないが、それらについて、法律および政令から特に区別して扱うべき理由がないからである[51]」。

右の宮沢教授の議論は、掘り下げを外におく考究・判断の上に、別言すると、「対象のなかに身を深く沈潜させてそこに連関が内在していないかを探る[52]」という視点を外におく考究・判断の上に成立しているようにおもわれる。

というのは、天皇の「国事に関する行為」について定める憲法七条は、その一号記載の部分で「憲法改正、法律、政令及び条約を公布すること」と規定して「憲法改正、法律、政令及び条約」といっていることとの違いが軽視されており、憲法七四条は意識的に「法律及び政令には」と規定した――言葉をかえていうと、憲法七四条は「署名」と「連署」の対象を意識的に「法律及び政令」に限定した——とみる見地からの考察がされていないからである。

そこから推知されうるように支配的な見解は、憲法七四条は意識的に「法律及び政令には」と規定したとみる見地の上にたって、その点について掘り下げ的な探究するという態度を欠いてきた。

ひとは、そこから憲法七四条に関する論考に課せられている課題を把握するであろう。「署名」と「連署」の対象が「法律及び政令」に限定されていることについて有意味な説明を模索すること、これこそが課せられている課題である。

課題の存在の自覚を促すべく、ここで第一に、憲法七条一号に対応する第一次試案[53]・第二次試案[54]・マッカーサー草案のなかの規定は、いずれも「国会の制定する法律、政令、憲法改正、条約及び国際協定にすべて自己の公印［天皇の公印］を捺し、公布すること」であったことを指摘しておきたいとおもう。

そして第二に、憲法七四条に対応する第一次試案・第二次試案・マ草案のなかの規定は、左のとおりであったことを指摘しておきたいとおもう。

Ⅰ　第一次試案：「立法府の法律及び政令は、内閣総理大臣が sign をし、主任の国務大臣が countersign をした後に、内閣総理大臣がこれを公布する[55]」。

Ⅱ　第二次試案：「国会の法律及び政令には、主任の国務大臣が sign をし、内閣総理大臣が countersign をしなければならない[56]」。

Ⅲ　マ草案：「国会の法律及び政令には、すべて主任の国務大臣が sign をし、内閣総理大臣が countersign をしなければならない」。

もはや明白であろうが、いま言及したマ草案の規定、すなわちマ草案六六条も意識的に「国会の法律及び政令には」と定めた——意識的に「国会の制定する法律、政令、憲法改正、条約及び国際協定には」と定めなかった

——とみるべきであるというのが、私の所見である。マ草案六六条の趣旨に関する立論も、sign と countersign の対象が「国会の法律及び政令」に限定されていることについての有意味な説明をふくむ必要がある。

以上のべたところから、憲法七四条問題、しかも解明的追究が要求されている憲法七四条問題が知られるであろう。それは、以下のとおりである。——「署名」と「連署」の対象が「法律及び政令」に限定されているのは、何故であろうか。[57]

付言する。右の点の解明的究明は、後記第四章でおこなわれる。

二 「署名」し、その上で「連署」

「法律及び政令には、すべて主任の国務大臣が署名し、内閣総理大臣が連署することを必要とする」と規定する憲法七四条に関する論考に課せられている課題には、別のものがある。それは何か。

左に書き写す二つの章句は、宮沢教授の上記コンメンタールから引いてきたものであるが、そこから解明的追究が要求されている別の憲法七四条問題が把握されるであろう。

「法律および政令の執行の責任は、第一次に内閣に属するから（七三条一号）、もし、執行責任者の氏名を記すことが必要であるとするならば、その内閣を代表する内閣総理大臣がそれに署名することは、理由がないわけではない。ただ、本条は、『主任の国務大臣』が『署名』し、それに内閣総理大臣が『連署』すると定めているので、その『署名』の意味は、かならずしも明確といえないようにおもわれる[58]」。

「本条［憲法七四条］の趣旨はじゅうぶんに明確とはいいがたい。／さきに指摘されたように、もしそれが……執行の責任者としての公証の趣旨であるならば、行政権の主体である内閣の代表者としての内閣総理大臣が署名するのが相当であろう。少なくとも、まず内閣総理大臣が署名し、第二次的に、主任の国務大臣が署名（連署）

するほうが合理的なようにおもわれる[59]。

みられるように宮沢教授は、「本条［憲法七四条］の趣旨はじゅうぶんに明確とはいいがたい」と記している。のみならず、《憲法七四条は不合理であるとの感覚》が表白されている。

そのことから推測するひともいようが、支配的な見解は《憲法七四条は不合理であるとの感覚》をもっているといっていいのである。

もっとも、本書「はしがき」に書いたように、「考えることは、定説を安易に受け入れ……［る］ことを拒否するものだから」、検証的思考がされてしかるべきであろう。

検証的思考の対象は、直接的には、憲法七四条が「まず」「主任の国務大臣」が「署名」をし、「第二次的に」「内閣総理大臣」が「署名（連署）」すると規定していることの《不合理の感覚》の当否である。

間接的には、「法律および政令の執行の責任は、第一次に内閣に属するから（七三条一号）」という憲法七三条一号論の適不適である。――というのは、上記《不合理の感覚》は、このような支配的な憲法七三条一号論が土台にあって生まれたものであるからである。

そして、ここにのべた検証的思考は、ひとに原点的視点に立ち返って、すなわち「対象のなかに身を深く沈潜させてそこに連関が内在していないかを探る」という原点的態度に立ち返って考えることを要請するであろう。

もはや明らかなように、解明的追究が要求されている別の（この二の前の一とは別の）憲法七四条問題は、こうである。――「まず」「主任の国務大臣」が「署名」をし、「第二次的に」「内閣総理大臣」が「署名（連署）」することになっているのは、何故であろうか。あるいは、こういっていい。「連署」は何のためのものであろうか[60]。

なお、右の憲法七四条問題に関する解明的究明は、後記第四章でおこなうこととし、次の三では、それに先立って、支配的な憲法七四条論の土台にある支配的な憲法七三条一号論について要諦的な考察をくわえておきたいとおもう。

三　密接に関係する憲法七三条一号

支配的な見解における憲法七四条論が、その憲法七三条一号論と密接な関連をもっていることについては、多くを語る必要はないであろう。

1　憲法七三条は、その一号記載の部分で「法律を誠実に執行し、国務を総理すること」と規定するが、支配的な見解は、この規定中の読点のところに《深淵》があるという立場の上にたってこの規定を二つに《分断》し、そして「法律を……執行」するというのは、いわゆる法律の執行のことであると説いてきた。

これに対し私は、月刊誌「自治研究」一九九九年一一月号に寄せた論文「国家行政組織法と内閣府設置法（二）」及び著書『行政機関と内閣府』のなかで、論拠を示しつつ左記のように論じた。

支配的な見解の《深淵・分断》論は根拠薄弱で、憲法七三条一号は《法律をその精神にぴったり合った仕方で捕捉し、その上にたって、内閣の統轄の下における『行政……部』の担当事務を総合的・統合的にととのえる》旨の規定である[61]。

憲法七三条一号の「執行」は《捕捉》の意味であるという私の理解の支柱としては、以前の述作でのべた点のほか、左記Iをあげることができる。

I　著書『行政機関と内閣府』のなかで書いたように、憲法七三条一号の「執行」は、英訳日本国憲法では administer となっており、その administer について「手元の辞書には『……に（ad）仕える（minister）』が語源的意味であるとの記述があり、……『英語語源辞典』には to be near as an aid の意のラテン語に由来するとある」[62]。――念のためいっておくと、マ草案には administer とは規定されていなかった。マ草案には Faithfully execute the laws and ……とあって execute と規定されていた。これに対し、上述のように英訳日本国憲法では、execute ではなくて administer となっている。execute は不適切ということで排斥され、administer が採用されているのである。

右記Ⅰに関連しては、大いなる注目を払って、大いなる考究の端緒としていい事実がある。次のⅡをみられたい。

Ⅱ　マ草案のFaithfully execute the laws and ……に対応する部分は、三月二日案では「法律ヲ誠実ニ執行シ……」と定められたが、この三月二日案の三月四日英訳(63)、逐条審議の結果を整理した三月五日整理英文、そして樋橋書記官長が三月六日に署名した英文においても、対応部分は（英訳日本国憲法と同様）Administer the law faithfully;……となっており、executeではなくてadministerの語が使われている。

付記。このⅡに記した変化——executeからadministerへの変化など——の《推進力》に関しては《謎》の部分が認められる。

私はいいたいとおもう。日本国憲法についての学問は、Faithfully execute the laws and ……からAdminister the law faithfully;……への変化を適切に視界のなかに入れてきたであろうか(64)。

そのFaithfully execute the laws and ……からAdminister the law faithfully;……への変化は、「内閣」は《行政事務の全体的要務》という「一般」を、「行政各部」は各《行政事務》という「各般」を担当するという憲法「第五章　内閣」においてとられている座標軸的な考え方をより適切に反映するものではあるまいか。

というのは、その座標軸的な考え方によれば、内閣法など「一般」に関係する特殊な法律を除けば、（宮沢教授の言い回しを用いつついうと）「法律……の執行の責任は、第一次に」「行政各部」に属するからである（この知見は、当該規定においてはexecuteを排斥する方向で定めを作成することになろう）。——なお、内閣法の性格に関連して参照、後記第四章**五**。

傍証を試みておこう。ここに傍証としてあげうると判断しているのは、マ草案に先立つ第一次試案のなかの定めである。

その定めというのは、マ草案のなかの「法律を誠実にexecuteし、国務を掌理（administer）すること」という規定——第二次試案には、マ草案と同様の規定がふくまれている——のいわば淵源を形成しているもので、前記第一章四や第二章二で既に言及した以下の定めである。「法律が誠実にして能率的に遂行されるよう監督すること。国務大臣が公務を能率的に処理することについては、最終の責任は国務大臣にある」。

第一次試案のなかのこの定めが、内閣法など「一般」に関係する特殊な法律を除けば、「法律……の執行の責任は、第一次に」「行政各部」に属するという見地の上にたっていることは、明瞭であろう。

憲法「第五章　内閣」は、いわゆる法律の執行についての「責任」は、内閣法など「一般」に関係する特殊な法律を除けば、「第一次に」「行政各部」に属するという見地の上にたっているのである。

要するに、こういうことである。「法律および政令の執行の責任は、第一次に内閣に属するから（七三条一号）」という支配的な憲法七三条一号論（参照、この三の前の二）は、適切さを欠いている（不適である）。

最後に一言。憲法七三条一号の「執行」について問題を掘り下げる方向に歩みを進めていた論が、「〔昭和二十一・〕十一・六」付けで佐藤達夫法制局次長が記した「内閣法覚書」——これは、総司令部の側の要求にもとづいて作成され総司令部の側に提出されたものと推測される——にみられるが、その論については後記第五章の注(124)を参照されたい。

2　支配的な憲法七三条一号論は、同号の「国務を総理する」という表現にも十分な注意を払っていない。「国務を総理する」は「国務を処理する」ではないという私流の把握(65)は、そこでは希薄である。

既述したようにマ草案には、Faithfully execute the laws and administer the affairs of State. 旨の規定があった。マ草案のその規定中の administer the affairs of State という部分は、左記のように変遷していって、最終的に憲法七三条一号の「国務を総理する」、英訳日本国憲法の conduct affairs of state となったのである。——administer が conduct に変わったが、conduct について「手元の辞書には『共に（con）導く（duct）』との説明があり、……『英語語源辞典』には to bring together の意のラテン語の系統に属するとある」(66)。

i　二月二六日の閣議配布案：「国務ヲ管理」する。[67]

ii　三月二日案：「国務ヲ掌理スル[68]」。

iii　三月四日の三月二日案英訳：conduct affairs of state.[69]

iv　三月五日整理英文：conduct affairs of State.

v　三月五日案：「国務ヲ掌理スル[70]」。

＊　三月五日晩：「この段階としては、前日からの司令部での会議によって、英文の形で各条文の実体が一応かたまっていたわけであるから、英文をうごかさないという枠の中で、日本文の表現を整えることが中心であった[71]」。

＊　三月六日午前：この時点で楢橋書記官長が署名した英文にも、佐藤達夫文書によれば、conduct affairs of State とあった。

vi　三月六日公表の憲法改正草案要綱：「国務ヲ掌理スル」。

vii　四月一三日案：「国務を総理する[72]」。

viii　四月一七日公表の憲法改正草案：「国務を総理する」。

「国務を総理する」conduct affairs of state への変更の[73]《推進力》に関しては《謎》の部分が認められるが[74]、それはともかく、そこへの変更（「総理」への変更）はどのように位置づけられるべきであろうか。

「内閣」は《行政事務の全体的要務》という「一般」を担当するという考え方を「国務」に関し適切に具体化するものとして位置づけられる（「一般」を担当するということからみて適切なのは「国務」に関しては「総理」であるということで、そうなった）というのが、私の所見である。

日本国憲法についての学問は、憲法七三条一号にはこのように「国務を総理する」conduct affairs of state とあって、「国務を処理する」manage affairs of state とは規定されていないことを適切に視界のなかに入れてきたであろうか。[75] 疑問におもう。[76] ――また参照、後記第四章二。

私は、心に留めたいとおもう。「言葉の選定は、単なる選定ではない。言葉の選定は、《事象に対する洞察》を基礎にもつ」。[77] 論考上の銘記点の一つは、これである。

本章の末語。カント『判断力批判（上）』は、「普通の人間悟性が考方の基準とする格律」を三つ指摘するが、その「第一」は「自分自身で考えること」である。――「この第一は、決して受動的にならない理性の格律である。受動的理性への性向、従ってまた理性の他律への性向は成見と呼ばれる。そしてあらゆる成見のうちの最大の成見は、……迷信である。迷信からの解放は即ち啓蒙である。……迷信は、我々を盲目的状態に置く、それどころか盲目を義務として我々に要求しさえする、しかしかかる盲目こそ、他人に導かれたいという欲求や、従ってまた受動的理性を顕著に示すものである[78]」。

(51) 宮沢俊義『(法律学体系コンメンタール篇) 日本国憲法』（一九五五年、日本評論新社）五八〇頁。
(52) 森田・前掲注（2）ii頁。
(53) 犬丸・前掲注（19）六二頁における原文書の写真にもとづく。
(54) 高柳・大友・田中・前掲注（24）一四四頁と一四六頁における原文の記録にもとづく。
(55) 犬丸・前掲注（19）九四頁における原文書の写真にもとづく。
(56) 高柳・大友・田中・前掲注（24）一八〇頁における原文の記録にもとづく。
(57) 本書第一章の注（32）で言及した行政組織研究会の論文も、この問題の解明的追究を怠っている。
(58) 宮沢・前掲注（51）五七九頁。
(59) 宮沢・前掲注（51）五八一頁。
(60) 本書第一章の注（32）で言及した行政組織研究会の論文も、この問題の解明的追究を怠っている。

(61)　森田・前掲注（1）八―九頁、森田・前掲注（2）二二―二三頁。
(62)　森田・前掲注（2）九〇頁。
(63)　笹川・布田・前掲注（12）八四頁。
(64)　本書第一章の注（32）で言及した行政組織研究会の論文も、その変化を適切に視界のなかに入れていない。
(65)　参照、森田・前掲注（1）八―一五頁、森田・前掲注（2）二二―三〇頁、九〇頁。
　また参照、本書第二章の注（42）。
(66)　森田・前掲注（2）九〇頁。
(67)　佐藤・前掲注（5）一八―二〇頁、三三頁（四〇頁）。
(68)　佐藤・前掲注（5）九三頁（一〇〇頁）。
(69)　笹川・布田・前掲注（12）八四頁。
(70)　佐藤・前掲注（5）一六三頁（一七一頁）。
(71)　佐藤・前掲注（5）一七五頁。
(72)　佐藤・前掲注（5）三三六頁（三四四頁）。
(73)　国務を「掌理」するが国務を「総理」するに変わった経緯に関する佐藤・前掲注（5）三二六―三三〇頁の回顧的想念には疑問があるが、ここでは、立ち入らない。
(74)　本文で指摘した《謎》の部分や本書第一章三でのべた《謎》の部分を解明するにあたっては、次のような憲法七三条二号関係の変遷も胸中におかれていいであろう。
i　マ草案：Conduct foreign relations.
ii　三月二日案：「外交関係ヲ処理スルコト」。
iii　三月四日の三月二日案英訳：Manage foreign affairs.
iv　憲法：「外交関係を処理すること」。
v　英訳日本国憲法：Manage foreign affairs.

読者の注意を喚起しておく。上記《謎》の部分の解明においては、三月四日の三月二日案英訳がもっている位置の測定を見誤ってはならない。——また参照、本書第一〇章の注(212)。

(75) 本書第一章の注(32)で言及した行政組織研究会の論文も、本文で指摘した点を適切に視界のなかに入れていない。

(76) 前出の注(65)で指示した箇所をみられたい。

(77) 森田・前掲注(2)i頁。

(78) カント(篠田英雄:訳)『判断力批判(上)』(一九六四年、岩波書店)二三三—二三四頁。

第四章　憲法七四条の解明の途を歩んで

一　「主任の」と「主任の国務大臣」

「主任の国務大臣」という言葉を用いて定めをおいているのが、憲法七四条である。同条はいう、「法律及び政令には、すべて主任の国務大臣が署名し、内閣総理大臣が連署することを必要とする」。

憲法七四条は、一方における「法律及び政令」と他方における「国務大臣」との関係に着眼して規定をおいているが、その関係を捕捉するにあたって一番に問題になるのは、「主任の国務大臣」とは何をいうかである。

何の《主》に《任》ぜられた国務大臣が、いうところの「主任の国務大臣」であろうか。この問題を究明するにあたって注視を要するのは、何といっても、「内閣」は《行政事務の全体的要務》という「一般」を、「行政各部」は各《行政事務》という「各般」を担当するという考え方である。

憲法「第五章　内閣」においてとられているその座標軸的な考え方からして、国務大臣は《『行政……部』の担当する（各般上の）行政事務》について《主》に《任》ぜられることができるのであり、しかも、国務大臣のそのような地位は国務大臣が「行政……部」の長となることを予定するものと考えられるから、国務大臣は、《国務大臣を長とする『行政……部』の（各般上の）行政事務》について《主》に《任》ぜられることができるということになる。

このように国務大臣は、《国務大臣を長とする『行政……部』の（各般上の）行政事務》について《主》に《任》ぜられることができるのであるが、《主》に《任》ぜられるという部分は、これを《その長となって管理する》というふうに言い換えることができる。――法律や政令を《執行する》権限・責任がなくても、《管理する》権限・責任があれば、《主》といいうるであろう。

ちなみにいっておくと、昭和二三年に制定された国家行政組織法は、《管理する》権限・責任イコール法律や政令を《執行する》権限・責任というふうな把握の上には立脚していない。

このことは、たとえば平成一一年法律九〇号による改正がなされる前の国家行政組織法が、その五条一項で「総理府及び各省の長は、それぞれ内閣総理大臣及び各省大臣（以下各大臣と総称する。）とし、内閣法（昭和二十二年法律第五号）にいう主任の大臣として、それぞれ行政事務を分担管理する」と定めた上で、その一一条で次のように規定していることからも理解されうるとおもう。

「各大臣は、主任の行政事務について、法律若しくは政令の制定、改正又は廃止を必要と認めるときは、案をそなえて、内閣総理大臣に提出して、閣議を求めなければならない」。

本題の話題に立ち戻っていうと、前述のように憲法七四条は「法律及び政令には、すべて主任の国務大臣が署名し」云々と規定して、一方における「法律及び政令」と他方における「国務大臣」との関係に着眼して定めをおいている。

そして上に論じたところから知られるように、その「法律及び政令」と「国務大臣」との関係は、一方における「法律及び政令」がその規定の上で《国務大臣を長とする『行政……部』の（各般上の）行政事務》に関して定めをおき、他方における「国務大臣」がその《（各般上の）行政事務》について《管理する》権限・責任があるときに、十全なものとなる。

このように考えてくれば、「法律及び政令には、……主任の国務大臣が署名」すると定める憲法七四条の趣意は、もはや明らかであろう。それは、左記のとおりである。

《法律及び政令が、国務大臣を長とする『行政……部』の（各般上の）行政事務について規定するとき、その（各般上の）行政事務を管理する権限・責任のある国務大臣が、その法律及び政令に署名する》。

二　「国務」「国務大臣」などの連関

1　この二の前の一における論考は、憲法七四条にいう「主任の国務大臣」が何であるかの考察をふくんでいたが、それを定式化ふうに明記しておこう。

憲法七四条の「主任の国務大臣」というのは、《国務大臣を長とする『行政……部』の（各般上の）行政事務》を《管理する権限・責任のある》国務大臣をいう。

詳説するまでもなく、この憲法七四条の「主任の国務大臣」論は憲法六六条一項の「国務大臣」論とフィットしている。

前記第二章で論じたように、憲法六六条一項の「国務大臣」というのは、《内閣の統轄の下における『行政……部』の担当事務》を《分担管理することができる地位》をいうからである。――《内閣の統轄の下における『行政……部』の担当事務》ということの基本的な趣意は、《国務大臣を長とする『行政……部』の（各般上の）行政事務》ということにある。

そして、ここに論定したところや前記第二章で指し示した憲法六六条一項の「国務大臣」の基盤論から判然明白になることは、こうである。憲法七三条一号の「国務」、憲法七二条の「一般国務」、憲法六六条一項の「国務大臣」、そして憲法七四条の「主任の国務大臣」は、有機的連関のなかにある。

確認的に、しかも読者の簡明的理解に資するべく、その点に関する整理的叙述をおこなっておこう。左のⅠⅡⅢⅣが、その叙述である。

Ⅰ　憲法七三条一号の「国務」というのは、《内閣の統轄の下における『行政……部』の担当事務》をいう。

Ⅱ　憲法七二条が「一般国務」というときの「国務」は、憲法七三条一号の「国務」をいい、そしてその「一般」というのは、《全体的要諦》の意味である。[79]

Ⅲ　憲法六六条一項の「国務大臣」というのは、《内閣の統轄の下における『行政……部』の担当事務》を《分担管理することができる地位》をいう。

IV　憲法七四条の「主任の国務大臣」というのは、《国務大臣を長とする『行政……部』の（各般上の）行政事務》を《管理する権限・責任のある》国務大臣をいう。

強く主張したいとおもう。日本国憲法についての学問は、憲法七三条一号の「国務」、憲法七二条の「一般国務」、憲法六六条一項の「国務大臣」、そして憲法七四条の「主任の国務大臣」の有機的連関性を明るみの下に浮上させ、明るく際立たせることを怠ってきた(80)。

この怠りの所産が、内閣府設置法である。このことは、既に読者の前に明確に示したとおりである。――参照、前記第二章。

2　上に論説したように、憲法七二条――「内閣総理大臣は、……一般国務及び外交関係について国会に報告し、……」――が「一般国務」というときの「国務」は、《内閣の統轄の下における『行政……部』の担当事務》を指している。この洞察は、一つの実りある立論を誕生させてくれる。

まず、読まれたい。宮沢俊義『(法律学体系コンメンタール篇)日本国憲法』中の以下の注釈を。「外交関係に関する事務も、もちろん一般国務の一部であるが、ただ、特に外交関係の重要性にかんがみ、それについては、一般国務とは別に、国会に報告すべきである、という意味において、〔憲法七二条は〕『一般国務及び外交関係』といつているのであろう(81)」。

著書『行政機関と内閣府』などで私は、右の注釈に反対する意見を書いたが、そう書くに先立って、「〔憲法七三条二号において『内閣』が『行ふ』とされている〕『外交関係を処理すること』は、『国務』の外に――《内閣の統轄の下における『行政……部』の担当事務》の外に――あり、『内閣』の『行ふ』『事務』である(82)」と論じた。そこから察せられるであろうが、私の意見の内容は次のとおりである。

「この〔宮沢教授の〕注釈は、疑問である。憲法七三条二号が『外交関係を処理すること』を『内閣』の『事務』

と定め、『外交関係を処理すること』を『国務』の外にあるものとして規定しているという仕組みを前提にして、憲法七二条は『一般国務及び外交関係』といったのである。――なお、憲法七二条が国会への報告の対象を『一般国務及び外交関係』というふうに規定したのは、別の理由もあるが、ここでは略する」。(83)

再び力説しておきたいとおもう。前記第三章**三**の**2**で指摘したことであるが、「支配的な憲法七三条一号論は、同号の『国務を総理する』という表現にも十分な注意を払っていない。『国務を総理する』は『国務を処理する』ではないという私流の把握は、そこでは希薄である」。――支配的な見解におけるその「希薄」さは、先に引用した宮沢教授の注釈からも確認可能であろう。

三　「署名」で「連署」となった基礎

1

前記第三章**二**で私は、「解明的追究が要求されている……憲法七四条問題は、こうである」と書いて、次のようにのべた。

「まず」「主任の国務大臣」が「署名」をし、「第二次的に」「内閣総理大臣」が「署名（連署）」することになっているのは、何故であろうか。あるいは、こういっていい。「連署」は何のためのものであろうか。

この問題を追究するということは、これを別言すれば、憲法七四条――「法律及び政令には、すべて主任の国務大臣が署名し、内閣総理大臣が連署することを必要とする」――の「署名」と「連署」の意義・目的について考察するということになろう。

順番に考究しよう。まず「署名」であるが、「法律及び政令」に「署名」をするのは何かを《表示する》ためであろう。憲法七四条には「主任の国務大臣が署名し」とあるから、「主任の国務大臣」であることを《表示する》ために「法律及び政令」に「署名」をすると考えていいであろう。

繰り返す。「主任の国務大臣」であることを《表示する》ために「法律及び政令」に「署名」をするのである。

より精確にいうと、こうである。《法律及び政令が規定している（各般上の）行政事務、しかも国務大臣を長とする『行政……部』の（各般上の）行政事務についてこれを管理する権限・責任のある国務大臣》であることを《表示する》ために、「法律及び政令」に「署名」をする。

それでは、「内閣総理大臣が連署する」のは「内閣総理大臣」であることを《表示する》ためかというと、そうではあるまい。「内閣総理大臣」であることを《表示する》必要性は、何も認められない。

くわえて、注意されたい。憲法七四条が「内閣総理大臣が連署する」と規定するときの「内閣総理大臣」は、《内閣の首長としての立場における内閣総理大臣》であることに。[84]このことからも、「内閣総理大臣が連署する」のは「内閣総理大臣」であることを《表示する》ためではないことは明らかであろう。

上にのべたように、憲法七四条が「内閣総理大臣が連署する」と規定するときの「内閣総理大臣」は《内閣の首長としての立場における内閣総理大臣》である。ここから判明することは、こうである。「連署」の意味合いは、内閣との関係で確定する必要がある。

結論からいうと、「内閣総理大臣」の「連署」は、「主任の国務大臣」であることの《表示》を《内閣として確かなものとして請け合う》という意味合いのものである。

反芻を期待して再述しておこう。「内閣総理大臣」の「連署」は、「主任の国務大臣」であることの《表示》を《内閣として確かなものとして請け合う》という意味合いのものである。

この点に関しては、まず第一に、「連」の原義系統の意味として《つながり》を指摘することができ、[85]コンテクスト上《先行する『表示』との『つながり』のなかで》ということを言表しているとの解読が可能であることに注意が向けられていい。

次に第二に、憲法七四条の「連署する」は、英訳日本国憲法では countersign となっており、[86]その countersign について『英語語源辞典』は、「確認のための特殊記号」「応信信号」と説明していることに注意が向けられていい。——counterには「対応の、相補う」[87]という意味がある。

そして第三に、左記の英英辞典の解説に注意が向けられていい。

OALD[88] (6th ed.) p.285.【countersign】to sign a document that has already been signed by another person, especially in order to show that it is valid.

CIDE[89] p.313.【countersign】to sign (a document which has already been signed), especially in order to show that the first person really did sign it.

LED[90] p.233.【countersign】to sign (something that somebody else has already signed), usually to show that their signature is correct or legal.

右記の英英辞典の解説は、especially や usually という語の後で何をのべているであろうか。その部分から、countersign は先行の sign を《確かなものとして請け合う》という意味合いのものとして理解されていい場合があることが知られるのではあるまいか。

宮沢教授のコンメンタールが「[憲法七四条の]『連署』とは、他の者の署名に添えて署名することをいう」[91]とのべていることから観取されるように、支配的な見解は憲法七四条の「連署」をもって単なる add a signature の意に解してきたが、この理解と（前記第三章二で指摘した）支配的な見解にみられる《憲法七四条は不合理であるとの感覚》とは同一の陣営に属しているのである。——更に参照、この三の**3**。

以上を要するに、憲法七四条が規定する「連署」countersign は単なる add a signature の意ではなくて add a signature in order to show that the first person's signature is valid という意であり、その「連」には「添えて」add ということ以上の事柄がふくまれているというのが、私の知見である。

2　沿革的な考察を少ししておくと、一九四六年三月六日公表の憲法改正草案要綱までは「副署」となっていたのが、四月一三日案から「連署」に変わった[92]。

この変更は適切であった。というのは、「副」には「二次的な。付随する」[93]のニュアンスの醸し出しが認められるからである。「副」は適当ではない[94]。

考察の眼を更に溯らせてみよう。前記第三章一で指摘したように、マッカーサー草案に先立つ第一次試案中の規定、しかも憲法七四条に対応する第一次試案中の規定は、「立法府の法律及び政令は、内閣総理大臣が sign をし、主任の国務大臣が countersign をした後に、内閣総理大臣がこれを公布する」というものであった。

これに対して第二次試案は、それを大きく修正して「国会の法律及び政令には、主任の国務大臣が sign をし、内閣総理大臣が countersign をしなければならない」と規定した。

第一次試案のような定め方に対しては、先行する「内閣総理大臣」の sign による《(何らかの) 表示》を「主任の国務大臣」が《確かなものとして請け合う》のは背理ではあるまいかなどの疑問、つまるところ、「主任の国務大臣」の (sign ではなくて) countersign には存在理由が認められるであろうかという疑問が起こってくるであろう。

その結果として考えを練り直して作成されたのが、「主任の国務大臣が sign をし、内閣総理大臣が countersign をしなければならない」とする第二次試案の規定である。このように判断されていいであろう。

3　上述したように、「主任の国務大臣」であることの《表示》を《内閣として確かなものとして請け合う》のが、憲法七四条の「内閣総理大臣」の「連署」countersign である。

このような「連署」論に接して、あるいはひとは質すかもしれない。《法律及び政令が、国務大臣を長とする『行政……部』の (各般上の) 行政事務について規定していない》場合、どうなるのか、と。

説明は不要であろう。解答は、こうである。《法律及び政令が、国務大臣を長とする『行政……部』の (各般上の) 行政事務について規定していない》ならば、「主任の国務大臣」としての「署名」はなく、「内閣総理大臣」――《内閣の首長としての立場における内閣総理大臣》――の「署名 (連署)」のみがされる。

そして、この場合の《内閣の首長としての立場における内閣総理大臣》の「署名（連署）」は、当該「法律及び政令」に関しては「主任の国務大臣」なるものは存在しないことを《内閣として確かなものとして請け合う》という意味合いをもつのである。——参照、後記本章**五**。

この**三**の冒頭部分で、以下のように記した。「まず」「主任の国務大臣」が「署名」をし、「第二次的に」「内閣総理大臣」が「署名（連署）」することになっているのは、何故であろうか。あるいは、こういっていい。「連署」は何のためのものであろうか。

解答は、憲法七四条の目的を考えれば、自然に得られるであろう。同条の目的は、《法律及び政令が規定している（各般上の）行政事務、しかも国務大臣を長とする『行政……部』の（各般上の）行政事務についてこれを管理する権限・責任のある国務大臣の存在について明確にする》という点にある。

強調のために繰り返す。憲法七四条の目的は、《法律及び政令が規定している（各般上の）行政事務、しかも国務大臣を長とする『行政……部』の（各般上の）行政事務についてこれを管理する権限・責任のある国務大臣の存在について明確にする》点にある。

憲法七四条のこの目的は、憲法六六条三項の《連帯責任（collectively responsible）》に関する私の立論——この立論の根底には憲法六五条論（executive power の論）がある——からすれば、有意味なものであるが、このことについては後記第一〇章**一**で明るく照明が当てられるであろう。

また、憲法七四条のその目的論は、確かな根拠をもった憲法七三条一号論ともフィットしているのである。このことは、左に再掲する前記第三章**三**の**1**のなかの論述を想到すれば、容易に了解されるであろう。

「その Faithfully execute the laws and ……から Administer the law faithfully; ……への変化は、『内閣』は《行政事務の全体的要務》という『一般』を、『行政各部』は各《行政事務》という『各般』を担当するという憲法『第五章　内閣』においてとられている座標軸的な考え方をより適切に反映するものであるまいか。／というのは、その座標軸的な考え方によれば、内閣法など『一般』に関係する特殊な法律を除けば、(宮沢教授の言い回しを用いつついうと)『法律……の執行の責任は、第一次に』『行政各部』に属するからである」。

4　前記第三章**二**で、以下のように書いた。支配的な見解には、憲法七四条が「まず」「主任の国務大臣」が「署名」をし、「第二次的に」「内閣総理大臣」が「署名(連署)」すると規定していることの《不合理の感覚》——《憲法七四条は不合理であるとの感覚》——がみられる、と。

その上で私は、支配的な見解にみられる《不合理の感覚》については、検証的思考、しかも「対象のなかに身を深く沈潜させてそこに連関が内在していないかを探る」という原点的態度に立ち返った検証的思考が必要である旨をのべた。

原点的態度に立ち返った検証的思考の結果は、上に論じたところ、別けても、上述の憲法七四条の目的論から明白であろう。《憲法七四条は不合理である》とはいいえないのである。

支配的な見解は、憲法七四条の趣旨を見誤っている(95)。一例をあげよう。左に引用するのは、宮沢教授のコンメンタール中の所説である。

「すべての法律および政令については、まず、本条〔憲法七四条〕により、主任の国務大臣の署名と内閣総理大臣の連署とがあり、ついで、それが公布されるにあたり、公布文において天皇の署名と内閣総理大臣の副署があるということになる。／かように、公布文における天皇の署名および内閣総理大臣の副署のほかに、本条による署名および連署が必要とされる理由は、じゅうぶんとはいえないようである(96)」。

右の宮沢教授の所説は、憲法七四条の目的を《公布する》ということそれ自体との絡みのなかで捕捉しているといっていいが、しかし、同条の目的をそのような視点から捕捉することが根拠を欠いていることは、既述したところや次の**四**の論述から知られるとおりである。

この**三**を終えるにあたって、再度のべておきたいとおもう。憲法七四条は、憲法「第五章　内閣」における座標軸的な考え方――「内閣」は《行政事務の全体的要務》という「一般」を、「行政各部」は各《行政事務》という「各般」を担当するという考え方――を前提にして定立されている。《憲法七四条は不合理である》とはいいえない。

四　「署名」「連署」の対象限定基礎

憲法七四条には「法律及び政令には、すべて主任の国務大臣が署名し、内閣総理大臣が連署することを必要とする」とあって、「法律及び政令には」と規定されており、「憲法改正、法律、政令及び条約には」とは規定されていない。

この点に関連して前記第三章一で私は、論拠を示しつつ、憲法七四条は意識的に「法律及び政令には」と定めたとみるべきであると論じ、その上で「解明的追究が要求されている憲法七四条問題」について以下のように書いた。――「署名」と「連署」の対象が「法律及び政令」に限定されているのは、何故であろうか。

憲法七四条は「署名」と「連署」の対象を「法律及び政令」に限定していて、「憲法」そして「条約」については、同条は言及していないが、同条のそのような定め方は、一方における「法律及び政令」と他方における「憲法」及び「条約」との間のどのような違いにもとづいているのであろうか。

その点に関する有意味な説明を模索・追究して得られた私の結論的テーゼを最初に記しておけば、次のとおりである。

「法律及び政令」は、必要に応じて、「行政……部」の具象的な態様・存在を直視してその具象的な「行政……部」の担当事務を直接的に規定するが、これに対して、「憲法」そして「条約」は、「行政……部」がその担当する事務をおこなうにあたって視界に入れる必要がある定めをふくんでいても、それは、「行政……部」の具象的な態様・存在を直視してその具象的な「行政……部」の担当事務を直接的に規定しているとはいいえない。

いま記した結論的テーゼのなかに、「憲法」は「行政……部」の具象的な態様・存在を直視してその具象的な「行政……部」の担当事務を直接的に規定しているとはいいえないとあった。

確かに「行政……部」は、その担当する事務をおこなうにあたって「憲法」を視界に入れる必要がある。けれども、「憲法」は《『行政……部』の具象的な態様・存在については法律で規定する》という態度をとっているので、「憲法」は「行政……部」の具象的な態様・存在を直視してその具象的な「行政……部」の担当事務を直接的に規定しているとはいいえないのである。

同様に「条約」も、「行政……部」の具象的な態様・存在を直視してその具象的な「行政……部」の担当事務を直接的に規定しているとはいいえないであろう。

確かに「行政……部」は、その担当する事務をおこなうにあたって「条約」を視界に入れる必要がある。けれども、「条約」は《国際法上の権利主体――その典型・中核は、国家――の間における規律をその直接の内容とする》ので、「条約」は「行政……部」の具象的な態様・存在を直視してその具象的な「行政……部」の担当事務を直接的に規定しているとはいいえないのである。

これに対して、たとえば「帰化をするには、法務大臣の許可を得なければならない」と定める国籍法四条二項――これは、法律である――は、「行政……部」の具象的な態様・存在を直視してその具象的な「行政……部」の担当事務を直接的に規定しているといいうることを的確に把握して応用すれば、上記の結論的テーゼのなかの次のような命題に到達するであろう。

すなわち、「法律及び政令」は、必要に応じて、「行政……部」の具象的な態様・存在を直視してその具象的な「行政……部」の担当事務を直接的に規定するという命題に。

憲法七四条が「署名」と「連署」の対象を「憲法改正、法律、政令及び条約」とはせず、意識的に「法律及び政令」に限定したことの基礎にあるのは、上記の結論的テーゼのような考え方である。

そして、この四の前の三で明らかにした憲法七四条の目的、すなわち《法律及び政令が規定している（各般上の）行政事務、しかも国務大臣を長とする『行政……部』の（各般上の）行政事務についてこれを管理する権限・責任のある国務大臣の存在について明確にする》という目的も、上記の結論的テーゼを基礎とし、その上に成立しているというのが、私の所見である。

なお、右の所見に関連しては、第一に、前記本章一で言及した（平成一一年法律九〇号による改正の前の）国家行政組織法一一条が、「各大臣は、主任の行政事務について、法律若しくは政令の制定、改正又は廃止を必要と認めるときは、案をそなえて、内閣総理大臣に提出して、閣議を求めなければならない」と規定して「法律」と「政令」に限定して定めをおいていることに留意されていいであろう。

そして第二に、マ草案に先立つ第一次試案が「立法府が時宜に即して正当と認めて administrative responsibilities を賦与した executive departments and agencies 」云々と規定して「立法府が」といっていたことに留意されていいであろう。[97]

前にのべたように支配的な見解は、憲法七四条が「署名」と「連署」の対象を意識的に「法律及び政令」に限定したことの基礎にある考え方の検討・探究を怠ってきたし、憲法七四条の目的についても掘り下げ的探究を怠ってきた。

このことは、前記第三章一で引用した左のような宮沢教授のコンメンタール中の立論から確実に読み取れるであろう。

「本条［憲法七四条］により主任の国務大臣の署名および内閣総理大臣の連署が必要とされるのは、法律および政令にかぎられる。しかし、先例によれば、条約についても、同様に取り扱われている。憲法改正についても、おそらく同様に取り扱われるであろうと解される。実際上重要な問題ではないが、それらについて、法律および政令から特に区別して扱うべき理由がないからである」。

「対象のなかに身を深く沈潜させてそこに連関が内在していないかを探る」という原点的態度に与えられた地位は、支配的な憲法七四条論においては小さいようである。

五　憲法七四条論と内閣法二三条など

憲法七四条の目的は、《法律及び政令が規定している（各般上の）行政事務、しかも国務大臣を長とする『行政……部』の（各般上の）行政事務についてこれを管理する権限・責任のある国務大臣の存在について明確にする》点にあるというのが、私の解明的判断であった。

このことを確認した上で、ここで、月刊誌「自治研究」一九九九年一一月号で公にした論文「国家行政組織法と内閣府設置法（二）」、そして著書『行政機関と内閣府』のなかで展開した議論、しかも右の私の解明的判断に関係する議論に言及しておきたいとおもう。長きに失する引用かもしれないが、左に引用するところをみられたい。

「『内閣の事務』及び内閣に置かれる組織の事務は、［『各大臣は、別に法律の定めるところにより、主任の大臣として、行政事務を分担管理する』などと規定する］内閣法三条にいう『行政事務』にふくまれない。……『内閣の事務』及び内閣に置かれる組織の事務を『管理』するのは、『内閣』であって、『大臣』ではないからであ……る。

内閣法一八条［平成一一年法律八八号による改正の前のもので、その改正の後は二三条となった］は『内閣官房［内閣に置かれる内閣官房］に係る事項については、この法律にいう主任の大臣は、内閣総理大臣とする』と規定する。あるいは意想外におもわれるかもしれないが、この規定は、『内閣の事務』及び内閣に置かれる組織の事務を『管理』するのは内閣であるという把握の上にたって作成されている。同条は、《内閣総理大臣は、この法律にいう主任の大臣として、内閣官房に係る事務を分担管理する》というふうになっていないが、そういうふうになっていないのは、何故か。

それは、『内閣の事務』及び内閣に置かれる組織の事務を『管理』するのは内閣であるからであって、それがために内閣法一八条は、『内閣官房に係る事務』という言い方すら、これを避けて、『内閣官房に係る事項』という言い方をしているのである。内閣法一八条は、そこに『分担管理』という語句が登場していないことからも理解されうるように、同法三条の『分担管理』とは何の関係もない。

では、内閣法一八条は、何のための規定か。それは、内閣法七条の『主任の大臣』を擬制し、そしてこの擬制を通して憲法七四条の『主任の国務大臣』を擬制する必要があると考えられた結果、設けられたと判断されうるのである。もっとも、この擬制が必要であったかどうかは、一つの問題であろう。内閣法一八条は、『昭和三十二年法律第百五十八号』で追加された規定であるが、この追加が必要であったかどうか。一つの問題点ではあるが、ここでは立論は略する(98)」。

長い引用をしたが、引用した箇所の最初の部分で言及されている内閣法三条については、既に以前の述作(99)で論拠を示しつつ一定の論述をおこなったけれども、後記第五章で更に詳しく考察する予定である。

このことを明言した上で、この**五**の主題について明記しておこう。憲法七四条は、右に引用した箇所で論及されている内閣法二三条（旧一八条）の類いの規定を法律中におくことを正当化するものであろうか。これが、この**五**の主題である。

1　「内閣官房に係る事項については、この法律にいう主任の大臣は、内閣総理大臣とする」と規定しているのが内閣法二三条であるが、この規定の存在理由を考えた場合に視界のなかに入ってくる同法中の定めの一つに、同法二二条（旧一七条）がある。

内閣法二三条の直前の規定である同法二二条は、「内閣官房の所掌事務を遂行するため必要な内部組織については、政令で定める」と規定している。

その「内閣官房」という《内閣に置かれる組織》に関する「政令」への憲法七四条――「法律及び政令には、

すべて主任の国務大臣が署名し、内閣総理大臣が連署することを必要とする」——の適用は、どのようになるであろうか。

この論題の解明は、それに先立って、憲法七四条の「連署」がいかなる趣旨のものかという問題の追究を必要とするであろう。

もっとも、注意されたい。憲法七四条に関する支配的な見解には《同条は不合理であるとの感覚》があるので、支配的な見解は、同条の「連署」がいかなる趣旨のものかという問題を丹念に追究していないことに。

前記本章三における論考成果によれば、「内閣総理大臣」の「連署」は、「主任の国務大臣」であることの《表示》を《内閣として確かなものとして請け合う》という意味合いをもっていた。

憲法七四条の目的をもって《法律及び政令が規定している（各般上の）行政事務、しかも国務大臣を長とする『行政……部』の（各般上の）行政事務についてこれを管理する権限・責任のある国務大臣の存在について明確にする》ことにあるとする論定は、「連署」に関するその洞察を不可欠の基礎としているのである。

そして、憲法七四条のその目的にしたがえば、《法律及び政令が、国務大臣を長とする『行政……部』の（各般上の）行政事務について規定していない》場合には、「主任の国務大臣」としての「署名」はなく、当該「法律及び政令」に関しては「主任の国務大臣」なるものは存在しないことを《内閣として確かなものとして請け合う》ための「内閣総理大臣」の「署名（連署）」のみが必要ということになる。このことも、既に前記本章三で指摘したところである。

さて、いま《法律及び政令が、国務大臣を長とする『行政……部』の（各般上の）行政事務について規定していない》場合と書いたが、たとえば内閣法は、《国務大臣を長とする『行政……部』の（各般上の）行政事務について規定していない》というふうにみられるべきものである。

確かに「行政……部」は、その担当する事務をおこなうにあたって内閣法を視界に入れる必要がある。けれども、内閣法の各規定は、「行政……部」の具象的な態様・存在を直視してその具象的な「行政……部」の担当事務を直接的に規定しているとはいいえない。

そのことから理解されうるように、たとえば「昭和二十四年法律第百二十二号」をもって公布された「内閣法の一部を改正する法律」には、「主任の国務大臣」なるものは存在しないことを《内閣として確かなものとして請け合う》ための「内閣総理大臣」の「署名（連署）」のみが必要ということになる。

これこそが、憲法七四条から導かれるテーゼ、より正確にいうと、憲法七四条とその「昭和二十四年法律第百二十二号」をもって公布された「内閣法の一部を改正する法律」の内容とから導かれるテーゼである。

《サイン》に関する実務の立場の掘り起こし・際立たせには、多角的な検討を必要とするので、ここで、全体を見回した論定を下すことはできないが、少なくとも、たとえば上記の「昭和二十四年法律第百二十二号」をもって公布された「内閣法の一部を改正する法律」にみられるような《サイン》——左に記すのが、その《サイン》である——は、その基礎にある憲法七四条理解に関し落ち度があるといわざるをえない。

「内閣総理大臣　吉田　茂

外務大臣　吉田　茂

大蔵大臣　池田　勇人

法務総裁　殖田　俊吉

文部大臣　高瀬荘太郎

厚生大臣　林　譲治

農林大臣　森　幸太郎

通商産業大臣　稲垣平太郎

運輸大臣　大屋　晋二

逓信大臣　　小澤佐重喜
労働大臣　　鈴木　正文
建設大臣　　益谷　秀次」

右記のような《サイン》が多い程度に、あるいは少ない程度にその基礎にある憲法七四条理解をはしなくも露呈していることについては説明の要はないであろうけれども、その憲法七四条理解は、同条の「連署」がいかなる趣旨のものかという問題に対し解答を提供することができるようなものではないことを看過してはなるまい。

本題に返ろう。上で私は、以下のように書いた。「内閣官房」という《内閣に置かれる組織》に関する「政令」への憲法七四条の適用は、どのようになるであろうか。

もはや多くの解説は不要であろう。その「政令」は、《国務大臣を長とする『行政……部』の（各般上の）行政事務について規定していない》というふうにみられるべきものであるから、その「政令」への《サイン》、すなわち「内閣官房の所掌事務を遂行するため必要な内部組織」を定める「政令」への《サイン》に関する（憲法七四条から導かれる）テーゼは、次のようになる。

当該「政令」には、「主任の国務大臣」としての「署名」はなく、当該「政令」に関しては「主任の国務大臣」なるものは存在しないことを《内閣として確かなものとして請け合う》ための「内閣総理大臣」の「署名（連署）」のみが必要である。

この**1**の結論。憲法七四条は、内閣法二三条（「内閣官房に係る事項については、この法律にいう主任の大臣は、内閣総理大臣とする」）の類いの規定を法律中におくことを正当化するものではない。内閣法二三条（及び他の法律中のこれと同種の規定）は、疑問な規定である。

2　この**五**の冒頭部分で書き写した私の論述のなかに、「内閣法一八条［現行の二三条］……は、内閣法七条の『主任の大臣』を擬制し、そしてこの擬制を通して憲法七四条の『主任の国務大臣』を擬制する必要があると考えられた結果、設けられたと判断されうる」とあった。

憲法七四条との関係においてのみならず、内閣法七条との関係においても、内閣法二三条には疑問がある。内閣法七条というのは、「主任の大臣の間における権限についての疑義は、内閣総理大臣が、閣議にかけて、これを裁定する」という定めである。

そして、前述のように内閣法二三条は、「内閣官房に係る事項については、この法律にいう主任の大臣は、内閣総理大臣とする」と規定している。

この内閣法二三条の規定内容を重視する仕方で同法七条をみれば判明するように、同法二三条は、《内閣官房》と《大臣Aを長とする『行政……部』》との間における権限(100)についての疑義をもって《内閣総理大臣という主任の大臣》と《当該『行政……部』の長たる大臣Aという主任の大臣》との間における権限についての疑義として構成する機能をもちうるものである。

けれども、そのような構成は問題である。この点に関連しては、まず第一に、内閣法七条は「主任の大臣の間における権限についての疑義」云々と規定して「主任の大臣の間」におけるといっていること（「主任の大臣」と「主任の大臣」との間におけるといっていること）から知られるように、（本来）同条は、「内閣」と「主任の大臣」との間における権限についての疑義を同条の適用対象の外においていることに注意されるべきである。

次に第二に、《大臣を長とする『行政……部』の事務》を「管理」するのは「大臣」であるけれども、《内閣に置かれる組織》はまさしく「内閣」という《合議体》に《置かれる》のであるから、《内閣に置かれる組織の事務》を「管理」するのは「内閣」であることに注意されるべきである。(101)――《内閣に置かれる組織の事務》を「管理」するのは「内閣」であるという把握があるために、内閣法二三条は、《内閣総理大臣は、この法律にいう主任の大臣として、内閣官房に係る事務を分担管理する》というふうには規定しないで、「内閣官房に係る事項については、この法律にいう主任の大臣は、内閣総理大臣とする」と定めたのである。

そして第三に、《内閣に置かれる組織の事務》を「管理」するのは「内閣」で、《大臣を長とする『行政……部』の事務》を「管理」するのは「大臣」であるということから、《内閣に置かれる組織》と《大臣を長とする『行政……部』》との間における権限についての疑義の性格が明らかになってくることに注意されるべきである。すなわち、それらの間における権限についての疑義は、「内閣」と「主任の大臣」との間における権限についての疑義の性格を有するのである。

以上の三つの注意点から、何が導かれるであろうか。注意点の第一のところで記したように、「内閣」と「主任の大臣」との間における権限についての疑義は、（本来）内閣法七条の適用対象の外にあるから、《内閣に置かれる組織》と《大臣を長とする『行政……部』》との間における権限についての疑義も、（本来）同条の適用対象の外にある。

《内閣官房》に当てはめていうと、内閣法一二条一項が「内閣に、内閣官房を置く」と規定していることから明瞭なように、《内閣官房》は《内閣に置かれる組織》であるから、《内閣官房》と《大臣Aを長とする『行政……部』》との間における権限についての疑義は、（本来）同法七条の適用対象の外にある。——その本来の線にそって問題の処理をする場合のアクションの仕方などについては、ここでは立ち入らない[102]。

にもかかわらず内閣法二三条は、「内閣官房に係る事項については、この法律にいう主任の大臣は、内閣総理大臣とする」と規定している。

これは、《内閣官房》と《大臣Aを長とする『行政……部』》との間における権限についての疑義をもって《内閣総理大臣という主任の大臣》と《当該『行政……部』の長たる大臣Aという主任の大臣》との間における権限についての疑義として構成する機能をもちうるもの、すなわち、内閣法七条が適用対象の外においていたものをその七条のなかに持ち込むという機能をもちうるものである。

内閣法二三条（及び他の法律中のこれと同種の規定）は、憲法七四条との関係においてのみならず、内閣法七条との関係においても、疑問な規定である。

3　上記のようにみてくれば、ひとは、こう思念するであろう。内閣法二三条は、内閣法の実質的部分や憲法「第五章　内閣」の趣旨に関する究明的試みに怠りがあり[103]、この怠りと手を携えている規定である、と。

内閣法の実質的部分の前述のような趣旨や憲法「第五章　内閣」の仕組みからすると、「昭和三十二年法律第百五十八号」で追加されたその内閣法二三条、すなわち、「内閣官房［内閣に置かれる内閣官房］に係る事項については、この法律にいう主任の大臣は、内閣総理大臣とする」という定めは、《空虚》（且つ混迷招来的）な規定であるといわざるをえないであろう[104]。

同様の《空虚》（且つ混迷招来）の感は、また、「内閣法制局［内閣に置かれる内閣法制局］に係る事項については、内閣法（昭和二十二年法律第五号）にいう主任の大臣は、内閣総理大臣とする」と規定する内閣法制局設置法七条（この七条は、「昭和二十七年法律第二百五十二号」により制定された当時と基本的に異なっていない[105]）、そして、「会議［内閣に置かれる安全保障会議］に係る事項については、内閣法にいう主任の大臣は、内閣総理大臣とする」と規定する安全保障会議設置法一〇条についても抱くが、ここでは立論は略し、準擬的な応用に委ねたいとおもう。

更には、「内閣総理大臣は、内閣府に係る事項についての内閣法にいう主任の大臣とし、第四条第三項に規定する事務を分担管理する」と規定する内閣府設置法六条二項のなかの「内閣総理大臣は、内閣府［内閣に置かれる内閣府］に係る事項についての内閣法にいう主任の大臣とし」という部分が《実質的に意味をもってくる場合[106]》におけるその部分についても、同様の《空虚》（且つ混迷招来）の感を抱くが[107]、同じくここでは立論は略し、準擬的な応用に委ねたいとおもう。

念のためいう。いま言及した内閣府設置法六条二項の残りの部分、すなわち、「内閣総理大臣は、……内閣法にいう主任の大臣とし［て］、第四条第三項に規定する事務を分担管理する」という部分が憲法「第五章　内閣」中の憲法六六条一項に違反することについては、既に前記第二章で明るく照明を当てた。

4　以上の議論から理解されるように、内閣法二三条などの規定が認める「内閣総理大臣」の「地位」は、《空虚》な「地位」である。

この私の知見と異なる洞察の上にたって立論をおこなっているのが、塩野宏『行政法Ⅲ』である。次に引くところを読まれたい。

「内閣総理大臣は、内閣の首長であるとともに、総理府の主任の大臣、内閣直属部局の行政事務の主任の大臣という三つの地位を占める(108)」。

右に引いた箇所中の「内閣直属部局の行政事務の主任の大臣という……地位」ということで考えられているのは、塩野『行政法Ⅲ』刊行当時の内閣法一八条（現行の二三条）などの規定がカヴァーする「地位」である(109)（ここにいう「内閣法一八条（現行の二三条）などの規定」の「など」には、塩野『行政法Ⅲ』は内閣府設置法が制定される以前の一九九五年に公刊されたものであるので、内閣府設置法中の規定は入っていない）。

塩野教授のその「内閣直属部局の行政事務の主任の大臣」という記述は、内閣法などにおいて内閣総理大臣が「主任の大臣として」「内閣直属部局」の「行政事務を分担管理する」と規定されているような印象を与える点で不適切であるばかりか、内閣法一八条（現行の二三条）などの規定が同法三条の「分担管理」とは何の関係もないという洞察の上にたっていない点で不適切である(110)。

そのような不適切さを度外においても、塩野教授のような立論に対してはなお疑問がある。内閣法一八条（現行の二三条）などの規定がカヴァーする「地位」は、「内閣の首長」という「地位」や「総理府の主任の大臣」という「地位」に匹敵させうるようなものであろうか。否、内閣法一八条（現行の二三条）などの規定がカヴァーする「地位」は、内閣法の実質的部分や憲法「第五章　内閣」を梃子としてみれば《空虚》な「地位」といわざるをえないのではあるまいか(111)。

本章の末語。カント『判断力批判（上）』は、「普通の人間悟性が考方の基準とする格律」を三つ指摘するが、その「第二」は「自分自身を他者の立場に置いて考えること」である。――この「第二は、拡張された考方の格律であ」る。「或人の天分の達し得る範囲がいかに狭く、またその程度がいかに低いにせよ、もしこの人が自分の主観的、個人的条件を能く超出し得て、普遍的立場（彼は、他者の立場に身を置くことによってのみかかる普遍的立場をとることができるのである）から彼自身の判断に反省を加えるならば、このような考方は彼が拡張された考方の人であることを証示するわけである」。(112)

(79)　森田・前掲注（1）一二―一三頁、森田・前掲注（2）二七―二八頁、九二頁注一四。
(80)　本書第一章の注（32）で言及した行政組織研究会の論文も、それらの有機的連関性の没理解の上に議論を展開している。
(81)　宮沢・前掲注（51）五五〇―五五一頁。
(82)　森田・前掲注（1）一二頁、森田・前掲注（2）二七頁。
(83)　森田・前掲注（1）一三頁、森田・前掲注（2）二八頁。
(84)　また、「内閣総理大臣は」という言葉で始まる憲法七二条のその「内閣総理大臣」も、《内閣の首長としての立場における内閣総理大臣》であることを心に留めておいていいであろう。
　そのことからの帰結について参照、森田・前掲注（2）七七―七九頁。また参照、本書第九章。
(85)　参照、尾崎雄二郎・都留春雄・西岡弘・山田勝美・山田俊雄：編『角川大字源』（一九九二年、角川書店）一七五一頁。
(86)　寺澤芳雄：編『英語語源辞典』（一九九七年、研究社）二九一頁。
(87)　寺澤・前掲注（86）二九〇頁。
(88)　*Oxford Advanced Learner's Dictionary*, 6th ed. 2000.

(89) *Cambridge International Dictionary of English*, 1995.

(90) *Larousse English Dictionary*, 1997.

(91) 宮沢・前掲注（51）五七九頁

(92) 参照、佐藤・前掲注（5）三三六頁（三四四頁）など。

(93) 林大：監修『現代漢語例解辞典』（一九九二年、小学館）一五七頁。

(94) 宮沢・前掲注（51）五七九頁は、おそらく「副」を「添える」の意味で用いるという前提の上にたって、「『連署』は、また副署といってもいい。マッカアサア草案も、本条［憲法七四条］の英訳もcountersign（副署する）という言葉を使っている」と説示しているが、「副」を「添える」の意味で用いるという前提の上にたっても、「［憲法七四条の］『連署』は、また副署といってもいい」とすることには、疑問を抱く。

憲法七四条が「連署」というときの「連」には「添えて」addということ以上の事柄がふくまれていると判断されるからである。

念のためいっておくと、《マ草案のそのcountersignに当てられるべき語として適切なのは『副署』かそれとも『連署』か、二者択一的に答えよ》という問いには、「連署」であって「副署」ではないというのが私の答えである。

(95) 本書第一章の注（32）で言及した行政組織研究会の論文も同様に憲法七四条の趣旨を見誤っているというのが、私の意見である。

(96) 宮沢・前掲注（51）五八〇―五八一頁。

(97) 参照、本書第一章**四**。

(98) 森田・前掲注（1）一〇―一一頁、森田・前掲注（2）二五―二六頁。

なお、内閣法の規定に関連して後出の注（104）を参照。

(99) 森田・前掲注（1）一〇―一二頁、森田・前掲注（2）二四―二七頁。

(100) 「権限」という用語は、講学上の機関としての性格を有しない組織（法人のなかの組織）についても使用可能であるというのが、私の立場である。

この私の立場に関して参照、森田・前掲注（2）一〇九頁注八、森田寛二「行政『主体』と行政『機関』の概念

――法律学一般への洞察の上にたって」自治研究七一巻四号（一九九五年）一四―一六頁。

(101) 内閣は、「形態的に自立的な組織（形態的に非依存型の組織）」であり、しかも《合議体》の性格を有する。各省も、各々「形態的に自立的な組織（形態的に非依存型の組織）」であるが、しかし、それ自体は《合議体》の性格を有しないものである。

右にいう「形態的に自立的な組織（形態的に非依存型の組織）」の意味につき参照、森田・前掲注（34）七―八頁、森田・前掲注（38）六―七頁、森田・前掲注（2）四三―四四頁、六―八頁。

(102) 一言のべておく。その本来の線にそって問題の処理をする場合のアクション、しかも《内閣官房》の側からのアクションの（可能的）仕方を究明するにあたっては、《内閣に置かれる組織の事務》を「管理」するのは「内閣」であるということを思考上の軸とする見地の上にたった場合に帰結・判明する事柄――その際には、「内閣」という《合議体》の「首長」は内閣総理大臣であること（《内閣の首長としての立場における内閣総理大臣》）も考慮される――について、十分な注意が払われてしかるべきである。

(103) 本書第一章の注（32）で言及した行政組織研究会の論文も、本文でのべたような究明的試みを怠っている。

(104) この点に関連しては、左記のような内容をもつ森田・前掲注（2）資料編ⅢないしⅥが、通覧されていいであろう。

資料編Ⅲ：平成一一年法律八八号による改正の前の内閣法の本則。
資料編Ⅳ：昭和二二年法律五号による制定のときの内閣法。
資料編Ⅴ：昭和三二年法律一五八号による改正の後の内閣法の本則。
資料編Ⅵ：平成一一年法律八八号による改正の後の内閣法の本則。
また参照、次の注（105）掲記の資料。

(105) 制定当時（昭和二七年）の内閣法制局設置法の本則については参照、森田・前掲注（2）資料編Ⅶ。

(106) 《実質的に意味をもってくる場合》というのは、《内閣府設置法四条一項及び二項に規定する事務》に関する場合であって、《内閣府設置法四条三項に規定する事務》に関する場合はそれに当たらない。

これは、内閣府設置法六条二項が「内閣総理大臣は、内閣府に係る事項についての内閣法にいう主任の大臣とし、

第四条第三項に規定する事務を分担管理する」と規定して《内閣府設置法四条三項に規定する事務》を「分担管理」の対象としているために、そうなるのである。

(107) なお参照、森田・前掲注(34)一三頁、一五頁、森田・前掲注(2)五〇―五一頁、五二頁。

(108) 塩野宏『行政法Ⅲ』(一九九五年、有斐閣)五〇頁。

(109) 次の注(110)で引用する塩野教授の論述を参照されたい。

(110) 塩野教授は、内閣法一八条(現行の二三条)などの規定は同法三条の「分担管理」について定めをおいたと理解しているようである。左の引用文をみられたい。

「内閣法はすべての行政事務について主任の大臣が置かれることを想定しているように読める(林修三〈内閣の組織と運営〉行政法講座四巻三七頁)。そして制定法上も、内閣の直属の補助部局が担当する行政事務についての主任の大臣を内閣総理大臣としている(内閣官房にかかる事務につき内閣法一八条、内閣法制局にかかる事務につき内閣法制局設置法七条、安全保障会議にかかる事項につき安全保障会議設置法一〇条)。そこで、内閣総理大臣は総理府の長以外にも主任の大臣としての職務権限を有することとなる」。塩野・前掲注(108)五三―五四頁。

この引用文のなかで呈示されている見方の問題性について更に参照、森田・前掲注(1)一〇―一二頁、森田・前掲注(2)二四―二七頁。

関連して、二〇〇〇年一〇月に発行された学会誌「公法研究」に掲載された稲葉馨教授の論文に言及しておく。同論文は、「従来、内閣総理大臣には、主に、三つの地位が認められてきた」と記し、塩野・前掲注(108)五〇頁以下を参照するよう注記している。稲葉馨「『行政』の任務・機能と国家行政組織改革」公法研究六二号(二〇〇〇年)三八頁、四九頁注二〇。

そして、稲葉論文のその注記の箇所(四九頁注二〇)は、そのような「塩野・前掲……五〇頁以下」旨の参照的指示の記述をした後で、直ちに「ただし」と語を継いで、林修三「内閣の組織と運営」の見解に言及しつつ議論を展開している。

「ただし、林・前掲……[=林修三論文〈内閣の組織と運営〉]三七頁は、内閣補助部局の事項の主任の大臣としての立場も、『すべての行政事務について、その事務を分担管理する主任の大臣があるという立て前』(憲法七四条・内閣法三条一項）に由来するものとしている。これに対し、森田・前掲……〔＝森田寛二論文〈国家行政組織法と内閣府設置法（二）〉〕一一頁は、『内閣官房に係る事項』について内閣法にいう『主任の大臣は、内閣総理大臣とする』と定める内閣法一八条（九九年改正以降は二三条）は、『同法三条の《分担管理》とは何の関係もなく、『内閣法七条の《主任の大臣》を擬制し、そしてこの擬制を通して憲法七四条の《主任の大臣》を擬制する必要があると考えられた結果、設けられた』規定と解している。内閣官房の事務は『各大臣に分担管理させるのにはなじまない』もの（小谷宏三〈内閣法逐条解説（下）〉警察学論集三七巻六号（一九八四年）一五一頁）であり、基本的に、後者の見解が正当と思われる」。

ここに引用した稲葉教授の論述に接して一番に心に浮かんできたのは、学問のありようということであった。精確にいうと、学問における論拠の地位であった。

稲葉教授は、「内閣官房の事務は『各大臣に分担管理させるのにはなじまない』」ことを論拠として提出しているが、この場合の「なじまない」は論拠として提出しうるものであろうか。

別言すると、こうである。内閣官房の事務は内閣法三条の「分担管理する」の対象となる事務でないという見解は、これを「内閣官房の事務は『各大臣に分担管理させるのにはなじまない』」という理由で正当化することは認められるであろうか。

私の論拠については、以前の述作や本文に前述したところから明らかであるとおもうが、本書第五章で一層の明確化と一層の根拠づけを試みる予定である。

(111)《内閣に置かれる組織》はまさしく「内閣」という《合議体》に《置かれる》のであるから、《内閣に置かれる組織の事務》を「管理」するのは「内閣」であるということや、そのことを思考上の軸とする見地の上にたった場合に帰結・判明する事柄を胸中において、内閣法の制定以後の法律を観察するとき、首をかしげざるをえないような規定は、他にもある。

たとえば、「昭和二十二年法律第六十九号」をもって公布された行政官庁法一一条は、次のように定めている。

「第四条乃至第六条の規定を適用するについては、内閣官房及び法制局に係る事項は、これを内閣総理大臣の所掌事項とみなす」。

右の規定は、《内閣に置かれる組織の事務》を「管理」するのは「内閣」であるということを思考上の軸とする見地の上にたった場合に帰結・判明する事柄——その際には、「内閣」という《合議体》の「首長」は内閣総理大臣であること（《内閣の首長としての立場における内閣総理大臣》）も考慮される——について、十分な注意を払っていないと私は観察しているが、詳論はここではおこなわない。

(112) カント・前掲注（78）二三三—二三四頁。

第五章　内閣法三条一項にも違反する

内閣府設置法は、その二条で「内閣に、内閣府を置く」と規定しながらも、その六条二項で「内閣総理大臣は、……内閣法にいう主任の大臣とし［て］、第四条第三項に規定する事務［内閣に置かれる内閣府の第二種の『所掌事務』］を分担管理する」と定めている。

この「内閣府設置法六条二項は、『国務大臣』が『分担管理』することができない事務を『内閣総理大臣』という『国務大臣』の『分担管理』の対象としているので、憲法六六条一項に違反する」というのが、以前の述作及び前記第二章で読者の前に差出した知見である。

また、以前の述作で私は、論拠を示して、以下のようにも説示した。その内閣府設置法六条二項は「内閣法三条一項に違反する」(113)。

本章では、改めてこの説示――内閣府設置法六条二項は「内閣法三条一項に違反する」という説示――の妥当性について論証を試みたいとおもう。

一　最初に内閣法三条の「行政事務」

内閣法三条は、その一項で「各大臣は、別に法律の定めるところにより、主任の大臣として、行政事務を分担管理する」と、その二項で「前項の規定は、行政事務を分担管理しない大臣の存することを妨げるものではない」と規定している。――同条が（「国務大臣」という用語ではなくて）「大臣」という用語を使っているのは、同法二条一項が憲法六六条一項とは異なって内閣総理大臣を「国務大臣」と呼称していないことをその土台にもっている。

いま参照した内閣法三条一項は「……行政事務を分担管理する」と規定して「行政事務」といい、同条二項はこの一項を受けて「行政事務」といっているが、この「行政事務」については、心に強く刻印されるべきことがある。

それは、こうである。内閣法三条一項は、「内閣は、他の一般行政事務の外、左の事務を行ふ」と規定して「一般行政事務」といっている憲法七三条柱書きとは異なって、単に「行政事務」と規定していることである。

前記第一章で詳論したように、憲法七三条柱書きは《内閣は、左の事務その他一般行政事務（行政事務の全体的要務）をおこなう》旨の規定であり、憲法「第五章　内閣」においては「内閣」は《行政事務の全体的要務》という「一般」を、「行政各部」は各《行政事務》という「各般」を担当するという考え方がとられている。

憲法「第五章　内閣」においてとられているこの座標軸的な考え方に鑑みて、内閣法三条一項は、「各大臣」が「主任の大臣として……分担管理する」対象をもって「行政事務」と規定したと判断されるのである。

内閣法三条一項の規定の仕方は適切であるといっていいが、同項の規定の仕方における適切さ・巧みさは、右に指摘した点にのみ求められてはならないであろう。同項は、「分担管理する」の主辞を「各大臣」とすることによって、その「分担管理する」の対象とされている「行政事務」をもって単に《（各般上の）行政事務》の意味に解するのではなくて、それよりも限定された意味に理解するよう指し示すという巧みさが、そこには認められる。

というのは、こうである。いまのべたように内閣法三条一項の主辞は「各大臣」で、述辞は「分担管理する」となっているが、このことに着眼して「分担管理する」の対象とされている「行政事務」を考えると、どうなるであろうか。

そのことに着眼して「行政事務」を考えるとき、ひとは思い起こすであろう、前記第二章や第四章一で呈示した命題を。すなわち、「各大臣」が「主任の大臣として……分担管理する」ことができるのは《大臣を長とする『行政……部』の（各般上の）行政事務》であるという命題を。

結論的テーゼ。内閣法三条一項が「分担管理する」の対象としている「行政事務」というのは、《大臣を長とする『行政……部』の（各般上の）行政事務》をいい、単なる《（各般上の）行政事務》を指しているのではない。

なお、右記の結論的テーゼ中の「行政……部」というのが《内閣と（形態的には）切り離されて置かれる組織》としての性格を有することについて参照、前記第一章**五**及び第二章の注（39）のほか、後記本章**七**。

右記の結論的テーゼは、これを《内閣の統轄の下に》という用語を使っていうと、左記のようになる。――私が《内閣の統轄の下に》というときの「統轄」の「轄」は、《離れているもの》との《一定のつながり》という意味であることについて参照、前記第二章**一**（注（38）に留意）。

内閣法三条一項が「分担管理する」の対象としている「行政事務」というのは、《内閣の統轄の下における『行政……部』の担当事務》をいう。

念のためいう。この結論は、以前の述作における論結[114]と同一である。

二　「行政事務」は administrative

前記第一章でのべたように、「内閣は、他の一般行政事務の外、左の事務を行ふ」と規定する憲法七三条柱書きのなかの「一般行政事務」に対応するマッカーサー草案の言葉は、executive responsibilities であった。

そしてその executive は、憲法七二条にいう「行政各部」に関連して用いられる administrative との対比のなかで使用される術語としての役割を与えられているものであった。

executive と administrative に関するこのような使い方を前提にすれば、内閣法三条一項が「行政事務を分担管理する」というときの「行政事務」を言い表す語として用いられるべきは、いうまでもなく、administrative ということになる。

この点で大いなる注視に値する一つの「英文」資料がある。The Cabinet Law（Draft）と題された資料が、それである。

まず、その The Cabinet Law（Draft）に関係する『外務省記録……／No. A'-0091』中の記述を摘記して、その資料の位置・磁場・性格について大まかな知識を読者に提供しておきたいとおもう。次のⅠⅡⅢをみられたい。

Ⅰ 「内閣法関係会談要旨（第三回）／昭和二一、一一、一九 終連、政、政」：「内閣法案に対する総司令部の最後的意向を求めたところ、ピーク博士は『当方の最後的な修正意見については現在上司の方に手続中であるので、この席ではつきり言ふことは出来ないが、……』」。

Ⅱ 「内閣法案に関する件／昭和二一、一一、二〇 終連、政、政」：「総司令部政治部ピーク博士は、藤崎［萬里］連絡官に対し、内閣法案に対する最後的修正案……を示し」。

Ⅲ 「内閣法関係会談要旨（第四回）／昭和二一、一一、二六／終連、政、政」：「去る二十日ピーク博士から藤崎連絡官に提示せられた総司令部の修正案」。

井手成三文書にも同一の資料がふくまれている。その資料、すなわち The Cabinet Law（Draft）と題された資料には「11、20 藤崎連絡官ヲ通ジ Peake ノヨコセシモノ」との書き込みがある。

以上を前提にして、The Cabinet Law（Draft）それ自体に考察の眼を向けよう。このⅡの前のⅠで何について論究したかというと、内閣法三条一項と同条二項の「行政事務」についてであった。

その内閣法三条一項と同条二項に対応する規定は、The Cabinet Law（Draft）では、「三条一項」と「三条二項前段」にある。左記が、それである。――「三条二項」は「前段」と「後段」からなっているが、「三条二項後段」（collectively responsible 規定）については、後記第一〇章で検討の対象とする予定である。

「三条一項」：The Minister shall divide among themselves administrative affairs and be in charge of their respective shares thereof, as provided for by law separetely.

「三条二項前段」：The provision of the preceding paragraph does not, however, preclude the existence of Ministers who have no specific share of administrative affairs to manage.

みられるように The Cabinet Law (Draft) は、内閣法三条一項が「行政事務を分担管理する」というときの「行政事務」、あるいは同条二項が「行政事務を分担管理しない大臣」というときの「行政事務」を言表する語として administrative を用いている。これは、大いなる注視に値するものであろう。

議論を補強しておこう。The Cabinet Law (Draft) における administrative の語の使い方を知得する上で逸することができない規定がある。

それは、「内閣総理大臣は、閣議にかけて決定した方針に基いて、行政各部を指揮監督する」と定める内閣法六条に対応する The Cabinet Law (Draft) 中の規定である。

具体的にいおう。次に掲記する「四条一項前段」が、それである。——訳文などについて参照、後記第七章二。

「四条1項前段」：In all matters relating to the exercise of executive power under the Constitution the Prime Minister shall, in the exercise of his supervisory control over the various administration branches, determine policy after consultation with the Cabinet.

ここにおける executive power under the Constitution という言い回しの使い方、あるいは administration の使い方が何にもとづいているかについては、もはや説明を要しないであろう。——参照、前記第一章**四**。

内閣法八条は「内閣総理大臣は、行政各部の処分又は命令を中止せしめ、内閣の処置を待つことができる」と規定して「行政各部」といっているが、この「行政各部」は、The Cabinet Law (Draft) ではどのように表記されているであろうか。同条に対応する The Cabinet Law (Draft) 中の規定は、「六条」にある。

「六条」：The Prime Minister may suspend the disposition or order of any administration office, pending action by the Cabinet.

「行政各部」は、administration office と表記されている。administration という言葉が、使われているのである。

結論を記そう。The Cabinet Law（Draft）と題された、この二で考察した英文資料においても、executive の語と administrative の語は使い分けて用いられており、内閣法三条一項が「行政事務を分担管理する」というときの「行政事務」を言い表す語として使用されているのは、administrative である。

なお、この二で書き写した The Cabinet Law（Draft）中の英文のそれぞれに対応する内閣法中の規定に関する興味深い事実につき参照、後記本章**六**。

三　内閣法三条の制定過程・その一

上述のように内閣法三条は、その一項で「各大臣は、別に法律の定めるところにより、主任の大臣として、行政事務を分担管理する」と、その二項で「前項の規定は、行政事務を分担管理しない大臣の存することを妨げるものではない」と規定している。

その種の定めが、内閣法についての法制局関係の案文のなかに当初から入っていたかというと、そうではない。このことは、強い記憶に値するであろう。

内閣法の制定過程に関する論文として有名なものに、佐藤功「内閣法制定の経過」がある。そこに、次のようにある。[115]

「臨時法制調査会の内閣法案要綱の答申」は、「〔昭和二一年〕一〇月二六日付で……内閣総理大臣に対し」され、この「臨時法制調査会の内閣法案要綱の……答申に基いて政府は内閣法案を決定し、昭和二一年一一月二六日から一二月二五日まで開かれた第九一帝国議会に提出した」。

みられるように、「臨時法制調査会の内閣法案要綱の……答申に基いて政府は内閣法案を決定」とある。そこで、次に獲得されるべき知として問題になるのは、「臨時法制調査会の内閣法案要綱」である。その内容について、上

記の佐藤論文は左のように記している。(116)

「臨時法制調査会の内閣法案要綱」は、「[昭和二一年] 八月二一日案とほとんど異ら」ず、そして、この「八月二一日案」は、「[昭和二一年] 八月一〇日の小委員会」案と「ほとんど異らない」ところの「[昭和二一年] 八月一六日の第一部会」案と同一であった、と。

要するに、「臨時法制調査会の内閣法案要綱」は、「八月一〇日の小委員会」案と「ほとんど異らない」という訳である。

ここに「八月一〇日の小委員会」案というのは、佐藤論文に掲載されている「幹事より提出された」「内閣法案要綱試案」を指しているのであるが、その案文は、内閣法三条の類いの規定をふくんでいるかどうか。これが、本題的な点検事項であった。考察の眼を案文の内容の方に移そう。

佐藤論文は、八項目からなるその「八月一〇日の小委員会」案たる「内閣法案要綱試案」を次のように書き写している。(117)――題名を構成する字句の《初字》が《第四字目》ではなくて《第二字目》になっている点は、「昭和二一、八、一六」「第一部会」「決定」案たる「内閣法案要綱試案」においても、「決」がとられた「昭和二十一年十月二十二日」の「臨時法制調査会第三回総会」に提出された「内閣法案要綱（案）」においても、題名を構成する字句の《初字》は《第四字目》となっていることなどからみて、同論文の書き写しミスと考えられる。

「　内閣法案要綱試案

一　内閣は首長たる内閣総理大臣及び〇〇人以内の国務大臣を以てこれを組織すること

二　内閣総理大臣は国務大臣の中から各省大臣を命ずること

三　内閣総理大臣に故障あるとき [以下、略]」

読者は、この引用節のなかに「二　内閣総理大臣は国務大臣の中から各省大臣を命ずること」とあることに注意を向けられたい。

その上で、その項目「二」に関連して上記の佐藤論文が左のような解説を書いていることに強い注意を払われたい。

「臨時法制調査会の内閣法案要綱の……答申に基いて政府」が「決定し、……第九一帝国議会に提出した」「内閣法案」では、項目「二」に相応する規定は「外され」、その代わりに「第三条に国務大臣行政長官同一人制の建前を示す規定……を設け、併せて無任所大臣を置き得ることを定めた[118]」。

右の解説から、内閣法三条の類いの規定の存否に関し、何が知得されうるであろうか。次のⅠとⅡの事実が知得されるであろう。

Ⅰ　内閣法三条の類いの規定は、「［昭和二一年］一〇月二六日付」の「臨時法制調査会の内閣法案要綱の答申」にはなかった。

Ⅱ　「政府」が「決定し、昭和二一年一一月二六日から一二月二五日まで開かれた第九一帝国議会に提出した」「内閣法案」には、まさしく「第三条」の規定として存在していた。

まずⅠについていうと、これが真理値をもつ事実であることは、「昭和二十一年十月二十六日」に「こゝに答申致します」とされた臨時法制調査会の「内閣法案要綱」の項目「二」が、実際、「内閣総理大臣は、国務大臣の中から、各省大臣を命ずること」となっていたことから知られるであろう。

それでは、Ⅱはどうか。これも真理値をもつ事実である。しかし、強い注意が必要である。Ⅱに関連しては、そこに必須の検討問題が横たわっていることに。

内閣法三条の類いの規定は、《具体的にいつの時点で》法制局関係の案文のなかに入ったか。これこそが、そこに横たわっている検討問題である。

岡田彰『現代日本官僚制の成立』は、臨時法制調査会の「内閣法案要綱」答申日付の三日後である「［昭和二一年］一〇月二九日に閣議を通った全八条の以下のような内閣法案」を書き写している[119]。——題名を構成する字句の《初字》が《第四字目》ではなくて《第一字目》になっている点などは、同著の書き写しミスである。

「内閣法案
第一条　内閣は、内閣総理大臣及び国務大臣一六人以内を以て、これを組織する。
第二条　各大臣は、別に法律の定めるところにより、主任の大臣として、行政事務を分担管理する。
　前項の規定は、行政事務を分担管理しない大臣の存することを妨げるものではない。
第三条　内閣がその職権を行ふのは、閣議によるものとする。
　閣議は、内閣総理大臣がこれを主宰［以下、略］」

一読してわかるように、「［昭和二一年］一〇月二九日に閣議を通った……内閣法案」では、内閣法三条と同一の規定が「第二条」にあった。

これに対し、上述のように三日前の「［昭和二一年］一〇月二六日付」で答申された臨時法制調査会の「内閣法案要綱」には、内閣法三条の類いの規定はふくまれていなかった。

僅か三日の間におけるそのような変化には、探究の価値が認められていいであろう。その探究の際に念頭におかれるべき問題意識は、左記のとおりである。

内閣法三条の類いの規定は、内閣法の立案過程のいつの時点で法制局関係の案文のなかに入ったであろうか。真実、「［昭和二一年］一〇月二六日」から「［昭和二一年］一〇月二九日」までの間か。その規定が案文のなかに入った経緯は、どのようなものか。——次の**四**とそれに続く**五**をみられたい。

四　内閣法三条の制定過程・その二

二〇〇〇年一一月一四日に国立公文書館に出掛けて井手成三文書を調査し、その調査によって受けた知的刺激にもとづいて私は、これまで更なる探求・調査をおこない考究に努めてきたが、調査・考究はいまだ十分なものとなっていない。

けれども、既に得られた成果はある。その一つを披露したのが前記本章**二**であるが、この**四**では、佐藤達夫文書や井手文書にみられる資料に言及して、内閣法三条に関する特筆すべき一つの事実について明るく照明を当てておきたいとおもう。

佐藤文書及び井手文書に、「二二、一〇、一七（法）」との記載のある「内閣法案」がある。その全体を次に掲記しておきたいとおもう。――字の配置の仕方、たとえば題名を構成する字句の《初字》が《第四字目》ではなくて《第七字目》になっている点などにも、注意を集中されたい。参照、次の**五**。

「　　　内　閣　法　案　　　　二二、一〇、一七（法）

第一条　内閣は、内閣総理大臣及び国務大臣　人以内を以て、これを組織する。

第二条　内閣総理大臣及び国務大臣は、別に定めるところにより、主任の大臣として、行政各部の事務を分担する。但し主任の事務を有しない大臣を置くことを妨げない。

第三条　内閣は、閣議によつてその職権を行ふ。

閣議は、内閣総理大臣がこれを主宰する。

国務大臣は、案件の如何を問はず内閣総理大臣に提出して、閣議を求めることができる。

第四条　内閣総理大臣に事故のあるとき、又は内閣総理大臣が欠けたときは、その予め指定する国務大臣が、臨時に、内閣総理大臣の職務を行ふ。

第五条　主任の国務大臣に事故のあるとき、又は主任の国務大臣が欠けたときは、内閣総理大臣又はその指定する国務大臣が、臨時に、その主任の国務大臣の職務を行ふ。

第六条　内閣に、内閣官房及び法制局を置く。

第七条　内閣官房は、内閣総理大臣の指揮監督を受け、閣議提出案件の整理その他内閣の庶務一般を掌る。

内閣官房に、官房長、官房次長、内閣事務官及び政令の定める所要の職員を置く。
第八条　法制局は、法律案及び政令案の審議立案その他政令の定める法制に関する事項を掌る。
法制局に、長官、次長、事務官及び政令の定める所要の職員を置く。
第九条　前二条の外内閣官房及び法制局に関し必要な事項は政令でこれを定める。」

この資料には、強い注目を払って深い考究の端緒とされていい記述が少なからずふくまれているが、本章の中心的な論題との関連で注視されるべきは、何といっても、内閣法三条に対応する規定である右記「第二条」である。

内閣法三条一項の「行政事務を分担管理する」という部分は、この「二一、一〇、一七（法）」の「内閣法案」「第二条」では、「行政各部の事務を分担する」となっていて、「分担する」の対象が「行政各部の事務」と規定されている。

佐藤文書及び井手文書には、「二一、一〇、二一（佐）」との記載のある「内閣法（案）」も残されている。「（佐）」というその記載からみて、佐藤達夫法制局次長の手になると判断していいであろう（佐藤功法制局事務官は「（功）」である）。

左に引用するのが、その「内閣法（案）」であるが、字の配置の仕方、たとえば題名を構成する字句の《初字》が慣例にしたがって《第四字目》になっていることなども、逸してはならない点である。――左記「内閣法（案）」の内容につき更に参照、後記本章**六**及び第一一章**二**。

「　　内閣法（案）　　　　　　二一、一〇、二一（佐）
第一条　内閣は、内閣総理大臣及び国務大臣　人以内を以て、これを組織する。
第二条　内閣総理大臣及び国務大臣は、別に定めるところにより、主任の大臣として、行政各部の事務を分担管理する。但し主任の事務を有しない大臣を置くことを妨げない。

第三条　内閣は、閣議によつてその職権を行ふ。
閣議は、内閣総理大臣がこれを主宰［以下、略］」

心に強く銘記されるべきことをのべて強調しておこう。上記「二一、一〇、一七（法）」の「内閣法案」で「行政各部の事務を分担する」とあった部分は、この「二一、一〇、二二（佐）」の「内閣法（案）」では、「行政各部の事務を分担管理する」となっている。――ちなみに参照、後記第一三章の注(266)。

「二一、一〇、二二（佐）」の「内閣法（案）」については、井手文書のなかの資料にみられる手書きの記録的な書き留めメモからみて、いわゆる「憲法大臣」であり「臨時法制調査会」「副会長」でもある金森徳次郎国務大臣も参加した法制局の会議で吟味的な検討がくわえられたといっていいであろう。(120)

その検討の日は、「二一、一〇、二二」であったと推断される。「二一、一〇、二二（佐）」という資料の「二一、一〇、二二」は、その資料が提出・配布される会議の日を指していると考えられるからである。日にちに注意されたい。前記本章三で論及した「内閣法案要綱（案）」が臨時法制調査会に提出されて可決されたのは、「昭和二十一年十月二十二日」であったが、その前日である。

元に戻っていう。「二一、一〇、二二」の会議における検討の内容を勘案しつつ手直しをしたものが、「二一、一〇、二六　次長部長会議」に提出されている。

会議の日にちに注意を向けられたい。臨時法制調査会の「内閣法案要綱」の答申日付と同じ「二一、一〇、二六」である。――本章の中心的な論題との関連において力説しておく。臨時法制調査会が「昭和二十一年十月二十六日」付けで答申した「内閣法案要綱」には、この四の前の三でみたように、内閣法三条の類いの規定はふくまれていない。

「二一、一〇、二六　次長部長会議」に提出された資料をみてみよう。次に書き写すのが、その資料たる「内閣法（案）」である。

「　　内閣法（案）　　　　　　　　　　　　　　　二一、一〇、二六　次長部長会議

第一条　内閣は、内閣総理大臣及び国務大臣　　　人以内を以て、これを組織する。

第二条　内閣総理大臣及び国務大臣は、別に定めるところにより、主任の大臣として、行政事務を分担管理する。但し行政事務を分担管理しない大臣の存することを妨げない。

第三条　内閣は、閣議によつてその職権を行ふ。

　閣議は、内閣総理大臣がこれを主宰［以下、略］」

ここに書き写したところをみれば、どこが本章の中心的な論題との関連における留意点であるかは、明白であろう。左の点である。

上記「二一、一〇、二一（佐）」の「内閣法（案）」が「……行政各部の事務を分担管理する。但し主任の事務を有しない大臣を置くことを妨げない」というふうに定めていた規定のなかの「行政各部の事務を分担管理する」及び「主任の事務を有しない大臣を置くこと」という部分は、「行政事務を分担管理する」及び「行政事務を分担管理しない大臣の存すること」に修正されている。――「主任の事務を有……」が「行政事務を分担管理……」に変わっていることにも、強く注目されていい。

井手文書中の当該資料には、手書きで、単なる書き留めメモにとどまらない訂正が施されている。「二一、一〇、二六　次長部長会議」の結果を記録したものであろう。その訂正を組み入れて直せば、左のようになる。

「　　内閣法

第一条　内閣は、内閣総理大臣及び国務大臣十六（十五）人以内を以て、これを組織する。

第二条　各大臣は、別に法律の定めるところにより、主任の大臣として、行政事務を分担管理する。

　前項の規定は、行政事務を分担管理しない大臣の存することを妨げるものではない。

第三条　内閣がその職権を行ふのは、閣議によるものとする。

閣議は、内閣総理大臣がこれを主宰［以下、略］」

みられるように、ここでは、内閣法三条――これは、制定時以降、変わっていない――と同一の規定が「第二条」として存在している。内閣法三条と完全に同一の字句が生まれたのは、「二一、一〇、二六　次長部長会議」においてである。

この**四**の冒頭部分で私は、こう書いた。この**四**では、井手文書などにみられる資料に言及して、内閣法三条に関する特筆すべき一つの事実について明るく照明を当てておきたいとおもう、と。

いうところの内閣法三条に関する特筆すべき一つの事実というのが何であるかは、もはや判然明白となったであろう。次の事実が、それである。

内閣法三条の類いの規定が法制局関係の案文のなかに初めて入ったときに「行政各部の事務を分担する」となっていたのが、「行政各部の事務を分担管理する」になり、そして、これが更に「行政事務を分担管理する」に変わった。

また、この**四**の前の**三**の末尾部分では私は、以下のように書き記した。内閣法三条の類いの規定は、内閣法の立案過程のいつの時点で法制局関係の案文のなかに入ったであろうか。真実、「［昭和二一年］一〇月二六日」から「［昭和二一年］一〇月二九日」までの間か。

次の**五**における論考をみれば一段と明瞭になるように、観察的吟味によって得られる論結は、以下のとおりである。その間ではない。「二一、一〇、一七（法）」の「内閣法案」で、法制局関係の案文のなかに初めて入ったのである。

付記。「二一、一〇、一七（法）」の「内閣法案」は、主辞の《大臣》と「行政各部の事務」とを関係づけて述辞で「分担する」と規定しているが、この「分担する」という述辞が不適切であることは、述辞を《担当する》に置き換えて考えれば容易に理解されうるであろう。「分担する」というその述辞は、「分担管理する」に変わる運命にあったもので、実際、「二一、一〇、二一（佐）」の「内閣法（案）」でそのように「分担管理する」に変わったことは、上にみたとおりである。――なお参照、後記第一三章の注（266）。

五　内閣法三条の制定過程・その三

佐藤文書や井手文書のなかに、「二一、九、一〇　臼」との記載のある「内閣法案」がある。左に引用するのが、それである。

「　　内閣法案　　　　　　　　　　　　　　　（二一、九、一〇　臼）

第一条　内閣は、首長たる内閣総理大臣及び国務大臣　　人以内を以てこれを組織する。

註

(1)「首長たる」憲法六六にあり。削除するも一案

第二条　各省大臣は、国務大臣のうちから、内閣総理大臣これを命ずる。

註

(1)本条は、中央行政官庁法に規定すべきに非ずや。仮に、本条を設くるとすれば憲法六八条の国務大臣の任免も総理の権限として規定すべきか。

第三条　内閣総理大臣の予め指名する［『指名する』の脇に『指定する』の記述がある］国務大臣は、内閣総理大臣事故あるときは［以下、略］」

右に引用した「二一、九、一〇　臼」の「内閣法案」は、当該資料に記入された書き留め的な記述、たとえば「第二条」の脇に手書きで書かれた「国務大臣の主任については、内閣総理大臣がこれを定める」という叙述、そして、この叙述に関連して出された諸意見の記録的なメモなどからみて、法制局の会議に討議資料として提出されたとみていいであろう。

その会議における討議を基礎にして作成されたのが、「二一、一〇、一二　臼」との記載のある「内閣法案」である。その全体を次に書き写しておこう。

「　内閣法案　　　　　　　　　　　　　　　（二一、一〇、一二　臼）

第一条　内閣は、内閣総理大臣及び国務大臣　　人以内を以て、これを組織する。

第二条　内閣の職権に属する事項は、閣議に基く〔『に基く』の脇に『による』『を経る』の記述がある〕ものとする。

別案

内閣の活動は、閣議による。

内閣の職権は、閣議を経てこれを行ふ。

第三条　国務大臣の主任については、内閣総理大臣がこれを定める。

第四条　内閣総理大臣に事故あるとき又は内閣総理大臣が欠けたときは、その予め指定する国務大臣が、内閣総理大臣の職務を行ふ。

第五条　主任の国務大臣に事故あるとき又は主任の国務大臣が欠けたときは、内閣総理大臣又はその指定する国務大臣がその主任の国務大臣の職権を行ふ。

（第六条　内閣総理大臣及び国務大臣は、その所見により何等の件を問はず、内閣総理大臣に提出して、閣議を求めることができる。）

第七条　内閣官房長、（内閣）法制局長官その他内閣を助けるものについては、政令を以てこれを定める。」

読者は、ここに書き写した「二一、一〇、一二　臼」の「内閣法案」――あるいは、佐藤功教授の上記論文「内閣法制定の経過」に掲載されている既述の「〔昭和二一年〕八月一〇日の小委員会」案たる「内閣法案要綱試案」――を、前記本章**四**で明らかにした「二一、一〇、一七（法）」の「内閣法案」と比較対照されたい。

くわえて、前者を後者の「二一、一〇、一七（法）」の「内閣法案」から四日後の「二一、一〇、二一（佐）」の「内閣法（案）」と比較対照されたい。

そのような比較対照をおこなえば、「二一、一〇、一七（法）」の「内閣法案」には、それ以前の案文にみられない顕著な特徴、《それ以前の案文との間に連続線を引くことが不可能なような特徴》が認められるであろう。――《日本側の知に由来しないものを感じさせる》。

また、注意されていい。「二一、一〇、一七（法）」の「内閣法案」は、字の配置の仕方からしても異質であることに。

たとえば、題名の部分の《初字》が《第四字目》になっておらず、《第七字目》になっているし、また、題名を構成している字が《空白》なしに続けて書かれておらず、字と字の間に《空白》が設けられている。《自前でないもの》を組み込んで作成されたことをほのめかすために、そうされたのであろうか。――日付の後の「（法）」は、何を言い表し示唆するために記されたのであろうか。

このような観察的所見を胸中におくと、《昭和二一年一〇月半ば》に総司令部の側から一定の具体的な《指針》が呈示され、その呈示された《指針》を査定し参考にしながら作成し直されたのが、「二一、一〇、一七（法）」の「内閣法案」であるまいかとの推測が生まれてくるが、この点については更に次の**六**、そして後記第一一章及び第一三章で論及するところがあるであろう。

ちなみにいっておくと、犬丸秀雄：監修『日本国憲法制定の経緯』に収載されているハッシー文書のなかの一資料、すなわち「一九四六年七月一一日」付けでピークとビッソンが記した「MEMORANDUM FOR THE CHIEF, GOVERNMENT SECTION」に、以下のようにある。「SCAP の側は、皇室法（Imperial Household Law）と内閣組織法（Cabinet Organisation Law）の規定について高度に綿密な監視をする必要がある」[121]。――天川晃「新憲法体制の整備」は、「内閣法案の承認をめぐる民政局と法制局の交渉は、［昭和二一年］一一月五日から始まった」[122]と書いているが、これが疑問であることは、次の**六**などの論述からも窺い知られるとおもう。

六　関連して内閣法八条の制定過程

前記本章**二**で、内閣法三条一項、三条二項、六条及び八条に対応する The Cabinet Law (Draft) 中の規定——「二条一項」「二条二項前段」「四条一項前段」「六条」——を英文のまま掲記した。

それらの内閣法の定めに関連しては、その内閣法三条一項の類いの規定、同法三条二項の類いの規定、同法六条の類いの規定、そして同法八条の類いの規定は、《昭和二一年一〇月半ば》以降に初めて法制局関係の案文のなかに入ったことに注意されていいであろう。

いま言及した四種の規定のうち、内閣法三条一項の類いの規定と同法三条二項の類いの規定、要するに内閣法三条の類いの規定が、「二一、一〇、一七（法）」の「内閣法案」で法制局関係の案文のなかに初めて入ったことは、既述したとおりである。

残りの内閣法六条の類いの規定と同法八条の類いの規定のうち、前者に係る当該問題については、後記第七章**二**で解明的究明を試みることとし、ここでは、後者に係る当該問題について考察しておきたいとおもう。

考察問題は、こうである。内閣法八条——「内閣総理大臣は、行政各部の処分又は命令を中止せしめ、内閣の処置を待つことができる」——の類いの規定は、内閣法の立案過程のいつの時点で法制局関係の案文のなかに入ったであろうか。

それは、「二一、一〇、二一（佐）」の「内閣法（案）」で、法制局関係の案文のなかに初めて入ったのである。次に引用するのが、その規定である。

「第五条　内閣総理大臣は、行政各部の処分又は命令を中止せしめ、内閣の処置を待つことができる」。

もっとも、この点に関連しては、それに先立つ「二一、一〇、一七（法）」の「内閣法案」の余白に書き込まれた手書きの書き留めメモについて言及しておくのが、事態の把握の上で有意義であろう。

その余白、最後部分の余白に書き込まれたメモは、「一　政令の罰則／二　総理の停止」と読むことができるが、この「二　総理の停止」が「二一、一〇、二一（佐）」の「内閣法（案）」中の右記「第五条」、「一　政令の罰則」が同「内閣法（案）」中の左記「第八条」となって具現したとみていい。

「第八条　政令には、別に法律の委任がある場合の外、公共の安寧秩序を保持するため取締上特に必要があるときは、一年以下の懲役若しくは禁錮、拘留、一万円以下の罰金又は科料の罰則を附することができる」。

前記本章**四**で私は、井手文書のなかの資料にみられる手書きの記録的な書き留めメモからみて、「二一、一〇、二一（佐）」の「内閣法（案）」については法制局の会議で吟味的な検討がくわえられたといっていいであろうと書いた。

上記「第五条」及び「第八条」に対するその会議における検討の結果は、記入された手書きの討議内容メモから判断して、内閣法の規定から除外するというものであったようである。

実際、「二一、一〇、二六　次長部長会議」の原案には、上記「第五条」や「第八条」の類いの規定はふくまれていない。

もっとも、上記「第五条」のみは復活された。「二一、一〇、二六　次長部長会議」で、元のままの形で内閣法のなかに入れることになったのである。

上記「第五条」は、内閣法八条と同一内容の定めである。内閣法八条は、「二一、一〇、二六　次長部長会議」で存立が確定したといっていいであろう。

最後に、この**六**における考察の存在理由をのべておこう。内閣法三条の類いの規定が法制局関係の案文のなかに初めて入った「二一、一〇、一七（法）」の「内閣法案」は、《昭和二一年一〇月半ば》に総司令部の側から呈示された一定の具体的な《指針》を査定し参考にしながら作成されたのではあるまいかという私の推測に関する一つの裏付け的事実を明るみの下に浮上させる。これである。

七　「行政……部」「所轄」「統轄」

この七では、再び考察の眼を内閣法三条の方に向けて、同条に関係する論題について考究をおこないたいとおもう。

1　前記本章四で指摘したように、内閣法三条の類いの規定が法制局関係の案文のなかに初めて入ったときに「行政各部の事務を分担する」となっていたのが、「行政各部の事務を分担管理する」になり、そして、これが更に「行政事務を分担管理する」に変わった。

内閣法三条一項が「行政事務を分担管理する」というときの「行政事務」の原型は、「行政各部の事務」であったのである。これは、強い注視と精考に値する事柄であろう。

「行政事務」の原型は「行政各部の事務」であったが、この原型中の「行政各部」という用語が憲法七二条で用いられていることについては、説明は不要であろう。

内閣法中の件の案文は、憲法「第五章　内閣」にある憲法七二条の用語方を前提にして「行政各部」と規定したと考えられる。

ここで、その「行政各部」との関連において、「(〔昭和二十一・〕十一・六佐)」との記載のある「内閣法覚書」と題された資料に言及したいとおもう。

右資料について、天川教授の論文「新憲法体制の整備」は「佐藤達夫の書いたものと思われる」(123)とのべている。そこには「(……佐)」とあり、また、佐藤文書にタイプ打ちの「内閣法覚書」の原本と判断される手書きの清書「内閣法覚書」があるから、そのように判定していいであろう。——なお、この「内閣法覚書」は総司令部の側の要求にもとづいて作成され、総司令部の側に提出されたと私はみているが、本書では、この点に関する立ち入った論述は省きたいとおもう。

佐藤法制局次長の記した「内閣法覚書」には、「行政各部」の性格に関係する記述がふくまれている。左記が、その部分である。

「憲法の『内閣』……は、……『政府』と云ふよりも具体的の限局された観念である。（憲法……に『行政各部』とある。之と相対立する観念と云へよう。）」。

この「相対立する」という言葉を使っていうと、「行政各部」が「内閣」と「相対立する」のは、「行政各部」が《内閣と（形態的には）切り離されて置かれる組織》であるときである。「行政各部」は「内閣」と「相対立する」ものとはいいえないであろう[124]。

私が用いてきた《対比》という言葉を使っていえば、「内閣」と《対比》される「行政各部」は、《内閣と（形態的には）切り離されて置かれる組織》としての性格を有する。

「行政各部」が《内閣に置かれる組織》であるならば、「行政各部」は「内閣」と《対比》されているとはいいえないであろう。――参照、前記第一章**五**。

2　この**2**の前の**1**で明示した論考に関連して論及の価値のある資料、しかも既存の見解が十分な注意を払ってこなかった資料がある。

それは、人事院：編『国家公務員法沿革史（資料編Ⅰ）』に収載されている「NATIONAL PERSONNEL AUTHORITY（22.2.24／……）」、すなわち「Mr. MacCoy 提案の概要」である[125]。――岡田教授の著作『現代日本官僚制の成立』はいう、「フーバー顧問団の一員であるマッコイは、一九四七年二月二四日に『National Personnel Authority』の概要を行政調査部側に提示した[126]」。

右資料には図が描かれているが[127]、その図をみれば明らかなように、人事院、そして各省は、《内閣と（形態的には）切り離されて置かれる組織》として考えられているのである。

また、右資料には、人事院について「議会及総理大臣に対し対等、独立な地位をもつ」と記されており、「対等、独立」とある。――その記述にいう「総理大臣」というのは、憲法七三条四号の規定から知得されるように、《内閣の首長としての立場における内閣総理大臣》である。

ここに指摘したところから、以下のような思索がその資料を貫いていることが観察されうるであろう。人事院は、《内閣と（形態的には）切り離されて置かれる組織》であり、しかも「内閣」から「独立な地位をもつ」。

人事院に関するこの思索が洗練化の篩にかけられて簡潔な定めとなって現れた最終的な条文は、こうである。

The National Personnel Authority shall be set up under the jurisdiction of the Cabinet.

そして、この英文を原動力として設けられたのが、「昭和二十三年十二月三日」付けで公布された一定の法律(128)による改正の後の国家公務員法三条のなかの「内閣の所轄の下に人事院を置く」という規定である。――なお、日本側には、その英文に対応する定めをもって「内閣に人事院を置く」としようとする動きがあったが、これが認められなかったことは次の**3**に続く**4**で論及する。

補足的に付言する。先に書き記した英文は、人事院：編『国家公務員法沿革史（資料編Ⅰ）』に掲載されている「23、6、10　日本側に交付された」文書及び「23、7、28　日本側に交付された」文書にもとづいている。(129)

3　この**3**の前の**2**で、国家公務員法三条一項前段の規定について論定したところを詳述すれば、左記のとおりである。

人事院は《内閣と（形態的には）切り離されて置かれる組織》であり、しかも「内閣」から「独立な地位をもつ」という思索が洗練化の篩にかけられて簡潔な定めとなって現れた最終的な条文は、「内閣の所轄の下に人事院を置く」である。

この論定は、「内閣の所轄の下に」に関する私の理解を土台にもっているので、その理解を明らかにしておく必要があるであろう。

以前の述作のなかで私は、「『内閣の所轄の下に』というときの『所』は、『内閣の統轄の下に』というときの『統』を打ち消すという意を込めて使われている用語、言葉をかえていうと、『内閣の統轄の下に』というときの『内閣の《統》の下に』ないということ（『内閣の《統》べるという行為の下に』ないということ）を明示するための用語であるとみていい(130)」とのべた後で、次のように論じた。

「それでは、『内閣の所轄の下に』というときの『轄』は、どのような意味であろうか。『轄』は、《離れているものをつなぐ》という意味であろう。《離れているもの》があって、それを《つなぐ》のが、『轄』である。尾崎雄二郎ほか編『角川大字源』……の『轄』の『解字』欄に……『輪が車軸から外れるのを止めるもの、《くさび》の意』とある。

このような『轄』観に立脚した場合に問題になるのは、人事院について、それは《離れているもの》であるといいうるかどうか、より端的にいうと、それは内閣と（形態的には）切り離されて置かれている組織であるといいうるかどうかであるが、実をいうと、人事院は、内閣に置かれている組織ではない。却って人事院は、内閣と（形態的には）切り離されて置かれている組織である。私のみた限りでは、人事院が内閣と（形態的には）切り離されて置かれている組織であることは、明記されたことはないが、それは、明瞭に把握されべき事柄である。

要するに、こうである。国家公務員法の『内閣の所轄の下に』という用語は、内閣と（形態的には）切り離されて置かれる組織について、それが、内閣の『統』べるという行為の下にないものの、内閣と《一定のつながり》をもつことを明示するために用いられている。――国家公務員法三条一項後段（内閣への報告義務）、五条一項（内閣の任命権）などの規定は、ここにいう《一定のつながり》の内容を構成する規定としての性質を有するとみていいであろう(131)」。

長い引用をしたが、その引用から、この**3**の前の**2**における論定が土台にもっている「内閣の所轄の下に」論がどのようなものであるかは、明白に観取されるであろう。——更に参照、後記第六章及び第一二章の注(262)。もっとも、誤解の招来を回避すべく、注意事項的な事柄、右の引用節のなかの論述との関連における注意事項的な事柄はこれを明記しておくのが適当であろう。

以前の述作のなかで、以下のように書いた。「《大臣の所轄の下に》問題と《内閣の所轄の下に》問題は混淆的に扱われてきたが、両問題は、区別を要する[132]」。

これは、《大臣の所轄の下に》というときのその《大臣》は《どこに、どのような態様で位置するか》、《大臣の所轄の下に》というときのその《大臣の所轄の下に置かれる組織》は《どこに、どのような態様で位置するか》、そして、《大臣の所轄の下に》というときの《所轄》と「内閣の所轄の下に」というときの「所轄」との異同いかんなどについて考究した結果を基礎にした判断である。——詳論は、別に機会をみておこなうこととし、本書では略する。

4　「昭和二十三年十二月三日」付けで公布された一定の法律による改正の後の国家公務員法三条には、「内閣の所轄の下に人事院を置く」旨の規定があったが、この規定の制定を回避しようとした日本側の動きがあったことは、動かすことのできない確固たる事実である。

人事院：編『国家公務員法沿革史（資料編Ⅰ）』に、「二三・六・一八の人事課長会議に提出された」資料が収載されている。

その資料には、国家公務員法三条一項は「この法律の完全な実施を確保し、その目的を達成するため、内閣に人事院を置く」というふうに規定されるべきものとあって、「内閣に人事院を置く」とある[133]。けれども、この「内閣に人事院を置く」という定めを国家公務員法のなかに盛り込むことについては、（私にいわしめれば当然のことながら）総司令部の側の承認を得ることができなかった。

「内閣に人事院を置く」という定めには、左記のⅠⅡⅢのような憲法「第五章　内閣」論にしたがえば、これに承認を与えることはできないからである。

Ⅰ　憲法七二条が「行政各部」というときの「行政……部」は、《内閣と（形態的には）切り離されて置かれる組織》としての性格を有し、したがって、その「行政……部」の一種たる人事院も、《内閣と（形態的には）切り離されて置かれる組織》としての性格を有する。

Ⅱ　憲法七三条四号は「［内閣は、］法律の定める基準に従ひ、官吏に関する事務を掌理すること」と定めて、「『官吏に関する事務』［the civil service］について内閣がするのは、『処理する』［manage］でも『総理する』［conduct］でもなくて、『掌理する』［administer］であると規定(134)」しているが、「ここに『掌理する』というのは、……《掌握的にととのえる》ことをいう(135)」。

したがって人事院は、「内閣の《統》［control］の下に」ない組織（「内閣の《統》べるという行為の下に」ない組織）である。

そこから知られるように、「憲法七三条は、憲法七二条が『行政各部』というときのその『行政……部』に二種あること」、すなわち、「内閣の統轄の下に［under the control and jurisdiction of the Cabinet］おける『行政……部』」と「内閣の所轄の下に［under the jurisdiction of the Cabinet］おける『行政……部』」の二種あることを「認めている(136)」。

Ⅲ　「憲法七二条の最後の部分は、『行政各部を指揮監督』する［exercise control and supervision over various administrative branches］ことができる場合において『行政各部を指揮監督』するときは、これこれの主辞的名義［すなわち、内閣の首長としての立場における内閣総理大臣の名義］によることを規定したものというふうに理解されうるから、内閣の『所轄』の下に置かれる人事院をもってここにいう『行政各部』にふくまれるとしても、そこに憲法七三条四号理解と矛盾があるとはいいえない(137)」。

右記ⅠⅡⅢの憲法「第五章　内閣」論にしたがえば、「内閣に人事院を置く」という定めを国家公務員法のなかに盛り込むことは、憲法に違反する。

5　この**5**の前の**4**で記したⅠⅡⅢという憲法「第五章　内閣」論のなかで私は、「内閣の統轄の下に［under the control and jurisdiction of the Cabinet］おける『行政……部』」と書き、また、「内閣の所轄の下に［under the jurisdiction of the Cabinet］おける『行政……部』」と書いた。

佐藤功『行政組織法［新版］』は、平成一一年法律九〇号による改正の前の国家行政組織法――以下、この**七**で《改正前の国家行政組織法》と呼称する――にいう「内閣の統轄の下に」の「英訳（行政管理法令集による）」に言及している。[138]

《改正前の国家行政組織法》にいう「内閣の統轄の下に」の「英訳」は、under the control and jurisdiction of the Cabinet である。

このように《改正前の国家行政組織法》が「内閣の統轄の下に」というときの「統轄」の「英訳」は、control and jurisdiction である。

「内閣の統轄の下に」というときの「統轄」の「英訳」が、control ないし general control ではなくて、control and jurisdiction となっていたことは、強く注目されていいであろう。――手元の『新漢英字典』に、こうある。[139]

「統轄 *tōkatsu* general control, control and jurisdiction.」。

佐藤教授は、《改正前の国家行政組織法》の制定時における「立案を担当」したひとである。佐藤教授の随筆「憲法制定前後の法制局」に、次のようにある。

「［昭和二一年四月一六日法制局事務官となった］私は、［同年］一〇月末、新憲法下の行政機構・公務員制度の調査立案を任務として設置された行政調査部の部員を兼任することとなった。私は機構部に属した。機構部の部長には宮沢［俊義］先生がなられた。当時、枢密院書記官であった高辻［正己］さんも部員を兼任し、機構部に加わられた。機構部の仕事の一つに、当時一年間だけの暫定法律であった行政官庁法に代る国家行政組織の基本法律を立案するという仕事があった。それは当初、高辻さんが担当して、昭和二三年の一月に新行政官庁法案ができあがった。ところが、この法案は総司令部当局の承認を得ることができず、新たに『国家行政組織法』を立案することになった。そして、……高辻さん……［が、同年二月二八日に］法務庁に移られることとなり、その後を受けて、［同年二月一四日に本官たる法制局事務官を免ぜられて、行政調査部部員専任となった］私が国家行政組織法案の立案を担当することとなった。私は、何回も案を作りなおし、恐らくは第一〇次案ぐらいまで作ったと思う。国家行政組織法は二三年七月に施行され［『施行』は『公布』の誤記である］、同時に行政調査部は行政管理庁となった[140]」。

このように佐藤教授は、《改正前の国家行政組織法》の制定時における「立案を担当」したひとであるが、その佐藤教授がその著作『行政組織法［新版］』で左のようにのべている。

「国家行政組織法第一条は内閣について『統轄』という文字を用いている。『統轄』も以上述べた『統括』と異なるところはない。何故に『統轄』の文字を用いたかは明らかではない[141]」。

どういうことであろうか。《改正前の国家行政組織法》の制定時における「立案を担当」したひとが主張しているのである、「何故に『統轄』の文字を用いたかは明らかではない」と。

そして、思い浮かべられたい。佐藤教授は、その「内閣の統轄の下に」の「統轄」を control ないし general control の意に理解しているが[142]、その「内閣の統轄の下に」の「統轄」の「英訳」は control ないし general control ではなかった。control and jurisdiction であったのである。

問題点は浮き彫りにされたとおもうが、本書のこの段階では、その問題点についてこれ以上の解明的検討をおこなうことは避けたいとおもう。後記第一二章**七**及び第一三章**四**を参照されたい。

6　上に書いたように、《改正前の国家行政組織法》にいう「内閣の統轄の下に」の「英訳」は under the control and jurisdiction of the Cabinet で、国家公務員法にいう「内閣の所轄の下に」の「英訳」は under the jurisdiction of the Cabinet である。

一方に under the control and jurisdiction とあり、他方に under the jurisdiction とあるのをみれば、ひとは jurisdiction なる英語に強く関心をもつであろう。英英辞典をひもといてみよう。

POD[143] (revised 8th ed.) p.482.【jurisdiction】: **1** …… **2 a** legal or other authority. **b** extent of this; territory it extends over.

OALD (6th ed.) p.702.【jurisdiction】: **1** …… **2** an area or a country in which a particular system of laws has authority.

COBUILD[144] (third ed.) p.845.【jurisdiction】: **1** …… **2** A jurisdiction is a state or other area in which a particular court and system of laws has authority.

このような英英辞典の解説が教えてくれることは、こうである。jurisdiction は、《離れているもの》との《一定のつながり》を言表するために使用することが可能な語である。

私は、以前の述作など[145]において、以下の点に強く注意を払うよう力説してきた。総理府、各省及び人事院は、それぞれ《内閣と（形態的には）切り離されて置かれている組織》であり、内閣と《離れているもの》である。この力説が確実な考究に支えられていることは、もはや特段の説明を要しないであろう。――更に参照、後記第一二章。

7 この**七**の**1**における論究に立ち戻っていうと、そこで呈示された結論は、こうであった。憲法七二条の「行政各部」は、《内閣と（形態的には）切り離されて置かれる組織》としての性格を有する。

そして、その結論の呈示に先立って私は、内閣法三条の類いの規定が法制局関係の案文のなかに初めて入ったときに「行政各部の事務を分担する」となっていたのが、「行政各部の事務を分担管理する」になり、そして、これが更に「行政事務を分担管理する」に変わったと書いた。

内閣法三条一項が「各大臣は……行政事務を分担管理する」というときの「行政事務」の原型が「行政各部の

事務」であったことは、強く記憶されていい事柄であろう。——なお、「administrative responsibilities ないし administrative affairs という英語が先にあり、その訳語として採択されたのが『行政各部の事務』であったと考えられる」旨、後記第一三章**六**。

佐藤文書や井手文書には、「昭和二十一年十一月／内閣法に関する想定問答／法制局」と題された資料がふくまれている。そこに、次のような記述がある。

「［内閣法三条の］分担管理は、『分担し且つ管理する』意で管理の語は各省の長という様な立場での仕事を予想したものであり、『憲法大臣』的の立場は予想してゐない」。

この記述には「管理の語は各省の長という様な立場での仕事を予想したもの」とあるが、「各省」が《内閣と（形態的には）切り離されて置かれる組織》としての性格を有するという考えがあって、そう記されたかどうかは定かではない。

しかし、私は主張する。「管理」するのが「各省の長」であるならば、その「各省」は《内閣に置かれる組織》ではない、と。

というのは、《内閣に置かれる組織》を「管理」するのは「内閣」であるからである。——参照、前記第一章**五**及び第四章**五**。

八　内閣府設置法六条二項は違法

「各大臣は、別に法律の定めるところにより、主任の大臣として、行政事務を分担管理する」。こう規定しているのが、内閣法三条一項である。

内閣法三条一項についての学問は、「内閣は、他の一般行政事務の外、左の事務を行ふ」と規定して「一般行政事務」といっている憲法七三条柱書きとは異なって、この内閣法三条一項では単に「行政事務」と規定されていること――「分担管理する」の対象が単に「行政事務」と規定されていること――、そして、この「分担管理する」の主辞は「各大臣」となっていること、くわえて、「各大臣」が「主任の大臣として……分担管理する」ことができるのは何かということ、更には、憲法七二条の「行政各部」はどのような性格をもつものかということなどについて注視・探究を怠ってきた[146]。

この事実などを基礎にして私は、以下のように論定する。そのような注視・探究の怠りの所産が内閣府設置法である、と。

何故か。上にのべたような点を注視・探究することによって私が到達した結論は、こうであった。《内閣に置かれる組織の事務》は、内閣法三条一項が「大臣」の「分担管理」の対象としている「行政事務」にふくまれない。ところが、内閣府設置法は、その二条で「内閣に、内閣府を置く」と規定しながらも、その六条二項で「内閣総理大臣は、……内閣法にいう主任の大臣とし［て］、第四条第三項に規定する事務［内閣に置かれる内閣府の第二種の『所掌事務』］を分担管理する」と定めている。

この内閣府設置法六条二項は、「内閣法三条一項が『［大臣は］行政事務を分担管理する』というときの『行政事務』には《内閣に置かれる組織の一定の事務》も入るという理解を基礎にして、制定されている[147]」。けれども、その内閣法三条一項理解は、疑問である。「『内閣の事務』や内閣に置かれる組織の事務は、内閣法三条一項が『［大臣は］行政事務を分担管理する』というときの『行政事務』にふくまれないからである。……『内閣の事務』及び内閣に置かれる組織の事務を『管理』するのは、『内閣』であって、『大臣』ではなかろう。内閣法三条一項が『［大臣は］行政事務を分担管理する』というときの『行政事務』というのは、《内閣の統轄の下における『行政……部』の担当事務》、換言すると、《内閣と（形態的には）切り離されて置かれる一定の組織の事務》をいうのであって、『内閣の事務』や内閣に置かれる組織の事務は、いうところの『行政事務』にふくまれない[148]」。

そこで、こうなる。「内閣総理大臣は、……内閣法にいう主任の大臣とし［て］、第四条第三項に規定する事務［内閣に置かれる内閣府の第二種の『所掌事務』］を分担管理する」と規定する内閣府設置法六条二項は、「内閣に置かれる組織の事務を［大臣の］『分担管理』の対象としているので、内閣法三条一項に違反する[149]」。

内閣府設置法六条二項は、憲法六六条一項に違反するのみならず、内閣法三条一項にも違反する。

本章の末語。カント『判断力批判（上）』は、「普通の人間悟性が考方の基準とする格律」を三つ指摘するが、その「第三」は「常に自分自身と一致して考えること」である。――この「第三の格律、即ち首尾一貫する考方の格律に達することは最も困難である。この格律は、上に述べた両つの考方を結びつけ、また常にこれらの考方を格守し、ついにこれに慣熟するに到って初めて達せられるのである。そこで我々はこれらの格律の第一を悟性の格律、第二を判断力の格律、また第三を理性の格律と名ずけてよい[150]」。

(113)　森田・前掲注（34）一四頁、森田・前掲注（2）五一頁。
(114)　参照、森田・前掲注（1）一〇頁、森田・前掲注（2）二四―二五頁。
(115)　佐藤功「内閣法制定の経過」法律のひろば八巻一二号（一九五五年）二二頁。
(116)　佐藤・前掲注（115）二〇―二二頁。
(117)　佐藤・前掲注（115）二〇―二一頁。
(118)　佐藤・前掲注（115）二二頁。
(119)　岡田彰『現代日本官僚制の成立』（一九九四年、法政大学出版局）一三三頁。
(120)　関連して参照、本書本章**六**。
(121)　犬丸・前掲注（19）二六六頁、二七六頁における原文書の写真にもとづく。
(122)　天川晃「新憲法体制の整備」近代日本研究会：編『年報・近代日本研究・四・太平洋戦争』（一九八二年、山川出版社）二〇三頁。
(123) 天川・前掲注(122)二一九頁注三九。
(124) 本文で言及した「内閣法覚書」には、問題の掘り下げを阻害する機能をもちうる論述も少なからず認められるが、他方、問題の掘り下げに寄与しうる論述も認められる。
後者の例としては、次のような記述、すなわち「［憲法］第七十三条の……『法律を誠実に執行し』……は、『法律の誠実なる執行を確保すること』……と云ふ内閣そのものの職権……」（傍点は原文）という記述も、あげることができるであろう。

注意を集中されたい。「内閣法覚書」には、「法律の誠実なる執行」が「内閣そのものの職権」とあるのではない。「法律の誠実なる執行を確保すること」が「内閣そのものの職権」とあるのである。

このような説示が、問題を掘り下げる方向に歩みを進めていると評価されていいものであることは、本書第三章三における議論から容易に理解されうるとおもう。
(125) 人事院：編『国家公務員法沿革史（資料編Ⅰ）』（一九六九年、人事院）一七頁。
(126) 岡田・前掲注(119)七一頁。
(127) その図は、岡田・前掲注(119)一一〇頁にも掲記されている。
(128) 国家公務員法の一部を改正する法律（昭和二三年法律二二二号）。
(129) 人事院・前掲注(125)二四八頁(二四九―二五〇頁)、三四〇頁(三四二頁)。
(130) 森田・前掲注(38)四頁、森田・前掲注（2）四頁。
(131) 森田・前掲注（2）四―五頁。また参照、森田・前掲注(38)四―五頁。
(132) 森田・前掲注(38)一二頁注三、森田・前掲注（2）一三頁注三。
(133) 人事院・前掲注(125)二八四頁(二八五頁)。
(134) 森田・前掲注（1）一四頁、森田・前掲注（2）二九頁。
(135) 森田・前掲注（1）一三頁、森田・前掲注（2）二八頁。
(136) 森田・前掲注（1）四頁、八―九頁、一三―一四頁、森田・前掲注（2）一七―一八頁、二三―二四頁、二八

—二九頁。

(137) 森田・前掲注（1）一五頁、森田・前掲注（2）三〇頁。
関連して更に参照、森田・前掲注（2）七七—八九頁。

(138) 佐藤功『行政組織法〔新版〕』（一九七九年、有斐閣）一六六頁注七。

(139) ハルペンジャック（Jack Halpern）：編『新漢英字典』（一九九〇年、研究社）七三六頁。

(140) 佐藤功「憲法制定前後の法制局——金森さん・入江さん・佐藤さんの思い出など——」内閣法制局百年史編集委員会：編『証言・近代法制の軌跡——内閣法制局の回想——』（一九八五年、ぎょうせい）六六—六七頁。

(141) 佐藤・前掲注（138）二四三頁。

(142) 参照、森田・前掲注（38）九—一〇頁、森田・前掲注（2）一〇—一一頁。また参照、本書第一二章**七**。

(143) *The Pocket Oxford Dictionary*, revised 8th ed. 1996.

(144) *Collins COBUILD English Dictionary for Advanced Learners*, third ed. 2001.

(145) たとえば参照、森田・前掲注（38）六—七頁、森田・前掲注（34）七—八頁、森田・前掲注（2）六—七頁、四三—四四頁。

(146) 本書第一章の注（32）で言及した行政組織研究会の論文も、そのような注視・探究を怠っている。

(147) 森田・前掲注（34）一三頁、森田・前掲注（2）五一頁。

(148) 森田・前掲注（34）一四頁、森田・前掲注（2）五一頁。

(149) 森田・前掲注（34）一四頁、森田・前掲注（2）五一頁。

(150) カント・前掲注（78）二三三—二三四頁。

第六章　内閣法一二条四項にも違反する

一　内閣府設置法中の規定が違反する

前記第一章で私は、憲法「第五章　内閣」においてとられている座標軸的な考え方、すなわち、「内閣」は《行政事務の全体的要務》という「一般」を、「行政各部」は各《行政事務》という「各般」を担当するという考え方によれば、《内閣に置かれる組織》の担当事務は、《行政事務の全体的要務》という「一般」に関する事務であって、各《行政事務》という「各般」は、これを「行政各部」――すなわち《内閣と（形態的には）切り離されて置かれる組織》――で担当するということになると指摘して、次のように論じた。

内閣府設置法二条で「内閣に、内閣府を置く」と規定されて《内閣に置かれる組織》である内閣府は、同法三条二項及び四条三項の規定により、《内閣と（形態的には）切り離されて置かれる組織》で担当すべき《（各般上の）行政事務》をも担当することになっているので、「内閣府設置法三条二項（第二種の『任務』規定）及び同法四条三項（第二種の『所掌事務』規定）は、憲法『第五章　内閣』中の憲法六五条と憲法七三条柱書きの両方の規定に違反する」。

前記第一章で、そして以前の述作でこのように論じたのであるが、以前の述作――具体的にいうと、月刊誌「自治研究」一九九九年一二月号所収の論文「国家行政組織法と内閣府設置法（三）」と二〇〇〇年一〇月公刊の著書『行政機関と内閣府』――では、左のようにも論定した。

「内閣府設置法三条二項（第二種の『任務』規定）及び同法四条三項（第二種の『所掌事務』規定）は、内閣法一二条四項に違反する」[151]。

ここに内閣法一二条四項というのは、以下のような規定である。「内閣官房の外、内閣に、別に法律の定めるところにより、必要な機関を置き、内閣の事務を助けしめることができる」。

内閣法一二条四項は「内閣官房の外、内閣に……必要な機関を置き」云々と定めているが、この定めにいう「内閣官房」について、同条一項は「内閣に、内閣官房を置く」と規定している。

そこから、内閣法一二条四項が「内閣に……必要な機関を置き」というときの「機関」に当たるのがどのようなものかは、会得されるであろう。たとえば内閣法制局は、その「機関」に当たる。内閣法制局設置法一条をみられたい。そこに、こうある。「内閣に内閣法制局を置く」。

ところが、ここにのべたところに示唆されている内閣法一二条四項の「機関」理解――同項が「内閣に……必要な機関を置き」というときの「機関」理解――とは異なって、その「機関」には人事院も入るというのが支配的な見解である。

けれども、現行法には「内閣に人事院を置く」という規定はない。現行法にあるのは、「内閣の所轄の下に人事院を置く」という規定（国家公務員法三条一項前段）であって、「内閣に人事院を置く」という規定ではない。にもかかわらず、支配的な見解によれば、内閣法一二条四項の「機関」には人事院も入るのである。たとえば今村成和『行政法入門』（一九六六年、有斐閣）三五頁（一九九二年の第五版、三二頁）に、左記のようにある。

「内閣の事務を助けるために内閣官房が置かれ、その他必要な機関として、内閣法制局、人事院、安全保障会議が設けられている（内閣法）」（傍点は森田）。

また、行政改革会議委員をした佐藤幸治教授の著作『憲法〔第三版〕』（一九九五年、青林書院）二二〇頁もいう、「内閣法は、内閣官房のほか、内閣に、『別に法律の定めるところにより、必要な機関を置き、内閣の事務を助けしめることができる』と定め（一二条四項）、そのような機関として、内閣法制局、人事院、安全保障会議がある」と（傍点は森田）。

関連して、指摘しておこう。後記本章**三**で引用するところをみれば明白なように、『行政改革会議』の「第1回企画・制度問題小委員会」（一九九七年七月九日）に藤田宙靖行政改革会議委員が提出したペーパー[152]も、内閣法一二条四項が「内閣に……必要な機関を置き」というときの「機関」に人事院も入ると把握・主張している。――そのような把握・主張の影響であろう、藤田委員の右ペーパーの「甲案」では「内閣総合調整局／人事部」のところで、「乙案」では「内閣人事局」[153]のところで人事院に言及している。

そのような支配的な見解を論評して、月刊誌「自治研究」一九九九年一〇月号所収の論文「国家行政組織法と内閣府設置法（一）」と著書『行政機関と内閣府』で私は次のように書いた。

「内閣官房、内閣法制局及び安全保障会議の設置規定が『内閣に……を置く』というふうになっているのに対して、人事院の設置規定が『内閣の所轄の下に……を置く』というふうになっていることに［支配的な見解においては］十分な注意・考慮が払われていない[154]」。

既存の作業の問題性を明らかにすべく、更なる論評の言葉を綴っておけば、こうである。支配的な見解は、一つの歴史的事実を考究上の糧にしていない。

前記第五章七で論及したように、人事院：編『国家公務員法沿革史（資料編Ｉ）』収載の「二三・六・一八の人事課長会議に提出された」資料では、国家公務員法三条一項は「この法律の完全な実施を確保し、その目的を達成するため、内閣に人事院を置く」――簡単にいえば、「内閣に人事院を置く」――というふうに規定されるべきものであるとされていた。

しかし、強く想起されたい、その資料の案は実現をみなかったことを。そうすれば、支配的な見解が一つの歴史的事実を考究上の糧としていないことが歴然としてくるであろう。

その事実を糧にしたときなどに獲得されるテーゼを記そう。内閣法一二条四項が「内閣に……必要な機関を置き」というときの「機関」に当たるのは、『内閣に……を置く』というふうな規定で設置された組織（たとえば安全保障会議）であって、『内閣の所轄の下に……を置く』というふうな規定で設置された人事院は、当たらない[155]」。

支配的な見解は、ここに言及した二種の規定を混淆している。――支配的な「内閣補助部局」論には大きな問題がある。

もはや明瞭であろう。「『内閣に……を置く』という規定と『内閣の所轄の下に……を置く』という規定のその混淆論が何に源を発しているかというと、『内閣の所轄の下に』という表現中の『轄』の意味の没理解に源を発しているのである(156)」。

前記第五章七で明るみの下に浮上させたように、人事院は、《内閣と（形態的には）切り離されて置かれる組織》であって、《内閣に置かれる組織》ではない。

そのことの自覚の上に立脚して設けられたのが、「内閣の所轄の下に人事院を置く」という国家公務員法三条一項前段の定めである。

すなわち、国家公務員法三条一項前段が「内閣の所轄の下に」というときの「轄」は、《離れているもの》との《一定のつながり》を言表しているのである。――更に参照、後記第一二章の注(262)。

考察の眼を本題の話題である内閣府の方に戻したいとおもう。前述のように内閣府設置法二条は、「内閣に、内閣府を置く」と規定している。

そして、この内閣府設置法という法律は、内閣法という法律を「トータルにその制定の基盤においている(157)」。このことは、内閣府設置法六条二項が「内閣総理大臣は、内閣府に係る事項についての内閣法にいう主任の大臣とし、第四条第三項に規定する事務［内閣に置かれる内閣府の第二種の『所掌事務』］を分担管理する」と定めていることから知られるであろう。

さて、内閣法一二条四項には、こうあった。「内閣官房の外、内閣に、別に法律の定めるところにより、必要な機関を置き、内閣の事務を助けしめることができる」。

この内閣法一二条四項によれば、《内閣に置かれる組織》の担当事務は「内閣の事務を助け」ることに関する事務である。
くわえて、注意を向けられたい。いうところの「内閣の事務」や「内閣の事務を助け」ることに関する事務には、憲法「第五章　内閣」においてとられている上述の座標軸的な考え方からみて、《(各般上の）行政事務》は入らないことに。

以上を前提にして、《内閣に置かれる組織》である内閣府はどのような事務をつかさどることになっているかを考えれば、そこから一定の結論的判定が自然に出来するであろう。

先に言及した内閣府設置法六条二項から推知されるように内閣府は、《内閣に置かれる組織》であるにもかかわらず、同法三条二項及び四条三項の規定により、《内閣と（形態的には）切り離されて置かれる組織》で担当すべき《(各般上の）行政事務》をも担当することになっている。

出来する結論的判定は、こうである。「内閣府設置法三条二項（第二種の『任務』規定）及び同法四条三項（第二種の『所掌事務』規定）は、内閣法一二条四項に違反する」。

二　set up under the Cabinet……

前記第五章二で私は、「［昭和二十一年十一月］二十日ピーク博士から藤崎［萬里］連絡官に提示せられた総司令部の修正案」たる The Cabinet Law (Draft) について論及した。

また、前記第五章七では、「内閣の所轄の下に……を置く」という規定の「英訳」は、以下のようになっていることをみた。……shall be set up under the jurisdiction of the Cabinet.

それでは、「内閣に……を置く」という規定の「英訳」は、どのようになっていたであろうか。次に引用するのは、内閣法一二条一項及び四項に対応する The Cabinet Law (Draft) 中の規定である。

「九条一項」：There shall be set up in the Cabinet a Secretariat and a Legislation Bureau and other Cabinet agencies as shall be authorized and their organization determined by law.

この英文にしたがえば、「内閣に……を置く」という規定の「英訳」は、こうである。There shall be set up in the Cabinet …… .

右の英文にin the Cabinetとあるが、in the Cabinetというのは適切な英語であろうか。――同様の疑問は、「昭和三十一年法律第百四十号」をもって公布された憲法調査会法[158]一条の「内閣に、憲法調査会（以下『調査会』という。）を置く」をもって以下のように英語化する著作[159]に対しても生ずる。The Commission on the Constitution is established in the cabinet.

in the Cabinetという英語の適否に関係する記述が、『外務省記録……／No. A'-0091』の「内閣法案に関する件／昭和二二、一二、二七／終連、政、政」に出てくる。

「二十七日再びピーク博士を往訪した。／……藤崎［連絡官］より……『内閣に官房及び法制局を置く』とあるはin the Cabinetと訳して置いたが、これは正確にはunder the Cabinetとすべきものだからさう訳文を訂正する……といつた」。

理由は後記第一五章**三**でのべるところにゆずるが、この「正確には」論は妥当である。「内閣に……を置く」という規定の「英訳」は、「正確には」、こうなる。There shall be set up under the Cabinet …… .

なお、先に引用した『外務省記録』中の一節との関連で、念のためいう。条文内容の起源が日本側にあったか、それとも総司令部の側にあったかは、冷静に観察し見極める必要がある。内閣法一二条の《一定の内容》の起源については、後記第一一章で探究を試みる予定である。

この**二**における結論的命題は明瞭であるとおもうが、明記しておこう。現行法的考察において、左のIとIIはこれを混淆してはならない。これである。――また参照、後記第一二章**五**。

I　「内閣に……を置く」：There shall be set up under the Cabinet …… .

三 《内閣に……省を置く》は可能か

支配的な見解は、人事院の設置規定が《内閣に人事院を置く》ではなくて「内閣の所轄の下に人事院を置く」というふうになっているにもかかわらず、内閣法一二条四項が「内閣に……必要な機関を置き」というときの「機関」には人事院も入ると説示して、人事院の設置規定の内容・意味について注視・追究を怠ってきた。その注視・追究の怠りの所産が、内閣府設置法である。

何故か。内閣法一二条四項の「機関」には人事院も入るという所説にしたがえば、《内閣に人事院を置く》という規定には法的な問題はなく、したがって、《内閣に置かれる組織》たる内閣府に《(各般上の) 行政事務》を担当させてもそこにも法的な問題はないということになろう。

そして実際、内閣府の担当事務をみると、内閣府設置法三条二項及び四条三項で内閣府は、(憲法「第五章 内閣」の座標軸的な考え方からすると《内閣と(形態的には) 切り離されて置かれる組織》で担当すべきものである)《(各般上の) 行政事務》をも担当することになっている。

内閣府設置法のそのような規定がどのような考え方の上にたって設けられたかは、上にのべたところから明白であろう。

けれども、内閣法一二条四項が「内閣に……必要な機関を置き」というときの「機関」には、はたして人事院も入るであろうか。入るとすることは、「内閣の所轄の下に人事院を置く」と規定する国家公務員法三条一項前段と抵触をきたさないであろうか。

あるいは、憲法「第五章 内閣」においてとられている座標軸的な考え方、すなわち、「内閣」は《行政事務の全体的要務》という「一般」を、「行政各部」――これは《内閣と(形態的には) 切り離されて置かれる組織》としての性格を有する——は各《行政事務》という「各般」を担当するという考え方と抵触をきたさないであろうか。

右に記した二つの問いに対する私の解答は、いずれも抵触をきたすである。このことは、これまで論じてきたところから既に知悉されているとおもうので、繰り返し的に解説する必要はないであろう。

関連して、『行政改革会議』で出た意見、すなわち、内閣法一二条四項の「機関」には人事院も入るとしながらも、「仮に［総合調整を包括的に行う］『内閣府』を置くものとするならば、この限りで、内閣法の改正が必要になるのではないかと思われる」とする意見について少し考察しておきたいとおもう。

前記本章一で言及したペーパー、藤田行政改革会議委員が『行政改革会議』の「第1回企画・制度問題小委員会」（一九九七年七月九日）に提出したペーパーに、その意見が書かれている。左の引用節をみられたい。

「ここで言う『その他必要な機関』として、現在置かれているのは、内閣法制局、人事院、安全保障会議、等である。これらは、いわば、一定の目的を限り、その目的を有効に果たすために置かれている『補助部局』であって、総合調整を包括的に行う『内閣府』は、これらとはややイメージを異にするように思われる。従って、仮に『内閣府』を置くものとするならば、この限りで、内閣法の改正が必要になるのではないかと思われる」（傍点は森田）。——また参照、前記本章一。

けれども、この意見は疑問である。藤田委員は、「総合調整」に関する事務を「包括的に行う」ことを理由として『内閣府』を置くものとするならば……内閣法の改正が必要になる」と主張するが、その理由のみで同委員は自らのこの主張を正当化することはできまい[160]。

この点に関しては、右の引用節では、内閣法一二条四項の「機関」には人事院も入るとされていること、また、平成一一年法律八八号による改正の前の内閣法一二条二項は以下のように規定していることが、心に強く留められていいであろう。「［内閣に置かれる］内閣官房は、……閣議に係る重要事項に関する総合調整その他行政各部の施策に関するその統一保持上必要な総合調整……に関する事務を掌る」。

内閣法一二条四項の「機関」には人事院も入るという所説は、これを貫くと、《内閣に人事院を置く》という規定のみならず《内閣に……省を置く》という規定にも法的な問題はないということになるが、はたしてそういいうるであろうか。

《内閣に人事院を置く》という規定も《内閣に……省を置く》という規定も、憲法「第五章　内閣」中の規定に違反する。これが私の所見であることは、これまで論じてきたところから明瞭であろう。[161]――また参照、後記第一四章一。

本章の末語。K・R・ポパー『フレームワークの神話』に、こうある。「人類の知性の歴史は、気分を陽気にさせる面と同時に陰気にさせる面をもっています。というのは、人類の知性の歴史を偏見とドグマの歴史としてみることができるからです[162]」。――私たちは、批判的に（カント的意味で批判的に）思考する必要がある。

(151) 森田・前掲注（34）一六頁、森田・前掲注（2）五三頁。
(152) 二〇〇〇年一二月二〇日に首相官邸ホームページにアクセスして入手した「第1回企画・制度問題小委員会議事概要」、そして、そのなかの「別紙4／内閣機能強化についての意見（藤田宙靖委員）」にもとづく。
この「別紙4」は、藤田行政改革会議委員が一九九七年七月九日開催のその委員会に提出したペーパーを書き写したものであろう。
(153) また参照、森田・前掲注（38）七―九頁、森田・前掲注（2）八―一〇頁。
(154) 森田・前掲注（38）七頁、森田・前掲注（2）八頁。
(155) 森田・前掲注（38）九頁、森田・前掲注（2）一〇頁。
(156) 森田・前掲注（2）一〇頁。また参照、森田・前掲注（38）九頁。

(157) 森田・前掲注(34)一五頁、森田・前掲注(2)五三頁。

(158) ちなみにいっておくと、この昭和三一年制定の憲法調査会法一〇条は、次のように規定する。

「調査会に係る事項については、内閣法(昭和二十二年法律第五号)にいう主任の大臣は、内閣総理大臣とする」。

右の規定の問題性について参照、本書第四章**五**。

(159) J.M.Maki, *Japan's Commission on the Constitution: The Final Report*, 1980, p. 21.

(160) 本書第一章の注(32)で言及した行政組織研究会の論文——「最終的な文責は、代表者である藤田がこれを負う」——は、左記のように、藤田行政改革会議委員の『行政改革会議』中の「意見」を紹介しているが、その紹介されている「意見」は、本文でみた藤田行政改革会議委員の『行政改革会議』中の意見とはまったく異なる。

「行政改革会議の議論の過程では、もっぱら総合調整のみを行う『内閣調整局』のごときものであれば、いわば内閣法制局に並ぶものとして、内閣法第一二条第四項の予定するところであるが、第一次臨調において構想されたような『内閣府』(総理府外局の相当部分を糾合するもの)を創設するとなると、同項の射程を越えるのではないか、との意見(藤田宙靖委員)もあった」。自治研究七六巻九号(二〇〇〇年)三一―三二頁。

(161) 人事院についてのみ、補足的な立言をしておく。次に書き写すところをみられたい。

「内閣の『所轄』の下に置かれる人事院は、合憲である。その根拠は、……憲法七三条四号にある。これに反し、内閣の『統轄』の下に置かれる人事院は、違憲である。その根拠は、……憲法七三条四号にある」。森田・前掲注(1)一四頁、森田・前掲注(2)二九頁。

右の点に関し更に参照、本書第五章**七**。

(162) K・R・ポパー(ポパー哲学研究会:訳)『フレームワークの神話』(一九九八年、未来社)一四九頁。

第七章　内閣法六条の「閣議にかけて」

一　内閣法六条の改正の《芽》的動き

内閣法六条は、「内閣総理大臣は、閣議にかけて決定した方針に基いて、行政各部を指揮監督する」と規定している。

この規定は、改正の提言はなかったものの、『行政改革会議』において議論されたようである。前記第一章の注(32)で言及した（行政改革会議委員であった藤田宙靖教授が「代表者」である）行政組織研究会の論文に、左のようにある。

「内閣総理大臣の行政各部に対する指揮監督権については、阪神・淡路大震災における官邸の対応が世論の非難を浴びたこともあって、行政改革会議においても、内閣法第六条の改正の要否（内閣総理大臣が一定の場合に閣議の決定を経ずして行政各部を指揮監督することができるよう、内閣法第六条を改正すべきではないか）という形で議論された」。自治研究七六巻九号（二〇〇〇年）一九―二〇頁。

関連資料に少し言及しておこう。前記第六章**一**で言及した『行政改革会議』の「第1回企画・制度問題小委員会」の「議事概要」には、佐藤幸治行政改革会議委員が一九九七年七月九日開催のその委員会に提出したペーパーを書き写したものとみられる「別紙2／内閣機能の強化策に関して（佐藤幸治委員）[163]」がふくまれており、そこに次のように記されている。

「本会議［行政改革会議］は、『内閣の危機管理機能の強化に関する意見集約』（［平成］9、5、1）において、『突発的な事態の態様に応じた対処の基本方針について予め所要の閣議決定をしておき、総理大臣が迅速に行政各部を指揮監督できるようにすること』を求めたところである。政府において早急にその具体化を求める必要があるが、それで十分といえるか」。

また、藤田宙靖行政改革会議委員が同じく一九九七年七月九日開催のその委員会に提出したペーパーを書き写したものとみられる「別紙4／内閣機能強化についての意見（藤田宙靖委員）(164)」には、左記のようにある。

「内閣法6条の規定が、日本国憲法上当然に要請されるものである、という内閣法制局の見解には、かなりの疑問があることは、4月2日発表の私の意見において述べた通りである」。

このように『行政改革会議』では、「内閣総理大臣が一定の場合に閣議の決定を経ずして行政各部を指揮監督することができるよう、内閣法第六条を改正すべきではないか」という「形」の議題について議論がされたのである。

いうまでもなく、その「形」の議題について妥当な決定をおこなうためには、内閣法六条の意味内容や「内閣総理大臣」が「行政各部を指揮監督する」ことについて定めをおいている憲法七二条の意味内容を的確に把握する必要がある。

そしてその際の究明的・吟味的な検討においては、『行政改革会議』の問題意識からすると、次の⑴⑵の問題が念頭におかれるべきであろう。

⑴　内閣法六条は、「大震災」的事態への適切にして機動的な対応を妨げるようなものであろうか。

⑵　憲法七二条は、「内閣総理大臣が一定の場合に閣議の決定を経ずして行政各部を指揮監督する」ことを許容するようなものであろうか。

かくして、最初に探究されるべきが内閣法六条の意味内容であること、そして、その際の探究の中心に位するのが同条中の「閣議にかけて決定した方針に基いて」という章句であることは、明白であろう。

以下この第七章では、沿革的考察をもくわえながら、内閣法六条の意味内容に関し究明を試み、その上で、右記⑴の問題について所見をのべたいとおもう。

断り書き。右記(2)の問題に関する追究的な作業の上にたった解明的意見は、後記第九章でのべられる。

二　内閣法六条についての沿革的考察

前記第五章で論及した諸資料を一覧して知られることは、「[昭和二一年]一〇月二九日に閣議を通った……内閣法案」までの法制局関係の資料には、内閣法六条の類いの規定はふくまれていないことである。

内閣法六条の類いの規定は、いつ法制局関係の案文のなかに入ったのであろうか。同条に関する沿革的考察が明らかにすべき最初の課題は、これである。

『外務省記録……／No. A'-0091』の「内閣法案等に関する件／昭和二一、一一、一四　終連、政、政」に、次のような記述がある。

「本十四日……ピーク博士は藤崎［萬里］連絡官に対し左の通り述べた。／……内閣法案は根本的に書き直す必要がある。この案は現在の内閣官制と余り変つてゐない。しかるに内閣の機能は現行憲法と新憲法の下では根本的に相異してゐるのである。……既に憲法に規定してゐることでも、あるひはこれを繰り返し、あるひはこれに肉付けすることが必要である」。

この「[十一月]十四日」の指摘を受けて同日に作成された案文には、井手成三文書中の資料によれば、憲法七二条を単純に「繰り返し」たにすぎない左記 i の規定がふくまれていた。

i　「内閣総理大臣は、内閣を代表して議案を国会に提出し、一般国務及び外交関係について国会に報告し、並びに行政各部を指揮監督する」。

後記第八章でも考究するが、「十四日」のその規定は、翌日に修正をみた。修正の一番大きな点は、「並びに行政各部を指揮監督する」という部分の削除である。次の ii をみられたい。

ii　「内閣総理大臣は、内閣を代表して法律案、予算案その他の議案を国会に提出する」。

注意を喚起しておく。右記iiは、内閣法六条の類いの規定はこれを内閣法のなかに盛り込まないという見地の上に立脚している。

事態は《転回》する。左に引用するのは、「内閣法関係会談要旨（第三回）／昭和二一、一一、一九　終連、政、政」のなかの記述である。

「ピーク博士は『……内閣総理大臣は内閣と協議して（in consultation with the Cabinet）政策を決定するとの条項を原案に追加する……』と述べたので、当方から『これは前から縷々繰り返してゐることであるが、……』」。「繰り返し」的に「当方」が何をのべたかというと、その「条項」を設けることに強く反対する旨をのべたのである。

「当方」の反対論、「……内閣総理大臣は内閣と協議して（in consultation with the Cabinet）政策を決定するとの条項」を設けることに対する「当方」の反対論の基礎は、たとえば「新憲法第六十五条において『行政権は内閣に属する』としてをる、即ち行政権を行ふ者は内閣総理大臣ではなくて内閣である」というものであった。

後述するところから知られるように、実は、その「当方」の反対は「原案に追加する」方向で考えられていた「条項」の趣意の誤解の上に成立している。

いま「条項」の趣意の誤解と書いた。「条項」を知っているという前提で、誤解と書いたのである。「当方」が「原案に追加する」方向で考えられていた「条項」を（少なくとも大筋において）知悉していたことは、上記の引用節に「当方から『これは前から縷々繰り返してゐることであるが、……』」とあることから観取されうるであろう。

「原案に追加する」方向で考えられていた「条項」の内容について情報を提供してくれるのは、前記第五章二などで検討した英文資料、すなわち「[昭和二十一年十一月]二十日ピーク博士から藤崎連絡官に提示せられた総司令部の修正案」たる The Cabinet Law（Draft）と題された英文資料のなかの定めである。

「四条一項前段」：In all matters relating to the exercise of executive power under the Constitution the Prime Minister shall, in the exercise of his supervisory control over the various administration branches, determine policy after consultation with the Cabinet.

《私訳》：「憲法の定める executive power を行使することができる事項に関し内閣総理大臣は、閣議にかけて決定した政策を通用させるために、行政各部を指揮監督する」。

この《私訳》との関連において強調しておきたいとおもう。「当方」は、determine policy after consultation with the Cabinet を――「閣議にかけて決定した政策を明示する（通用させる）」ではなくて――基本的に「閣議ニ諮ツテ後内閣総理大臣ガ政策ヲ決定スル」というふうに趣意理解したことを。以下の論述をみられたい。

井手文書に、「内閣法修正案（ピーク）に対する当方意見（昭和二一、一一、二二）」と題された資料がふくまれている。これは、「［昭和二十一年十一月］二十日ピーク博士から藤崎連絡官に提示せられた総司令部の修正案」たる The Cabinet Law (Draft) に対する「当方意見」である。

その「当方意見」のなかに「第四条第一項前段ヲ削除スルコト」とある。その「理由」の一つは、次のようなものであった。――別の「理由」については、後記本章**四**を参照。

「『閣議ニ諮ツテ後内閣総理大臣ガ政策ヲ決定スル』トイフ点ハ左ノ事由ニヨリ賛成シ難イ／政策ノ決定ハ行政権ニ属スルコトデアル。行政権ハ内閣ニ属シテヰルノデアツテ（憲法第六十五条）、単独ノ内閣総理大臣ニ属スルモノデハナイ」。

みられるように、ここでは determine policy after consultation with the Cabinet は「閣議ニ諮ツテ後内閣総理大臣ガ政策ヲ決定スル」と翻訳されている。

けれども、この翻訳は疑問である。疑問のあるその翻訳は、determine の意味理解に強く方位づけられている。英英辞典を覗いてみよう。

POD (revised 8th ed.) p.234.【determine】: **1** find out or establish precisely.……

OALD (6th ed.) p.343.【determine】: **1** to discover the facts about something; to calculate something exactly: ……

LDE p.280.【determine】: **1** to find out (something) for certain. ……

私は、解する。determine policy after consultation with the Cabinet は、「閣議にかけて決定した政策を明示する（通用させる）」の意である、と。

「第四条第一項前段ヲ削除スルコト」というその「当方意見」は、「内閣法関係会談要旨（第四回）／昭和二一、一一、二六／終連、政、政」の記述からみて、「二十五日午後ピーク博士」に伝えられたと推断していい。もっとも、その伝達の際には、「総司令部側の希望を容れ」た案文も「用意」されていて、この「総司令部側の希望を容れ」た案文で決着したとのことである。

決着に至った案文は、その「内閣法関係会談要旨（第四回）」によれば左記iii、井手文書中の一資料によれば左記ivである。

iii 「内閣総理大臣は閣議にかけて決定した方針に基いて行政各部を指揮監督する」。

iv 「内閣総理大臣は、閣議にかけて、決定した方針に基いて、行政各部を指揮監督する」。

《変化》が認められる。「二十五日午後ピーク博士」に伝えられた「内閣法修正案（ピーク）に対する当方意見（昭和二一、一一、二二）」などにおいては determine policy after consultation with the Cabinet は、基本的に「閣議ニ諮ツテ後内閣総理大臣ガ政策ヲ決定スル」と翻訳されていたものの、「二十五日午後ピーク博士」に呈示され、しかも「総司令部側の希望を容れ」た案文においては determine policy after consultation with the Cabinet は、「閣議にかけて決定した政策を明示する（通用させる）」の意に理解されているからである。

興味をそそられる《変化》であるが、それはともかく、その「二十五日」に決着したのである。総司令部の側との間における内閣法六条の存立の確約は、「[昭和二十一年十一月] 二十五日」にされたのである。

井手文書には、内閣法六条の「当方」英語化について教示を与えてくれる資料がふくまれている。そこに記されている「当方」英語化には訂正が施されているが、訂正が施される前のものは、左のとおりである。

The Prime Minister shall exercise control and supervision over the various administrative branches along the lines submitted to, and decided upon by the Cabinet.

この英文の along 以下は、訂正されている。along 以下は、in accordance with the policies to be decided upon after consultation with the Cabinet というふうに訂正されている。

けれども、その訂正はその意に反して却って「閣議ニ諮ツテ後内閣総理大臣ガ政策ヲ決定スル」というニュアンスを醸し出すようなものとなっている。

in accordance with the policies to be decided upon と記しながらも、その直後で—— by the Cabinet などではなくて—— after consultation with the Cabinet と書いているからである。

集束点的な論述をしよう。内閣法六条は、「内閣総理大臣は、閣議にかけて決定した方針に基いて、行政各部を指揮監督する」と規定しているが、この規定中の「閣議にかけて決定した方針に基いて」という部分は、The Cabinet Law（Draft）中の determine policy after consultation with the Cabinet という章句にその《源》をもつ。

三　「閣議にかけて決定した方針」考

上にのべたように The Cabinet Law（Draft）は、「憲法の定める executive power を行使することができる事項に関し内閣総理大臣は、閣議にかけて決定した政策（policy）を通用させるために、行政各部を指揮監督する」と規定していた。

内閣法六条の《源》をなすその規定は、《閣議にかけて決定した『政策』policy の通用及びその機動的な通用》

である。

同様に内閣法六条も、《閣議にかけて決定した『政策』policy の通用及びその機動的な通用》を目的としていると把握されていい。

この点に関しては、内閣法六条の主辞が「内閣総理大臣」(《内閣の首長としての立場における内閣総理大臣》)となっていることのほか、同条は「閣議にかけて決定した方針に基いて」と規定して「方針」といっており、そして、《政策》policy は見方をかえれば「方針」といいうることの思い起こしを読者に要望したいとおもう。

あるいは、ひとはいうかもしれない。いま要望した事柄について具体的に説明しておくことが学問における問題の掘り下げに寄与する、と。試みてみよう。

内閣法六条については、そこには「閣議にかけて決定した方針に基いて」と規定されていて「方針に基いて」とあることに留意されていいであろう。

その点に留意が必要なことは、たとえば内閣法七条が「主任の大臣の間における権限についての疑義は、内閣総理大臣が、閣議にかけて、これを裁定する」と規定して「閣議にかけて、これを裁定する」といっていることを考えれば了解されうるとおもう。

言葉を補っていおう。ここでの直接的な究明対象である内閣法六条では、どのように規定されていたであろうか。「閣議にかけて、行政各部を指揮監督する」などと定められていたであろうか。そうではない。「閣議にかけて決定した方針に基いて、行政各部を指揮監督する」と規定されているのである。

いま眼中に入れて重きをおいた《比較対照的な見地》(《単体観察的な見地》ではなくて《比較対照的な見地》)の上にたって、「方針」という言葉の選定理由に思いを寄せてみよう。——「言葉の選定は、単なる選定ではない。

言葉の選定は、《事象に対する洞察》を基礎にもつ[165]。

そのように「方針」という言葉の選定理由に思いを寄せれば、どのような結論が生まれるであろうか。参考までに、私が確認的に閲覧した書物の主要なものの内容を掲記しておこう。

『ジーニアス英和辞典[166]』【policy】：「1〈政府・政党などの〉政策、〈会社などの〉方針。……」。

『袖珍コンサイス英和辞典　初版[167]』【policy】：「政略、政策、方針。……」。

『新明解国語辞典〔第四版[168]〕』【方針】：「〈羅針盤の方位を示す磁針の意〉ある計画を進める上の、大体の方向づけ」。

『広辞林〔新訂携帯版[169]〕』【方針】：「①羅針盤の方位を指し示す針、即ち磁針。②進み行く一定の方向。行ひなす一定の目的」。

『明解国語辞典　初版[170]』【方針】：「①羅針盤の方位を指し示す磁針。②進み行く一定の目的」。

OALD (6th ed.) p.976.【policy】: **1** a plan of action agreed or chosen by a political party, a business, ……

LED p.808.【policy】: **1** a plan made by a government, organization, company etc that says what it wants to do or how it will deal with a particular problem or situation.……

上述のように、内閣法六条には「閣議にかけて、行政各部を指揮監督する」などとあるのではなくて、「閣議にかけて決定した方針に基いて、行政各部を指揮監督する」とある。このことを眼底において、その視角から「方針」という言葉を眺めると、何が脳裡に浮かんでくるであろうか。

《政策》policy はこれを方位的に捉えれば「方針」となるという判断の上にたって、内閣法六条は「閣議にかけて決定した方針に基いて」と規定したと理解されうるであろう。

これが、《比較対照的な見地》の上にたって「方針」という言葉の選定理由に思いを寄せて得られた結論である。要は、こうである。「方針」イコール《政策》である。

次の**四**で引用するところから明らかなように、「昭和二十一年十一月／内閣法に関する想定問答／法制局」は、内閣法六条にいう「方針」を説明して「根本方針」で良いといっている。また、佐藤功『行政組織法〔新版〕』も、その「方針」を説明して「一般的に……決定されている」「何らかの政策ないし行政施策についての方針」で良いといっている。[171]

けれども、そのような説明は内閣法六条にいう「方針」の趣意把握に関し多少の適切さを欠く面をもっている《比較対照的な見地》が希薄という面をもっている）というのが、私の所見である。

さて、前記本章**一**でのべた検討課題の(1)について解答を記していい段階に到達したと断言していいであろう。解答は、左のとおりである。

内閣法六条は、「大震災」的事態への適切にして機動的な対応を妨げるようなものではない。眼を向けられるべきは、適切にして機動的な対応を可能ならしめる《政策（方針）》policy を存在せしめること、これである。付記する。《内閣法六条は、よく練られた、よく考えられた規定である》。――また参照、後記第九章。

四　内閣法六条に関する支配的な見解

井手文書にふくまれている「昭和二十一年十一月／内閣法に関する想定問答／法制局」――以下この**四**で、《想定問答》という――に、次のように書かれている。

「問　法案第六条で『閣議にかけて決定した方針に基いて』と規定したのは、憲法第七十二条の趣旨に反しないか」。

心に留められたい。《想定問答》のこの「憲法第七十二条の趣旨に反しないか」という「問」は、上記「内閣法修正案（ピーク）に対する当方意見（昭和二一、一一、二二）」のなかの見解――「二十五日午後ピーク博士」に伝えたものの、受け入れられなかった見解――と同様の見解を突きつけられるかもしれないとの予想の上にたって作成されていることに。

というのは、その「当方意見」に以下のようにあるからである。「『内閣総理大臣ガ行政各部ヲ監督スル』トイウ点ハ左ノ事由ニヨリ賛成シ難イ／コノ点ハ憲法第七十二条ニ明カデアリ繰返ス必要ナシ（同条ニ於テハ『内閣ヲ代表シテ指揮監督スル』ト規定シテアツテ考慮ヲ要スル点ガアル［『ト規定シテアツテ考慮ヲ要スル点ガアル』を『トイウ規定ト抵触スルモノト考ヘラレル』に訂正する旨の記述がある］）」（傍点は原文）。

既述したように、この「当方意見」は受け入れられなかった。「法案第六条」は、その「当方意見」とは異なった見地の上にたっている。

「当方意見」とは異なった見地の上にたっている「法案第六条」については、「当方意見」と同様の見解を突きつけられるかもしれないとの予想がたてられて、「法案第六条」に関する《想定問答》において、先の「問」が作成されたのである。

したがって、こういっていい。先の「問」のなかの「閣議にかけて決定した方針に基いて」は《閣議にかけて決定した政策にもとづいて》ということをもカヴァーする意味であるという把握の上にたって、その「問」は提出されている、と。

このことは、その「問」に対する《想定問答》の「答」に、左のように「本来総理の具体的職権行使は、一々閣議の決するところによるべきであるが、運用の実際を考へて、根本方針を」云々とあることからも確認可能であろう。

「答　反しない。一見憲法第七十二条において、総理は、内閣を代表して、行政各部を指揮監督するとあるのであつて、本来総理の具体的職権行使は、一々閣議の決するところによるべきであるが、運用の実際を考へて、根本方針を閣議において定めるならば、之に基いて総理において、適切なる指揮監督を行ひ得べきことにしたのである」（傍点は原文）。

ところで、右に引用したところから明らかなように、《想定問答》は、内閣法六条の「閣議にかけて決定した方針に基いて」は憲法七二条の「内閣を代表して」の意味の現出、しかも「運用の実際を考へ」るという立場にたっての意味の現出とみている。

周知のように支配的な見解は、「内閣法六条は憲法七二条の『内閣を代表して』の意味を現出させており、内閣法六条の『閣議にかけて決定した方針に基いて』がそれである[172]」と説いてきた。

けれども、「そうであるならば、内閣法五条においても、憲法七二条の『内閣を代表して』の意味の現出があってしかるべきであろう。ところが、内閣法五条は『内閣総理大臣は、内閣を代表して内閣提出の』云々と規定して『内閣を代表して』といっていることから明瞭なように、憲法七二条の『内閣を代表して』の意味の現出はそこにはない[173]」。

このような観察的判断を胸中におくならば、「内閣法六条は憲法七二条の『内閣を代表して』の意味を現出させており、内閣法六条の『閣議にかけて決定した方針に基いて』がそれである」とする支配的な見解に対して吟味的な検討をくわえる必要が起こってくるが、この点は、次の第八章で内閣法五条について一定の考究をおこなった後で、第九章で検討的解明を試みたいとおもう。

本章の末語。法案に対する意見・要求も、これを一つの「作品」とみて「作品」的な評価をくわえることができるであろう。その際の態度などに関連して、知と芸術の批評家フランツ・ブライはこう書いている[174]。「かつては作品があった。そして作品の背後に、めだたない作者がいた。こんにちでは……」。

(163)　この資料に関連して参照、本書第六章の注(152)。
(164)　この資料に関連して参照、本書第六章の注(152)。

(165) 森田・前掲注（2）i頁。
(166) 小西友七：編『ジーニアス英和辞典』（一九八八年、大修館書店）一二八五頁。
(167) 神田乃武・金澤久：編『袖珍コンサイス英和辞典　復刻版』（二〇〇一年、三省堂）四四九頁による。右書は、『新コンサイス英和辞典』の前身である『袖珍コンサイス英和辞典　初版』（一九二二年）を復刻したものである。
(168) 柴田武・山田明雄・山田忠雄：編『新明解国語辞典［第四版］』（一九八九年、三省堂）一一八三頁。
(169) 金澤庄三郎：編『広辞林［新訂携帯版］』（一九四一年、三省堂）一七〇一頁。
(170) 金田一京助：編『明解国語辞典　復刻版』（一九九七年、三省堂）九四二頁による。右書は、『新明解国語辞典』の前身である『明解国語辞典　初版』（一九四三年）を復刻したものである。
(171) 「閣議で決定した方針に基づいてというのは、指揮監督を必要とする特定・個別的な場合にその都度、その方針を具体的・個別的に決定しなければならないという趣旨ではない。何らかの政策ないし行政施策についての方針が予め一般的に閣議によって決定されているならば、内閣総理大臣は、その方針に基づいて（その方針の具体的適用として）各省大臣に対し、個別的な場合に指示その他指揮監督をなしうるものと解される」旨、佐藤・前掲注(138)三〇六頁。
(172) 森田・前掲注（2）八六頁。
(173) 森田・前掲注（2）八六頁。
(174) 池内紀「フランツ・ブライの肖像」フランツ・ブライ（池内紀：訳）『同時代人の肖像』（一九八一年、法政大学出版局）二〇一頁による。

第八章　内閣法五条の「内閣を代表して」

内閣法五条は、「内閣総理大臣は、内閣を代表して内閣提出の法律案、予算その他の議案を国会に提出し、一般国務及び外交関係について国会に報告する」と規定している。――念のためいう。この規定は、制定時と変わりがない。[175]

いま書き写した内閣法五条は、「内閣総理大臣は、内閣を代表して内閣提出の」云々と定めて「内閣を代表して」といっている。

内閣法五条のこの「内閣を代表して」の意味を見極めることが本章の中心的な論題であるが、その見極めに先立って、同条に関し沿革的な考察をおこなっておきたいとおもう。

一　沿革的考察と「議案」の部分定義

前記第五章で論及した諸資料を一覧すれば判明するように、「［昭和二二年］一〇月二九日に閣議を通った……内閣法案」までの資料には、内閣法五条の類いの規定はふくまれていない。

内閣法五条の類いの規定は、いつ法制局関係の案文のなかに入ったのであろうか。これが、同条に関する沿革的考察に課せられた第一の課題である。

次に引く「内閣法案等に関する件／昭和二二、一一、一四　終連、政、政」のなかの記述は、既に前記第七章**二**で論考の視界に入れたものである。

「本十四日……。ピーク博士は藤崎［萬里］連絡官に対し左の通り述べた。／……既に憲法に規定してゐることでも、あるひはこれを繰り返し、あるひはこれに肉付けすることが必要である」。

この「[十一月］十四日」の指摘を受けて同日に作成された案文には、井手成三文書中の資料によれば、憲法七二条を単純に「繰り返し」たにすぎない左記ⅰの規定がふくまれていた。

ⅰ「内閣総理大臣は、内閣を代表して議案を国会に提出し、一般国務及び外交関係について国会に報告し、並びに行政各部を指揮監督する」。

翌一五日、右の規定は修正された。このことも、前記第七章**二**でのべたとおりである。左のⅱが修正後のもので、憲法七二条にいう「議案」の部分定義をおこなって「法律案、予算案その他の議案」と規定している。

ⅱ「内閣総理大臣は、内閣を代表して法律案、予算案その他の議案を国会に提出する」。

修正後のこの規定は、「昭和二一、一一、一五」の「会談」でピークに示され、「ピークト打合ハセズミノモノ」としての性格を賦与された。――『外務省記録……／No. A'-0091』の「内閣法関係会談要旨（第二回）／昭和二一、一一、一五　終連、政、政」と井手文書中の資料による。

井手文書中の別の資料によれば、その後、案文は妥当な方向への微調整をして（「予算案」を「予算」に変更して）、左のような規定となった。

ⅲ「内閣総理大臣は、内閣を代表して法律案、予算その他の議案を国会に提出する」。

しかし、これで案文作成は終了という訳にはいかなかった。「[十一月］二十六日」に「修正の意見」が出たのである。次の**二**を読まれたい。

二　沿革的考察と「内閣提出の」挿入

制定時のものと変わりがない内閣法五条は、こう規定する。「内閣総理大臣は、内閣を代表して内閣提出の法律案、予算その他の議案を国会に提出し、一般国務及び外交関係について国会に報告する」。

この**二**の前の**一**で指摘したところから知られるように内閣法五条の類いの規定は、「[昭和二十一年十一月］二十六日」の時点においては、こうであった。「内閣総理大臣は、内閣を代表して法律案、予算その他の議案を国会に提出する」。

違いは二点にわたるが、一点は明瞭であろう。制定時のものには、「一般国務及び外交関係について国会に報告する」という章句が付けくわっている。

もう一点は、こうである。制定時のものには、「法律案」の前に「内閣提出の」という字句が付けくわっている。この「内閣提出の」という字句は、何故に、挿入されたのであろうか。

次に書き写す二つの引用節は、いずれも「内閣法案に関する件／昭和二一、一一、二七／終連、政、政」からのものである。

「昨二十六日……ピーク博士は藤崎連絡官に対し、内閣法案に付て、係官会議の結果であるとて、又新たなる修正の意見を提起した。／……新憲法第七十二条の規定の中から一般国務及び外交関係について国会に報告すると云ふ点だけを内閣法に採り入れないことになる。これは手落ちと認められる恐れがある……。／なほ会議の際に法律案云々のところは『政府の法律案、予算その他の政府の議案』と云ふやうにすべきだと云ふ意見もあつたと述べた」。

「右の趣旨を法制局井手第一部長に連絡して、その結果二十七日再びピーク博士を往訪した。／……『内閣総理大臣は内閣を代表して法律案予算其の他の議案を国会に提出し一般国務及外交関係に付国会に報告する』と修正することにしたい……と述べた」。

けれども、これで落着しなかった。右記の引用節中の「なほ会議の際に」云々の箇所の「意見」が強度を増して再び登場するのである。

『外務省記録……／No. A'- 0091』の「内閣法案に関する件　昭和二一、一一、二九／終連、政、政」に、左記の叙述がある。

「内閣法案に関する総司令部側の最後的意見を求むる為本日午後……ピーク博士を往訪したところ、……『法律案』等の前に『政府』乃至『内閣』の文字を挿入しないことについては前回会談の際大体了解……［が、ついていたにもかかわらず、］ピーク博士から『その後政治部で会議した結果、……［法律案、予算その他の議案という部分の］《議案》の前に《内閣》の文字を入れること、及び……法制局の権限を規定した条項中《法律案》の前に《内閣》の文字を冠することの二点の修正をなすべきであると云ふことに決定を見たので、これをお伝へする。この点の修正さへ行はるれば、内閣法案は全体として賛成することが出来る。』と述べたので、藤崎より……［強く反論をしたものの、］どうしても譲歩出来ない様子を示し……ピ［ーク］は『……この点は修正の要ありと云ふことに決つた』と述べた。／その後法制局井手第一部長に連絡した結果、……［二箇所の］『法律案』の前に夫々『内閣提出の』と云ふ文字を入れることになり、先方にその旨を連絡し……た。これで内閣法案全体として総司令部の諒解を得た」。

「二点の修正」で落着したのである。一点は、「法律案、予算その他の議案」という部分の「法律案」の前に「内閣提出の」の文字を挿入することである。

もう一点は、「法制局の権限を規定した条項」のなかの「法律案」の前に「内閣提出の」の文字を挿入することである。——念のためいっておくと、制定時の内閣法一二条三項は、「法制局は、内閣提出の法律案及び政令案の審議立案並びに条約案の審議その他法制一般に関することを掌る」旨の規定であった。(176)

総司令部の側からのそのような「修正」要求の予兆は、例の「［昭和二十一年十一月］二十日ピーク博士から藤崎連絡官に提示せられた総司令部の修正案」たる The Cabinet Law (Draft) の「四条二項」に認められる。

「四条二項」：The Prime Minister, representing the Cabinet, submits government bills, the budget and other Cabinet proposals to the Diet.

みられるように、bills ではなくて government bills とあり、other proposals ではなくて other Cabinet proposals とある。

The Cabinet Law (Draft) の「四条二項」は、「内閣を代表して法律案、予算その他の議案を」と規定していたのではない。それは、「内閣を代表して閣議にかけて決定した法律案、予算その他の議案を」と規定していたのである。

この規定中の「閣議にかけて決定した」という字句は、件の「修正」要求の予兆として捉えることができるであろう。

補足する。The Cabinet Law (Draft) のなかの「法制局の権限を規定した条項」の方には、予兆的な意味合いをもちうる字句はふくまれていない。

三　総司令部の側と《内閣に代わって》

上にのべたように、内閣法五条のなかの「内閣総理大臣は、内閣を代表して内閣提出の法律案、予算その他の議案を国会に提出し」という部分は、「昭和二十一年十一月」二十六日」の時点においては、こうであった。「内閣総理大臣は、内閣を代表して法律案、予算その他の議案を国会に提出する」。

「二十六日」の時点におけるこの規定——この**三**において《当該規定》といっているのは、これを指す——の「法律案」の前に「内閣提出の」という字句を挿入するよう総司令部の側は要求したのであるが、総司令部の側がその字句の挿入を強く要求したのは、何故であろうか。

私は、「法制局の権限を規定した条項」が《濫用されるのではないかとの危惧》[177]、《法制局官僚などの官僚（官僚勢力）に対する不信感》があって、関連的定めである《当該規定》において、あるいは、関連的定めである《当該規定》においても、抑制的対処をしておくということで、その字句の挿入が要求されたとみているが、ここでは、全体的な立論は控える。

ここで指摘しておきたいとおもうのは、《当該規定》には《巻き込まれる要素》があったことである。それは、《当該規定》中の「内閣を代表して」という句である。《当該規定》と同様の定めをふくんでいるのが、いうまでもなく、憲法七二条——「内閣総理大臣は、内閣を代表して議案を国会に提出し」——である。この憲法七二条の「内閣を代表して」の句については、後記第九章で詳述する予定であるが、この段階においても、その句に関し少し思い起こしを願いたいことがある。それは、既に著書『行政機関と内閣府』の第一編補章「憲法七二条と憲法七三条の用語」のなかで論及した左記⑴⑵⑶⑷⑸である。

⑴　憲法七二条の「内閣を代表して」の部分は、マッカーサー草案では、on behalf of the Cabinet となっており、しかもその on behalf of the Cabinet は「議案［マ草案では、議案ではなくて法律案 bills と規定されていたので、正確にいうと、法律案］を国会に提出」するという部分にのみかかっていたこと[178]。

⑵　憲法七二条のその部分は、英訳日本国憲法では、representing the Cabinet となっていること[179]。

⑶　憲法七二条のその部分は、一九四六年二月二六日の閣議配布案では、「内閣ニ代リテ」となっていたこと[180]。

⑷　憲法七二条の「内閣を代表して」は、支配的な見解においては、《内閣の意志にもとづいて（閣議にもとづいて）》の意味であると捉えられていること[181]。

⑸　けれどもその「内閣を代表して」representing the Cabinet は、《内閣に代わって》の意味にも理解可能なものであること[182]。

さて、憲法七二条の「内閣を代表して」に関する右記⑴⑵⑶⑷⑸を思索の視界のなかに入れて、《当該規定》——「内閣総理大臣は、内閣を代表して法律案、予算その他の議案を国会に提出する」——の方の「内閣を代表して」に関し、上で示唆した次の問題について考えてみよう。

総司令部の側は、《当該規定》の「内閣を代表して」をどのような意味に理解していたのであろうか。そして、日本側は。

日本側は、憲法七二条の一部分のまさに「繰り返し」であるといっても過言ではない《当該規定》のなかの「内閣を代表して」をもって支配的な見解と同じく《内閣の意志にもとづいて（閣議にもとづいて）》の意味であるとみていたと判定していいであろう。——参照、前記第七章四。

それでは、総司令部の側はどうであったか。既述したように The Cabinet Law (Draft) の「四条二項」には、bills ではなくて government bills とあり、other proposals ではなくて other Cabinet proposals とあった。

まず、右の government や Cabinet に「内閣提出の」という訳語を当てても不適切とは決していいえないが、それは上述したように《閣議にかけて決定した》というふうにも翻訳可能なものであることに意を払われたい。(183)くわえて、意を払われたい。The Cabinet Law (Draft) の「四条二項」には、…… representing the Cabinet, submits government bills, the budget and other Cabinet proposals ……とあることに。

「四条二項」が government bills とか other Cabinet proposals というときの government や Cabinet が、「内閣提出の」ないし《閣議にかけて決定した》という意味であるならば、何が判明するであろうか。

その government や Cabinet が「内閣提出の」ないし《閣議にかけて決定した》という意味であるならば、それに先立って規定されている representing the Cabinet という章句の下に《内閣の意志にもとづいて（閣議にもとづいて）》が考えられているとみることは、適当ではない。

何故か。そのようにみると、総司令部の側は、《内閣総理大臣は、『内閣の意志にもとづいて（representing the Cabinet）』『内閣提出の』法律案、予算その他の議案を国会に提出する》旨の規定の制定を要求したことになり、総司令部の側における「内閣提出の」という字句の挿入の要求は、無価値のものであったということになるからである。

別言を用いながら、繰り返す。そのようにみると、総司令部の側は、《内閣総理大臣は、『閣議にもとづいて

(representing the Cabinet)』『閣議にかけて決定した』法律案、予算その他の議案を国会に提出する》旨の規定の制定を要求したことになり、総司令部の側における「閣議にかけて決定した」という字句の挿入の要求は、無価値のものであったということになるからである。――日本側は、その旨の規定の制定を要求されたと感じ、無価値な要求を突き付けられたと思念していたとみていいが、これについては詳論は不要であろう。

このように思考をめぐらしてくれれば、以下のことが判明するであろう。総司令部の側が、《当該規定》中の「内閣を代表して」representing the Cabinet という句の下に理解していたのは、《内閣の意志にもとづいて（閣議にもとづいて）》ではなくて、《内閣に代わって》である。――また参照、次の第九章。

要するに、こうである。《当該規定》、すなわち、「内閣総理大臣は、内閣を代表して法律案、予算その他の議案を国会に提出する」という規定は、総司令部の側においては、《内閣総理大臣は、『内閣に代わって』(representing the Cabinet) 法律案、予算その他の議案を国会に提出する》旨の定めであると理解されていたのである。

総司令部の側が危惧したのは、《内閣総理大臣は、『内閣の意志にもとづいて（閣議にもとづいて）』(representing the Cabinet) 法律案、予算その他の議案を国会に提出する》旨の規定の《濫用》ではない。そうではなくて、《内閣総理大臣は、『内閣に代わって』(representing the Cabinet) 法律案、予算その他の議案を国会に提出する》旨の規定の《濫用》が、危惧されていたのである。

《濫用》を防止するために総司令部の側は、その《内閣総理大臣は、『内閣に代わって』(representing the Cabinet) 法律案、予算その他の議案を国会に提出する》旨の規定中の《法律案》の前に《閣議にかけて決定した》という字句を挿入するよう要求したのである。

総司令部の側が要求したのは、《内閣総理大臣は、『内閣に代わって』『閣議にかけて決定した』法律案、予算その他の議案を国会に提出する》旨の定めである。

そして日本側は、最終的には、総司令部の側のこの要求に応じて、「法律案」の前に「内閣提出の」という字句を挿入したのである。

以上が、内閣法五条が「内閣総理大臣は、内閣を代表して内閣提出の法律案、予算その他の議案を国会に提出し」と規定して「内閣提出の」という言葉をふくんでいる経緯についての私の解読である。(184)

四　「代表して」は《代わって》の意

内閣法五条は、「内閣総理大臣は、内閣を代表して内閣提出の法律案、予算その他の議案を国会に提出し」と規定して「内閣を代表して内閣提出の」といっている。

この「内閣提出の」という字句の前にある「内閣を代表して」をもって支配的な見解のように《内閣の意志にもとづいて（閣議にもとづいて）》の意味に理解すると、どのようなことになるであろうか。

著書『行政機関と内閣府』の第一編補章「憲法七二条と憲法七三条の用語」のなかで私は、左の引用節にあるように指摘した。

「そのように［支配的な見解のように］理解すると、内閣法五条は《内閣総理大臣は、内閣の意志にもとづいて内閣提出の法律案、予算その他の議案を国会に提出し》と定めたに等しく、《内閣総理大臣》、《内閣の意志にもとづいて》、そして《内閣提出の》というふうに、《閣議にもとづいて》ということを含意している言葉が立て続けに出てくる規定ということになることに注意を要する。——内閣法五条の主辞である『内閣総理大臣』は《内閣の首長としての立場における内閣総理大臣》である(185)」。

この引用節をみれば、私の判断がどのようなものであるかは明白であろう。内閣法五条の「内閣を代表して」は、支配的な見解の説くような意味ではない。「内閣法五条は、いうところの『内閣を代表して』を《内閣に代わって》の意に用いている(186)」のである。

力説目的で再述する。「内閣法五条は、いうところの『内閣を代表して』を《内閣に代わって》の意に用いている」。——更に参照、次の第九章。

このような内閣法五条論は、内閣法が前提にしている憲法七二条論に関しても、新しい視座・内容を提供してくれるであろう。

憲法七二条は、「内閣総理大臣は、内閣を代表して議案を国会に提出し、一般国務及び外交関係について国会に報告し、並びに行政各部を指揮監督する」と規定している。

この規定中の「内閣総理大臣は、内閣を代表して議案を国会に提出し、一般国務及び外交関係について国会に報告し」という部分を基本的に継承して定めをおいているのが、内閣法五条である。

この内閣法五条は、憲法七二条のその部分と同様に「内閣を代表して」という言葉を使っており、そして内閣法五条のこの「内閣を代表して」という言葉は、上述のように《内閣に代わって》の意味である。

憲法七二条のその部分を基本的に継承し、しかも同様に「内閣を代表して」といっている内閣法五条のこの「内閣を代表して」が《内閣に代わって》の意味であることから、何が知られるであろうか。

内閣法五条は、憲法七二条にいう「内閣を代表して」が《内閣に代わって》という意であるという前提の上にたって定めをおいていること、これである。

反芻を期待して繰り返す。内閣法五条は、憲法七二条にいう「内閣を代表して」が《内閣に代わって》という意であるという前提の上にたって定めをおいている。

ところで、憲法七二条の上記部分を基本的に継承し、しかも同様に「内閣を代表して」（＝《内閣に代わって》）という章句を使用している内閣法五条は、憲法七二条中の別の部分、すなわち「行政各部を指揮監督する」という部分への言及を欠いている。

憲法七二条中のその別の部分への言及が認められるのは、内閣法六条である。けれども、その別の部分への言及があるといっても、内閣法六条では、内閣法五条とは異なって、「内閣を代表して」（＝《内閣に代わって》）という章句は使用されていない。

内閣法六条は、以下のように定める。「内閣総理大臣は、閣議にかけて決定した方針に基いて、行政各部を指揮監督する」。

ここにみられるように、憲法七二条中の「行政各部を指揮監督する」という部分を受けて定めをおいている内閣法六条は、「閣議にかけて決定した方針に基いて」とは規定しているものの、「内閣を代表して」という字句も「内閣に代わって」という字句も使用していない。

そこで、こうなる。内閣法においては、憲法七二条の「内閣を代表して」(＝《内閣に代わって》)は憲法七二条中の「行政各部を指揮監督する」という部分にかからないという判断の上にたって定めがおかれている。

これを別の角度からのべれば、こうである。内閣法六条が「閣議にかけて決定した方針に基いて、行政各部を指揮監督する」と規定して「閣議にかけて決定した方針に基いて」と定めたのは、憲法七二条に「内閣を代表して」とあるためではない。

それでは、内閣法六条が「閣議にかけて決定した方針に基いて」と定めたことの基礎にある考え方は、どのようなものか。これについては、次の第九章で解明を試みたいとおもう。

以上の吟味的な論考を縮めてのべよう。「内閣法は、(1)憲法七二条の『内閣を代表して』という言葉の意味は、《内閣の意志にもとづいて(閣議にもとづいて)》ではなくて、《内閣に代わって》であるという把握の上にたっており、(2)憲法七二条のその言葉は、同条のすべてにかからないという把握の上にたっている[187]」。——なお、この**四**の前の**三**における解明的説明から観取されうるように、総司令部の側もここに書いたのと同様の把握の上にたっているというのが、私の所見である。

内閣法が前提にしている右記のような憲法七二条論は、正当であると私は考えている。次の第九章の論究をみられたい。

本章の末語。アリストテレス（高田三郎：訳）『ニコマコス倫理学（上）』はいう、「ひとびとは自分の知っていることがらに関しては探求しない。……思量するところのひとは探求し勘考しているのである[188]」。

(175) 制定時の内閣法の規定について参照、森田・前掲注（2）資料編Ⅳ。

(176) 参照、森田・前掲注（2）資料編Ⅳ。

(177) The Cabinet Law (Draft) は、その「四条二項」で government bills 、そして other Cabinet proposals と規定していることに留意されたい。
もっとも、「法制局の権限を規定した条項」では、The Cabinet Law (Draft) は単に bills と規定している。

(178) 参照、森田・前掲注（2）七七頁。

(179) 森田・前掲注（2）九一頁注一。

(180) 森田・前掲注（2）八三—八四頁。

(181) 森田・前掲注（2）七七—七九頁。

(182) 森田・前掲注（2）七九—八五頁。

(183) この点に関連して、次の注(184)を参照。

(184) 内閣法五条が「内閣提出の」という言葉を用いて定めをおいた点は、ある見地の上にたった場合、問題視されうるであろう。
「規定作成上の美をも追求する立場からは、内閣法五条は問題をふくんでいる……。同条は『内閣総理大臣は、内閣を代表して内閣提出の法律案、予算その他の議案を国会に提出し』と規定して『内閣提出の』という言葉を用いて定めをおいているが、その言葉を用いて定めをおいたために『提出』の主辞として『内閣総理大臣』と『内閣』の二つが顕示される結果になっている」からである。森田・前掲注（2）八八頁。更に参照、同・八八—八九頁。

「内閣総理大臣は、内閣提出の……を提出する」という文章は、《規定作成上の美をも追求する》見地の上にたった場合、避けられるべきものであることについては、多くを語る必要はないであろう。その種の文章においては

「内閣提出の」という言葉はこれを避け、たとえば《閣議にかけて決定した》という言葉を用いるべきであったように考えられる。——この点に関連して参照、本注の前の注(183)に係る本文。

宮沢教授は、憲法七二条の注釈のなかで、「議案を国会に提出するのは内閣であるが、その内閣の代表者としての内閣総理大臣がこれを国会に提出する」と書いている。宮沢・前掲注(51)五四六頁。

この《議案を国会に提出するのは内閣であるが、内閣総理大臣が議案を国会に提出する》という文章の問題性について参照、森田・前掲注（２）八八―八九頁、九二頁注一一。

(185) 森田・前掲注（２）八七頁。
(186) 森田・前掲注（２）八七頁。
(187) 森田・前掲注（２）八七頁。
(188) アリストテレス（高田三郎：訳）『ニコマコス倫理学（上）』（一九七一年、岩波書店）二三五頁。

第九章　憲法七二条、そして内閣法六条

一　憲法七二条の「代表して」の沿革

前記第七章四でのべたように支配的な見解は、「内閣法六条は憲法七二条の『内閣を代表して』の意味を現出させており、内閣法六条の『閣議にかけて決定した方針に基いて』がそれである」と説いてきた。

この支配的な見解に対する適不適の言は、一番の足場を形成している当該見解における憲法七二条「内閣を代表して」論の適不適の言から発足しなければならないであろう。

憲法七二条の「内閣を代表して」と同一の文言は、内閣法では、（その六条ではなくて）その五条で使われていた。内閣法五条はいう、「内閣総理大臣は、内閣を代表して内閣提出の法律案、予算その他の議案を国会に提出し、一般国務及び外交関係について国会に報告する」。

支配的な見解が、憲法七二条の「内閣を代表して」も内閣法五条の「内閣を代表して」も《内閣の意志にもとづいて（閣議にもとづいて）》の意味であると説示してきたことは、よく知られているとおりである。

けれども、内閣法五条の「内閣を代表して」は《内閣に代わって》の意であり、しかも、同条においては、憲法七二条の「内閣を代表して」は《内閣に代わって》の意であるという前提の上にたって定めがおかれているというのが、前記第八章四で読者に差出した私の吟味的知見であった。

内閣法が前提にしているそのような憲法七二条理解、すなわち、憲法七二条の「内閣を代表して」は《内閣に代わって》の意であるとする理解は、正当であろうか。

それとも、憲法七二条の「内閣を代表して」は《内閣の意志にもとづいて（閣議にもとづいて）」の意味であるとする支配的な見解の方が、正当であろうか。

この論題についての直接的な究明は次の二でおこなうこととし、その前に、「内閣総理大臣は、内閣を代表して議案を国会に提出し、一般国務及び外交関係について国会に報告し、並びに行政各部を指揮監督する」と規定する憲法七二条の「内閣を代表して議案を」という部分——英訳日本国憲法では、representing the Cabinet, …… bills となっている[189]——について沿革の大要を確認しておこう。

i　マッカーサー草案：bills on behalf of the Cabinet

ii　閣議配布案：「内閣ニ代リテ法律案ヲ[190]」

iii　三月二日案：「内閣ヲ代表シテ法律案ヲ[191]」

iv　三月四日の三月二日案英訳：representing the Cabinet, ……bills[192]

v　三月五日整理英文：representing the Cabinet, …… bills

vi　三月六日公表の憲法改正草案要綱：「内閣ヲ代表シテ法律案ヲ」

vii　四月一三日案：「内閣を代表して議案を[193]」

viii　四月一七日公表の憲法改正草案：「内閣を代表して議案を」

右記の整理的叙述の内容に鑑みて、ここで、「代表」に関する漢和辞典の語義説明を書き写して参考に供しておきたいとおもう。

『角川大字源』の「代[194]」という親字のところの「代表」：「多数の者に代わってその意思を外部に明らかにすること。また、その人」。

『現代漢語例解辞典[195]』の「代」という親字のところの「代表」：「①法人や団体などに代わってその意を他に表示すること。②……」。

くわえて、一九四〇年代の国語辞典が「代表」に関しどのような解説をしているかをみておくことも、思索を掘り下げ深めようとするひとの役に立つであろう。

『広辞林［新訂携帯版］』の「代表」：「或多数のものに代はりて、其意思又は性質を外部に対して表示すること。又、其人[196]」。

『明解国語辞典　初版』の「代表」：「団体・（多数のもの）に代って意思・性質を表示する・こと（人）[197]」。

二　憲法七二条の「代表して」の意味

「内閣総理大臣は、内閣を代表して議案を国会に提出し、一般国務及び外交関係について国会に報告し、並びに行政各部を指揮監督する」。これが、憲法七二条の規定である。

英訳日本国憲法七二条には bills ——《法律案》——とあるが、憲法七二条には「議案」とある。「議案」という言葉の通用的な使用方などからみて、その「議案」には、内閣法五条や支配的な見解と同様、《予算》も入ると理解していいであろう。

付けくわえておく。私は、憲法七二条の「議案」には《法律案》も入ると判定している。《『法律案』を作成して国会に提出すること》は憲法七三条柱書きにいう「他の一般行政事務」（「他の」《行政事務の全体的要務》）に当たり、憲法七二条の「議案」には《法律案》がふくまれるというのが、私の判定的意見である[198]。

憲法七二条の「議案」には《予算》も入るという所説の方に戻ろう。その所説へ照準を決め、しかもそのことを表出させる仕方で同条の定めを書き直すと、どのようになるであろうか。以下のようになる。「内閣総理大臣は、内閣を代表して《予算》を国会に提出」する。

注意を喚起したいとおもう。そのように書き直された憲法七二条のなかの「内閣を代表して」をもって（支配的な見解のように）《内閣の意志にもとづいて（閣議にもとづいて）》の意に解そうとも、あるいは（内閣法の前提的把捉のように）《内閣に代わって》の意に解そうとも、その書き直された憲法七二条は、憲法「第五章　内閣」中の他の規定——具体的にいうと、「［内閣は、］予算を作成して国会に提出すること」と定める憲法七三条五号の規定――と《実質的な抵触》をきたさないことに。

読者においては十分に記憶されている定めであろうが、憲法七三条柱書きの部分には「内閣は、他の一般行政事務の外、左の事務を行ふ」とある。そして、同条五号記載の部分には「予算を作成して国会に提出すること」とある。同号によれば、「内閣」が「予算を……国会に提出する」。

この憲法七三条五号は、先に書き直された憲法七二条の規定――「内閣総理大臣は、内閣を代表して《予算》を国会に提出」するという規定――をもって自らの定めと《実質的な抵触》をきたすとして排斥する作用をすることができるものではない。

何故か。書き直された憲法七二条の「《予算》を国会に提出」する行為の主辞として規定されている「内閣総理大臣」は、《内閣の首長としての立場における内閣総理大臣》であり、そして、その「《予算》を国会に提出」する行為は、《内閣を主辞的名義とすることが定められている行為（内閣の本体レヴェルの行為）のなかの形式的な行為》であるからである。――また参照、この二の後方で引用する著書『行政機関と内閣府』中の論説。

さて、本題の論題は、憲法七二条が「……内閣を代表して議案を……」というときの「内閣を代表して」の意味であった。このことの確固たる自覚の上にたとう。

その上で、論証を簡明化するために例証的な議論をするという自覚をもとう。議論の基盤は次のⅠとⅡで、Ⅰは憲法七三条五号、Ⅱは書き直された憲法七二条である。

Ⅰ　「内閣」は、「予算を……国会に提出する」。

Ⅱ　「内閣総理大臣は、内閣を代表して《予算》を国会に提出」する。

憲法七三条五号には、「内閣」は「予算を……国会に提出する」とある。この定めによれば、「予算を……国会に提出する」行為の主辞的名義は「内閣」である。

ところが、書き直された憲法七二条には、「内閣総理大臣は……《予算》を国会に提出」するとある。この定めによれば、「《予算》を国会に提出」する行為の主辞的名義は「内閣総理大臣」である。一方の基本的な定めである憲法七三条五号で「予算を……国会に提出する」行為の主辞的名義は「内閣」であると明記され、他方の憲法七二条で「《予算》を国会に提出」する行為の主辞的名義は「内閣総理大臣」であると定められているとき、(199)この他方の憲法七二条のなかの「内閣を代表して」は、どのような意味に理解されるであろうか。

「行為の主辞的名義の《変更的定め》をする」(200)ことを言い表している趣旨に、すなわち、《内閣に代わって》の意に理解されるのではあるまいか。

この点に関しては更に、著書『行政機関と内閣府』の第一編補章「憲法七二条と憲法七三条の用語」のなかの左のような論説が参照されていい。

「《合議体を主辞的名義とすることが定められている行為（合議体の本体レヴェルの行為）のなかの形式的な行為》については、別の（形式的効力が同一の）条文でその主辞的名義を合議体の長たる名義に《変更》すると定めて、合議体の長の晴れ舞台を拡張しても、事態の根本に変わりはないことに注意されていいであろう。その場合の合議体の長は、まさしく合議体の長としての立場におけるそれであり、また、主辞的名義が《変更》されるその行為は《形式的な行為》であるからである。

たとえば、憲法七三条柱書きは『内閣は、他の一般行政事務の外、左の事務を行ふ』と規定し、そしてその五号は『予算を作成して国会に提出すること』と規定する。この規定は『予算を……国会に提出する』行為の主辞を内閣と定めているから、この規定によれば『予算を……国会に提出する』行為の主辞的名義は内閣となるが、別の（形式的効力が同一の）条文でその主辞的名義を内閣の首長である内閣総理大臣に《変更》すると定めて、内閣の首長である内閣総理大臣の晴れ舞台を拡張しても、事態の根本に変わりはない。その場合の内閣総理大臣は、まさしく内閣の首長としての立場における内閣総理大臣であり、また、『予算を……国会に提出する』行為は、

『予算を作成』する行為とは異なって、《内閣という合議体を主辞的名義とすることが定められている行為（内閣という合議体の本体レヴェルの行為）のなかの形式的な行為》といいうるものであるからである。――念のためいっておくと、『予算を……国会に提出する』行為は、『予算を作成』する行為の派生行為ではない。『予算を……国会に提出する』行為がなければ『予算を作成』する行為は、意味を失うことを想起されたい。

その際の別の条文の書き方であるが、それは正確を期するならば、《内閣総理大臣は、『内閣に代わって』予算を国会に提出する》というふうになるであろう。このように規定して『内閣に代わって』という文言を挿入しておけば、その条文は行為の主辞的名義の《変更的定め》をするものであ……［る］ことが明確になるのである[201]。

引用が長くなったが、引用節の論旨は歴然としているとおもう。要は、憲法七二条の「内閣を代表して」は《内閣に代わって》であることを一定の角度から補足したのである。

周知のように支配的な見解は、憲法七二条の「内閣を代表して」は、《内閣に代わって》ではなくて、《内閣の意志にもとづいて（閣議にもとづいて）》の意であると説いてきた。この支配的な見解の問題性に関連しては、更に次のような事柄が心に留めておかれていいであろう。

憲法七二条の主辞である「内閣総理大臣」は、《内閣の首長としての立場における内閣総理大臣》である。そして、同条は「議案を国会に提出し、一般国務及び外交関係について国会に報告し、並びに行政各部を指揮監督する」と規定しているから、同条の主辞である「内閣総理大臣」にふくまれているその《内閣の首長としての立場における》は、《内閣の意志にもとづいて（閣議にもとづいて）》ということを含意している。

さて、前記第八章**四**における論定の一つは、こうであった。「内閣法は、……憲法七二条の『内閣を代表して』という言葉の意味は、《内閣の意志にもとづいて（閣議にもとづいて）》ではなくて、《内閣に代わって》であるという把握の上にたって」いる。

もはや結論的命題は明白であろう。内閣法が前提にしているその憲法七二条理解は、「正当である[202]」。これが、この二の結論的命題である。

三　「内閣を代表して」はどこへ係る

前記第八章**四**で、こう論じた。「内閣法は、(1)憲法七二条の『内閣を代表して』という言葉の意味は、《内閣の意志にもとづいて(閣議にもとづいて)》ではなくて、《内閣に代わって》であるという把握の上にたっており、(2)憲法七二条のその言葉は、同条のすべてにかからないという把握の上にたっている」。

右の(1)の憲法七二条理解が「正当である」ことについては、この**三**の前の**二**でのべた。残るは、(2)の憲法七二条理解の妥当性であるが、その理解も「正当である」。

詳論は、著書『行政機関と内閣府』の第一編補章「憲法七二条と憲法七三条の用語」でおこなったので、ここでは、ポイント的論拠のみを再述するにとどめたいとおもう。ポイント的論拠は、次のとおりである。

「憲法七二条中の『議案を国会に提出』するという部分は、《内閣を主辞的名義とすることが定められている行為(内閣の本体レヴェルの行為)》のなかの形式的な行為》の主辞的名義について《変更的定め》をしたものと解されるのに対し、同条中の『一般国務及び外交関係について国会に報告』するという部分と『行政各部を指揮監督する』という部分は、《内閣を主辞的名義とすることが定められている行為(内閣の本体レヴェルの行為)の派生行為》――『国務を総理する』等の行為の派生行為――の主辞的名義について《補助的定め》をしたものであると解される(203)」。

付記。右に書き写した箇所にいう《変更的定め》や《補助的定め》については、同じく著書『行政機関と内閣府』の第一編補章「憲法七二条と憲法七三条の用語」の参照を請うこととし、ここでは、説明は略する(204)。

もっとも、その説明の重要部分を形成する論述が、既にこの**三**の前の**二**で引用した私の論説のなかにあることだけは明言しておきたいとおもう。『予算を……国会に提出する』行為は、『予算を作成』する行為の派生行為ではない。『予算を……国会に提出する』行為がなければ『予算を作成』する行為は、意味を失う」が、それである。

四　内閣法六条の基礎のこれまた基礎

未解明の検討課題、すなわち、「内閣総理大臣は、閣議にかけて決定した方針に基いて、行政各部を指揮監督する」と規定する内閣法六条に関する未解明の検討課題の方に考察を移そう。

内閣法六条に関する残された検討課題がどのようなものであるかは、左に書くところをみれば、思い浮かべることができるであろう。

支配的な見解はいう、「内閣法六条は憲法七二条の『内閣を代表して』の意味を現出させており、内閣法六条の『閣議にかけて決定した方針に基いて』がそれである」。

同様の見解が「昭和二十一年十一月／内閣法に関する想定問答／法制局」にも書かれていたことも、前記第七章**四**でみたとおりである。

法制局のその「想定問答」は、以下のように主張している。内閣法六条の「閣議にかけて決定した方針に基いて」は、憲法七二条の「内閣を代表して」の意味の現出、しかも「運用の実際を考へ」るという立場にたっての意味の現出である。

けれども、右記の見解は疑問である。憲法七二条の「内閣を代表して」の意味は《内閣に代わって》であると考えられ、しかも、この《内閣に代わって》から「閣議にかけて決定した方針に基いて」を導出することは論理的不可能事に属するからである。

内閣法六条の「閣議にかけて決定した方針に基いて」は、憲法七二条の「内閣を代表して」（＝《内閣に代わって》）の意味の現出ではない。

それでは、内閣法六条が「閣議にかけて決定した方針に基いて」と規定したことに基礎にある考え方は、どのようなものであろうか。次にのべるところを読まれたい。

第一に、「内閣総理大臣は」「行政各部を指揮監督する」と規定する憲法七二条の主辞である「内閣総理大臣」は、《内閣の首長としての立場における内閣総理大臣》であり、そして、同条の主辞である「内閣総理大臣」にふくまれているその《内閣の首長としての立場における》は、《内閣の意志にもとづいて（閣議にもとづいて）》ということを含意していることに注意を集中されたい。

第二に、憲法七二条のその「行政各部を指揮監督する」は、『国務を総理する』等の行為の派生行為」としての性格を有していることに注意を集中されたい。

ここに指摘した二つの注意集中点を胸中において思索をおこなうとき、ひとは、どのような視角・帰結に到達するであろうか。

憲法七二条の「行政各部を指揮監督する」権限は、「内閣」のする「『国務を総理する』等の行為」との関連において捉える必要のあるものである。このような視角を獲得するであろう。

くわえて、以下のような帰結が判明するであろう。憲法七二条の「行政各部を指揮監督する」権限は、《政策（方針）》との関連においては、《閣議にかけて決定した政策（方針）にもとづいて、行政各部を指揮監督する》権限ということになる。

内閣法六条は、以上のような憲法七二条「行政各部を指揮監督する」論の上にたって設けられたというのが、私の知見である。――《内閣法六条は、よく練られた、よく考えられた規定である》。

本章を閉じるにあたって、前記第七章Ⅰにおける確約を履行しておきたいとおもう。そこで私は、『行政改革会議』の議題との関連における一つの問題に対する「解明的意見」は本章で明らかにすると確約した。

『行政改革会議』において「内閣総理大臣が一定の場合に閣議の決定を経ずして行政各部を指揮監督することができるよう、内閣法第六条を改正すべきではないか」という「形」の議題について議論がされたこと、その議題との関連で究明的吟味的な検討をおこなう必要が起こってくる問題があることは前記第七章一でのべたが、ここで「解明的意見」が呈示されるべき点は左記のとおりである。

憲法七二条は、「内閣総理大臣が一定の場合に閣議の決定を経ずして行政各部を指揮監督する」ことを許容するようなものであろうか。

上で、以下のように論じた。憲法七二条の「行政各部を指揮監督する」権限は、「内閣」のする『国務を総理する』等の行為」との関連において捉える必要のあるものである。

「解明的意見」は明白であろう。憲法七二条は、「内閣総理大臣が一定の場合に閣議の決定を経ずして行政各部を指揮監督する」ことを許容するものではない。

本章の末語。アリストテレース（松本仁助・岡道男：訳）「詩学」中の言葉に、「起こりそうもないのに起こるということも、起こりそうなことである(205)」とある。——私たちは、冷静に観察し、批判的に（カント的意味で批判的に）吟味する必要がある。

(189) 英訳日本国憲法について参照、森田・前掲注（2）資料編Ⅱ。

(190) 佐藤・前掲注（5）一八―二〇頁、三三頁（四〇頁）。

(191) 佐藤・前掲注（5）九三頁（一〇〇頁）。

(192) 笹川・布田・前掲注（12）八四頁。

(193) 佐藤・前掲注（5）三三六頁（三四三頁）。

本文でのべたところから観取されるように、三月六日公表の憲法改正草案要綱で「内閣ヲ代表シテ法律案ヲ提出シ」となっていたのが、四月一三日案で「内閣を代表して議案を国会に提出し」に修正された。マ草案と同様に「法律案ヲ」とあったところを「議案を」に変更するその修正が《規定作成上の美をも追求する、しかも強く追求する》見地からみると問題視されうるものであること、そして、「法律案ヲ提出」するという部分が帯有していた特筆に値する一つの意味合い——すなわち、その部分をふくむ「条」の次の「条」中の「他ノ一般政務」ないし「他の一般行政事務」を例示するという特筆に値する意味合い——がその修正により消去されてしまったことについて参照、後出の注(199)。

(194) 尾崎・都留・西岡・山田(勝)・山田(俊)・前掲注(85)八三頁。

(195) 林・前掲注(93)七二頁。

(196) 金澤・前掲注(169)一二一三頁。

(197) 金田一・前掲注(170)六四〇頁。

(198) 参照、森田・前掲注(2)八三―八四頁。

本文でのべた点に関して更に参照、次の注(199)。

(199) マ草案は、「内閣」は「予算を……国会に提出する」旨の基本的な定めがその六五条五号にあることを十分に斟酌して、他方の定め(六四条)をおいたと評することができるであろう。

というのは、その他方の定めであるマ草案六四条には「内閣総理大臣は、……法律案(bills)を国会に提出」すると規定されていて「法律案(bills)を」となっていて、「議案を」とはなっていなかったからである。「内閣」は「予算を……国会に提出する」旨の基本的な定めをおきながらも、他方で「内閣総理大臣は、……《予算》を国会に提出」する旨の定めをおくことは、《予算を国会に提出する》行為の主辞的名義について、それを「内閣」とする規定と「内閣総理大臣」とする規定とをおくことになるから、《規定作成上の美をも追求する、しかも強く追求する》見地からみると、問題視されうるものであろう。参照、森田・前掲注(2)八二―八四頁。

マ草案は、《予算を国会に提出する》行為の主辞的名義は「内閣」であって、「内閣総理大臣」を主辞的名義として《予算を国会に提出する》のではないということの明確な意識の下に作成されており、《規定作成上の美をも追求する、しかも強く追求する》見地からみても、合点のいくものであった。

強調しておく。ひとは、着眼することを要する。憲法七二条の産出元であるマ草案六四条は、「内閣総理大臣は、……法律案(bills)を国会に提出」すると規定していて「法律案(bills)を」といっており、憲法七二条のように

「議案を」と定めていなかったことに。――英訳日本国憲法七二条に bills（《法律案》）とあるのは興味をそそられるが、ここでは、追究的論考はしない。なお参照、前出の注(193)。

その上で、いま着眼した点に顕出している思考方を掘り下げて深めていけば、特筆に値する一つの洞察に達するであろう。すなわち、「内閣総理大臣は、……法律案（bills）を国会に提出」すると規定するマ草案六四条のその「法律案（bills）を国会に提出」するという部分は、マ草案六五条柱書き中の other executive responsibilities を例示するという意味合いをも帯有しているという特筆に値する洞察に達するであろう。

「法律案（bills）を国会に提出」することは、マ草案六五条柱書き中の other executive responsibilities ――この英語に対応するのが、憲法七三条柱書き中の「他の一般行政事務」である――に当たる。この前提的判断の上に立脚して、しかも、その other executive responsibilities を例示するという意味合いをも帯有させて作成されたのが、マ草案六四条の「内閣に代わって法律案（bills on behalf of the Cabinet）を国会に提出」するという定めである。

ここに読者の前に差出した洞察は、その背後にあってそれを支えている基盤的考え方を知悉すれば、より明瞭にその趣意を理解することができるであろう。次に書き写す以前の述作のなかの論考が、その基盤的考え方をも示している。

「大事な注意点がある。それは、こうである。《内閣総理大臣は、『内閣に代わって』法律案を国会に提出する》旨の定めを現行憲法のなかにおくという判断、あるいはその旨の定めが現行憲法のなかにあるという判断は、その定めとは別の根拠にもとづくならば《内閣は、法律案を作成して国会に提出する》となることを前提にしている。宮沢教授の上記コンメンタールは、『内閣総理大臣は、内閣を代表して議案を国会に提出し』と定める憲法七二条に関連して、『本条を根拠として、内閣が法律案提出権を有することを理由づけることはできない』と論じているが、この理は、憲法七二条の『内閣を代表して』を《内閣に代わって》の意に解する場合にも妥当するといっていいであろう。

いま大事な注意点としてのべたところに示唆されているように、美は《内的な調和》という実質的な事柄と関係している。その《内的な調和》の像は、右で用いた例の場合、どのような事情がある場合に描出可能となるか。《内閣総理大臣は、『内閣に代わって』法律案を国会に提出する》旨の定めを現行憲法のなかにおくという判断、あるいはその旨の定めがあるという判断が、その定めとは別の憲法上の根拠にもとづくならば《内閣は、法律案を作成して国会に提出する》となることの有意味な理解に支えられている場合に描出可能となる。

周知のように憲法七二条の『内閣総理大臣は、内閣を代表して議案を国会に提出』するという部分は、一九四六年二月二六日の閣議配布案では、『総理大臣ハ内閣ニ代リテ法律案ヲ提出』するとなっていた。いま仮に憲法七二条の当該部分は、《内閣総理大臣は、『内閣に代わって』『法律案』を国会に提出する》というふうに規定されているとしよう。このように規定されていても、むろん、《内閣は、法律案を作成して国会に提出する》ということは、憲法七二条とは別の憲法上の根拠にもとづいて呈示される必要があることは、上に指摘したとおりである。

それでは、いうところの別の憲法上の根拠は、どこに求められるべきか。それは、『内閣は、……一般行政事務……を行ふ』――《内閣は、……行政事務の全体的要務……をおこなう》――と定める憲法七三条柱書きに求められうるであろう。法律は、通常の場合、予算措置を必要とするその一事を考えても、《内閣は、法律案を作成して国会に提出する》ということが《内閣は、行政事務の全体的要務をおこなう》に当たることは、明らかであろう」。森田・前掲注（2）八三―八四頁。

(200) 森田・前掲注（2）八一頁。
なお、「組織ないし組織論を組み立てるにあたって、『主辞的名義』ないし『最終的な主辞的名義』という考え方が枢要な意義をもつ」旨、森田・前掲注（1）二一頁注三四、森田・前掲注（2）三七頁注三四。
更に、「最終的な主辞的名義」ということを概念の要素にすえて講学上の機関の概念を統一的に説明する試みについて参照、森田寛二「国家行政組織法と内閣府設置法（四・完）」自治研究七六巻一号（二〇〇〇年）一九―二七頁、森田・前掲注（2）六〇―七一頁、本書第一四章三。
(201) 森田・前掲注（2）八一―八二頁。
(202) 森田・前掲注（2）八七頁。
(203) 森田・前掲注（2）八八頁。更に参照、同・七九―八五頁。
(204) 参照、森田・前掲注（2）七九―八二頁。
(205) アリストテレース・ホラーティウス（松本仁助・岡道男：訳）『アリストテレース詩学・ホラーティウス詩論』

（一九九七年、岩波書店）一〇四頁。

なお、同著所収のホラーティウス（岡道男：訳）「詩論」中の deus ex machina に関する一節（同著二四一頁）を味読すれば、本書第一章の注（32）で言及した行政組織研究会の論文によって使用された「理神論」という《比喩》の《問題性の一つ》が感得されうるであろう。

ここに《一つ》というのは、行政組織研究会の論文（自治研究七六巻九号［二〇〇〇年］一九頁）が「理神論」という《比喩》の使用が不適当な「論」に対してその《比喩》を用いている点を指して、そういっているのであるが、この点などに対する具体的な論評は、別に機会をみておこないたいとおもう。

第一〇章　憲法第五章を織り成す《糸》

一　憲法六六条三項・七四条をも貫く

最初に確認しておく。憲法「第五章　内閣」の最初の規定は憲法六五条で、最後の規定は憲法七五条である。このことを改めて自覚した上で、左記の諸規定を通覧してみよう。

憲法六五条：「行政権は、内閣に属する」。

憲法六六条一項：「内閣は、法律の定めるところにより、その首長たる内閣総理大臣及びその他の国務大臣でこれを組織する」。

憲法六六条三項：「内閣は、行政権の行使について、国会に対し連帯して責任を負ふ」。

憲法七二条：「内閣総理大臣は、内閣を代表して議案を国会に提出し、一般国務及び外交関係について国会に報告し、並びに行政各部を指揮監督する」。

憲法七三条柱書き：「内閣は、他の一般行政事務の外、左の事務を行ふ」。

憲法七三条一号：「法律を誠実に執行し、国務を総理すること」。

憲法七四条：「法律及び政令には、すべて主任の国務大臣が署名し、内閣総理大臣が連署することを必要とする」。

これらの規定から反射した光線の影が胸に宿ったときの感じは、《糸》、憲法「第五章　内閣」を織り成す《糸》があるというものであった。

そう感じて、その感じは単なる《情》か、それとも《知》として公共のまなざしの下に差出すことが可能なものかを見極める探求を試みて試みて生まれたのが、以前の述作及び本書で差出した憲法「第五章　内閣」論である。

むろん、憲法「第五章　内閣」を織り成す《糸》は一本ではない。憲法六六条一項の「国務大臣」、憲法七二条の「一般国務」、憲法七三条一号の「国務」、そして憲法七二条の「主任の国務大臣」の間を連絡している一本の《糸》があり、それらが有機的連関のなかにあることは、既に明記した。――参照、前記第四章二。

一番太い《糸》、憲法「第五章　内閣」を織り成す一番太い《糸》が何であるかというと、いうまでもなかろう、「行政権」である。

月刊誌「自治研究」一九九九年一一月号に寄せた論文「国家行政組織法と内閣府設置法（二）」、そして二〇〇〇年公刊の著書『行政機関と内閣府』のなかで、憲法「第五章　内閣」の最初の規定である憲法六五条の「行政権」については《後方穴埋め方式》が採用されており、その《後方穴埋め》をしているのが憲法七三条であると論じ(206)、その上で、左のように説いた。

「憲法七三条柱書きは、憲法『第五章　内閣』の柱梁のなかの柱梁としての意義を有す……る。そして、この意義を肯定するということは、憲法六五条の『行政権』を《行政事務の全体的要務をする権》の意に、憲法六六条三項の『行政権の行使』を《行政事務の全体的要務をする権の行使》の意に、憲法七三条柱書きの『一般行政事務』を《行政事務の全体的要務》の意に理解することを意味するのである(207)」。

研究上の眼底におかれていい。右の論説の妥当性を判定するにあたっては、マッカーサー草案のなかの対応規定や英訳日本国憲法のなかの対応規定なども視界に入れる必要があることを。

関係する整理的叙述をしておこう。次のIとIIIは前記第一章で明らかにした点の簡略化・簡明化で、IIが本書初登場の記述である。

I　憲法六五条の「行政権」の部分

i　マ草案：the executive power

ii　英訳日本国憲法：executive power

Ⅱ　憲法六六条三項の「行政権の行使」の部分

ⅰ　マ草案：the exercise of the executive power

ⅱ　英訳日本国憲法：the exercise of executive power

Ⅲ　憲法七三条柱書きの「一般行政事務」の部分

ⅰ　マ草案：executive responsibilities

ⅱ　三月四日の三月二日案英訳：general affairs of government

ⅲ　三月五日整理英文：general administrative functions

ⅳ　英訳日本国憲法：general administrative functions

このような整理的叙述も、憲法「第五章　内閣」においては「内閣」は《行政事務の全体的要務（executive responsibilities）》という「一般」を、「行政各部」は各《行政事務（administrative responsibilities）》という「各般」を担当するという考え方がとられているとする私の判断に対し一つの支えを提供してくれるであろう。——executive が administrative との対比のなかで使用される術語としての役割を与えられていることについて参照、前記第一章**四**と第五章二。

本書初登場の記述は憲法六六条三項についてのものであるが、上述のように「内閣は、行政権の行使について、国会に対し連帯して責任を負ふ」と規定する同項の「行政権の行使」は、《行政事務の全体的要務（executive responsibilities）をする権の行使》をいう。

憲法六六条三項の《連帯責任》は、《行政事務の全体的要務（executive responsibilities）をする権の行使》についての《連帯責任》である。

そこから導かれるテーゼは、こうである。《連帯責任》について定める憲法六六条三項は、《（各般上の）行政事務（administrative responsibilities）》の《『行政……部』による遂行》には適用をみない。

したがって、《連帯責任》について定める憲法六六条三項は、《大臣を長とする『行政……部』の（各般上の）行政事務》の《『行政……部』による遂行》にも適用をみない。

傍証として、前記第一章**四**や第二章**二**などで言及した第一次試案（マ草案に先立つ第一次試案）中の以下の規定をあげておこう。「国務大臣が公務を能率的に処理することについては、最終の責任は国務大臣にある」[208]。

特筆に値する興味深い事実がある。「［昭和二十一年十一月］二十日ピーク博士から藤崎［萬里］連絡官に提示せられた総司令部の修正案」たる The Cabinet Law (Draft) が、憲法六六条三項について私と同様の理解をし、その上にたって定めをおいている。この事実である。――これについては、後記本章**四**で考究する。

先に呈示したテーゼ、憲法六六条三項に関する呈示テーゼの一つに、こうあった。《連帯責任》について定める憲法六六条三項は、《大臣を長とする『行政……部』の（各般上の）行政事務》の《『行政……部』による遂行》にも適用をみない。

このテーゼは、以下のようにも言い換え可能である。《連帯責任》について定める憲法六六条三項は、内閣法三条一項にいう「行政事務」の《『行政……部』による遂行》にも適用をみない。

というのは、前記第五章で詳しく論じたように、内閣法三条一項が「各大臣は、……主任の大臣として、行政事務を分担管理する」と規定するときの「行政事務」というのは、《大臣を長とする『行政……部』の（各般上の）行政事務》を指していたからである。

《連帯責任》について定める憲法六六条三項は、《大臣を長とする『行政……部』の（各般上の）行政事務》の《『行政……部』による遂行》、別言すると、内閣法三条一項にいう「行政事務」の《『行政……部』による遂行》には適用をみない。

実をいうと、あるいは意想外におもわれるかもしれないが、「法律及び政令には、すべて主任の国務大臣が署名し、内閣総理大臣が連署することを必要とする」と規定する憲法七四条は、そのことを前提にして（一定の角度から）定めをおいている。

いま意想外におもわれるかもしれないと書いたのは、内に問題をふくむ既存の憲法七四条論が広く広く受容されている現状を考慮してのことである。——参照、前記第三章及び第四章。

本題に返る。前記第四章**三**で詳論したように、「法律及び政令には、すべて主任の国務大臣が署名し、内閣総理大臣が連署することを必要とする」と規定する憲法七四条の目的は、《法律及び政令が規定している（各般上の）行政事務、しかも国務大臣を長とする『行政……部』の（各般上の）行政事務についてこれを管理する権限・責任のある国務大臣の存在について明確にする》という点にあった。

憲法七四条のこの目的は、《大臣を長とする『行政……部』の（各般上の）行政事務》の《『行政……部』による遂行》は憲法六六条三項の《連帯責任》の外にあるという仕組みを前提としてみれば、一つの有意味性を具備していることが知得されうるであろう。——また参照、後記本章**四**。

日本国憲法についての学問は、憲法六六条三項と憲法七四条のそのような連関性の解明を試み、明るく照明を当てることを怠ってきたのである。(209)

二 《連帯責任》と無任所の国務大臣

この**二**の前の**一**で、こう論じた。憲法七四条の目的は、《法律及び政令が規定している（各般上の）行政事務、しかも国務大臣を長とする『行政……部』の（各般上の）行政事務についてこれを管理する権限・責任のある国務大臣の存在について明確にする》ことにあり、同条のこの目的は、《大臣を長とする『行政……部』の（各般上の）行政事務》の《『行政……部』による遂行》は憲法六六条三項の《連帯責任》の外にあるという仕組みを前提としてみれば、一つの有意味性を具備している、と。

憲法六六条三項と憲法七四条との間に存在するそのような連関性が明るみの下に浮上してきたとき、ひとは、そこから何を感じ何を感得するであろうか。

外見においては（憲法六六条三項と憲法七四条との間の）境界線上のものとしての様相を呈する一つの問題が、茫漠としてであれ、感知されるのではあるまいか。

連関性を探る作業においても、輪郭の描出と描出の限界が意識される必要がある。当面の作業に関しては、憲法六六条一項が一つの限界を画する。

既述のような憲法六六条三項と憲法七四条との間の連関性の上に立脚して、そこに憲法六六条一項を自覚的に組み入れ、適切に位置づけると、明瞭にみえてくるものがあろう。

いま「憲法六六条一項を自覚的に組み入れ」云々と書いた。同項については、前記第二章で論及したが、その論及の過程で明確にした左の(1)(2)(3)などの指摘を思い出してみよう。

(1)《内閣の組織規定》たる憲法六六条一項――「内閣は、法律の定めるところにより、その首長たる内閣総理大臣及びその他の国務大臣でこれを組織する」――に対応する規定は、マ草案に先立つ第一次試案では、「内閣は、内閣総理大臣、国務大臣及び無任所大臣から成る」というふうになっていた。

(2)第一次試案のその規定にいう「国務大臣」概念は、憲法六六条一項にいう「国務大臣」の意味内容を考える上で逸することができないものである。

(3)「憲法六六条一項は、いわゆる無任所の国務大臣、すなわち、《内閣の統轄の下における『行政……部』の担当事務》を《分担管理》しない『国務大臣』の存在を否定する趣旨ではない」。

右で、憲法六六条一項との関連で無任所の国務大臣に言及した。無任所の国務大臣の存在を胸に蔵して、憲法六六条三項と憲法七四条との間の連関性について反省的に考えを練ってみよう。何がみえてくるであろうか。

外見においては（憲法六六条三項と憲法七四条との間の）境界線上のものとしての様相を呈する次のような問題が、明瞭にみえてくるであろう。

《無任所の国務大臣によるその担当事務の遂行》については、憲法六六条三項の《連帯責任》の規定は適用をみるであろうか。《無任所の国務大臣によるその担当事務の遂行》も、《大臣を長とする『行政……部』の（各般上の）行政事務》の《『行政……部』による遂行》と同じく、憲法六六条三項の《連帯責任》の外にあるのであろうか。

この問題に関する所見は、予定している議論との関係上、後記本章**四**でのべることとする。このことを明記して、この**二**を閉じたいとおもう。

三　内閣法の《連帯責任》規定の沿革

憲法六六条三項と同一の規定が、平成一一年法律八八号による改正の前の内閣法二条二項にある。いわく、「内閣は、行政権の行使について、国会に対し連帯して責任を負う」。

平成一一年法律八八号による改正の前の内閣法二条二項は、制定時と変わりがない。[210] こう記すと、あるいはひとは、質問するかもしれない。《連帯責任》の規定は、「[昭和二十一年十一月] 二十日ピーク博士から藤崎連絡官に提示せられた総司令部の修正案」たる The Cabinet Law (Draft) のなかにあったように推測されるが、実際そうなのか、と。

そのとおりである。あった。けれども、趣旨は異なる。The Cabinet Law (Draft) のなかの《連帯責任》の規定の趣旨は、上述の内閣法二条二項（《連帯責任》の規定）の趣旨と異なる。

最初に結論的なことをのべたが、両規定の趣旨が異なるという論定は、それぞれの規定の趣旨について解明がはかられているときに堅固な土台の上にたっているといいうるであろう。

この**三**では、上述の内閣法二条二項について沿革的考察をくわえ、それを通して、同項の趣旨を解明することとし、The Cabinet Law (Draft) のなかの《連帯責任》の規定の趣旨を論証・解明することは、次の**四**に委ねたいとおもう。

上述の内閣法二条二項――すなわち、平成一一年法律八八号による改正の前の内閣法二条二項――に関する沿革的考察をおこなって知られることの最初は、「[昭和21・]10・29 閣議」で閣議決定された「内閣法」までの案文においては、上述の内閣法二条二項の類いの規定はふくまれていないことである。

その結果として立ち現れてくる次なる考察課題は、こうである。上述の内閣法二条二項の類いの規定は、いつ法制局関係の案文のなかに入ったのであろうか。

『外務省記録』の「内閣法案等に関する件／昭和二一、一一、一四　終連、政、政」に左のような記述があることは、既に前記第七章二などでみたところである。

「本十四日……ピーク博士は藤崎連絡官に対し左の通り述べた。／……既に憲法に規定してゐることでも、あるひはこれを繰り返し、あるひはこれに肉付けすることが必要である」。

この「十四日」の指摘を受けて同日に作成された案文では、井手成三文書中の資料によれば、憲法六六条三項を単純に「繰り返し」たにすぎない左記の条項が、内閣法中の《内閣の組織規定》の直後に「第一条第二項」としておかれることになっていた。

ⅰ　「内閣は、行政権の行使について、国会に対し連帯して責任を負ふ」。

もっとも、井手文書の当該資料には手書きで「何ノ必要ガアルカ」と記入されており、憤懣がみてとれる。制定されるべき定めがⅰであれば、この憤懣も合点がいく。

翌一五日、その条項を「第一条第二項」として新設するなどとした「内閣法案修正（案）二一、一一、一五」を「当方の対案」として「用意」して「会談」に臨んだが、その際の「当方」発言は次のⅱのとおりである。――「内閣法関係会談要旨（第二回）／昭和二一、一一、一五　終連、政、政」による。

ⅱ　「当方より『当方修正案の中、第一条の第二項は単に憲法の規定（第六十六条第三項）の繰り返しに過ぎ……

［ない］から……条文の体裁上、若し差支へがなかつたら取り入れないことにしたい』と述べたところ、ピーク博士は……第一条第二項の削除については直ちに同意した」。

ここにみられるようにピークは、「第一条第二項の削除」に「同意した」。その結果、いったんは「内閣法案修正（案）二一、一一、一五」に盛り込まれていた「内閣は、行政権の行使について、国会に対し連帯して責任を負ふ」という条項はそこから除外されて、《憲法六六条三項の類いの規定を内閣法のなかに盛り込まないこと》が「ピークト打合ハセズミノモノ」となった。

事態は変わってくる。一一月一五日にピークは「第一条第二項の削除」に「同意した」が、「［十一月］二十日」に示されたThe Cabinet Law（Draft）には《連帯責任》の規定がふくまれていたからである。

しかも、The Cabinet Law（Draft）のなかの《連帯責任》の規定である「二条二項後段」は、「単に憲法の規定（第六十六条第三項）」を「繰り返」すにすぎないものではなかった。

次の**四**で明らかにするように、The Cabinet Law（Draft）の「二条二項後段」は、《無任所の国務大臣によるその担当事務の遂行》には憲法六六条三項の《連帯責任》の規定が適用をみることの顕出的な明確化を意図するものであった。

もっとも、The Cabinet Law（Draft）におけるその顕出的な明確化への志向の《基盤》にある考えは、法制局官僚においては胸中におかれていなかったようである。——参照、次の**四**（注（217）にも留意）。

井手文書中に「内閣法修正案（ピーク）に対する当方意見（昭和二一、一一、二二）」と題された資料がふくまれていることは、前記第七章**二**でのべたとおりであるが、その「当方意見」のなかに「［The Cabinet Law（Draft）の］第二条第二項後段ハ憲法第六十六条第三項ト同一表現トシ［《内閣の組織規定》の直後である］第一条第二項ヲ可トス」とある。そして「理由」として、「憲法第六十六条ニ於テモ第一項及ビ第三項トシテ同一条文中ニ規定シテヰル」と書かれている。

当該「当方意見」は「二十五日午後ピーク博士」に伝えられ、「憲法第六十六条第三項ト同一表現」とすることで決着をみた。――「内閣法関係会談要旨（第四回）／昭和二一、一一、二六／終連、政、政」の記述にもとづく。

iii　「憲法第六十六条第三項ト同一表現」。

以上から判然明白になることは、こうである。総司令部の側は、「憲法第六十六条第三項ト同一表現」とすることで満足し、《無任所の国務大臣によるその担当事務の遂行》に憲法六六条三項の《連帯責任》の規定が適用をみることの顕出的な明確化を強く要求しなかった。

四　憲法六六条三項の趣旨からの帰結

The Cabinet Law（Draft）のなかの《連帯責任》の規定――collectively responsible 規定――である「二条二項後段」の趣旨を論証・解明すべく、思考を進めていこう。

最初に、その規定をふくむ「項」の前の「項」である The Cabinet Law（Draft）の「二条一項」の方について一言のべておくと、前記第五章**二**で研究したように、それは《分担管理》規定である。丁寧にいうと、こうである。The Cabinet Law（Draft）の「二条一項」は、「各大臣は、……主任の大臣として、行政事務を分担管理する」と定める内閣法三条一項に対応する規定で、《大臣を長とする『行政……部』の（各般上の）行政事務》についての《分担管理》規定である。

このことを明言した上で、当の「二条二項」――「二条二項前段」と「二条二項後段」――を紹介したいとおもう。

「二条二項」：The provision of the preceding paragraph does not, however, preclude the existence of Ministers who have no specific share of administrative affairs to manage. The Ministers in the discharge of their function shall be collectively responsible to the Diet.

この「二条二項」は、「前段」と「後段」からなっている。「前段」は、《無任所の国務大臣の存在許容》規定である。

「後段」――「二条二項後段」――は、「前段」に係る《連帯責任》の規定、すなわち、無任所の国務大臣の「事務」に係る《連帯責任》の規定である。

強い思い起こしを願おう。前記第五章**二**における記述から明白なように、右の「二条二項」に先行する「二条一項」の方には、《連帯責任》の規定である「二条二項後段」に対応する定めはない。

繰り返していう。《大臣を長とする『行政……部』の（各般上の）行政事務》についての《分担管理》規定である「二条一項」の方には、《連帯責任》の規定はない。

何故であろうか。「二条一項」は《大臣を長とする『行政……部』の（各般上の）行政事務》についての《分担管理》規定であることを頭において、考えてみよう。何が知見として脳裡に現れてくるであろうか。次の知見であろう。――参照、前記本章**一**。

The Cabinet Law (Draft) は、《大臣を長とする『行政……部』の（各般上の）行政事務》の《『行政……部』による遂行》には憲法六六条三項の《連帯責任》の規定は適用をみないという立場の上にたっているために、《大臣を長とする『行政……部』の（各般上の）行政事務》についての《分担管理》規定である「二条一項」の方には、《連帯責任》の規定を設けなかった。

再び《連帯責任》の規定である The Cabinet Law (Draft) の「二条二項後段」に立ち返って、最初にその定めを再現しておくと、こうである。The Ministers in the discharge of their function shall be collectively responsible to the Diet.

文型の類似性に着目されていいであろう、《連帯責任》の規定である英訳日本国憲法六六条三項との間の文型の類似性に。

《比較対照的な見地》の上に立脚した考究に見通しを提供するために、その英訳日本国憲法六六条三項も書き写しておこう。The Cabinet, in the exercise of executive power, shall be collectively responsible to the Diet.

対応規定は、マ草案では、その六一条二項にある。英訳日本国憲法六六条三項と内容において同一で[211]、以下のとおりである。In the exercise of the executive power, the Cabinet is collectively responsible to the Diet.

マ草案六一条二項（そして、英訳日本国憲法六六条三項）は collectively responsible ということを、すなわち《内閣の構成員が連帯して責任を負うということ[212]》をコアとしている定めで、次のように翻訳するのが妥当である。――理由は注記する[213]。

《内閣の executive power の行使は、その構成員が連帯して国会に対し責任を負う》。

あるいは、こう訳出されていい。《内閣の executive power の行使についての国会に対する責任は、（内閣の構成員の）連帯責任とする》。

このように論じてくれれば、The Cabinet Law (Draft) の「二条二項後段」の訳文は明らかであろう。左のように翻訳するのが妥当である。

「この場合における大臣〔無任所の国務大臣〕の事務の遂行は、構成員〔内閣の構成員〕が連帯して国会に対し責任を負う」。

あるいは、こう訳出されていい。「この場合における大臣〔無任所の国務大臣〕の事務の遂行についての国会に対する責任は、（内閣の構成員の）連帯責任とする」。

読者の注意を喚起したいとおもう。The Cabinet Law (Draft) の「二条二項後段」をもってマ草案六一条二項の政府における[214]（そして、その後の学問における）[215]翻訳に倣って訳出すると、奇妙なものとなることに[216]。

マ草案六一条二項も、The Cabinet Law (Draft) の「二条二項後段」も、右に指摘したように翻訳（趣意理解）

するのが妥当である。

かくして、The Cabinet Law（Draft）のなかの《連帯責任》の規定がどのようなものであるかは明瞭になったとおもうが、そこにみられる考え方に探究の焦点を合わせてみよう。

その点に探究の焦点を合わせることは、前記本章二の「《連帯責任》と無任所の国務大臣」という題目の方へ研究の照準を決めることを意味するが、研究の成果を読者の前に披瀝すれば、次のとおりである。

無任所の国務大臣は、閣議に原案を提出するために内閣に設けられた、内閣の構成員からなる小委員会と類似の地位・性格を有するといっていいであろう。

そして、内閣に設けられたその種の小委員会の「事務」は、《行政事務の全体的要務（executive responsibilities）》の枠内のものであることを要するであろう。

内閣に設けられたその種の小委員会によるその「事務の遂行」については、《内閣の executive power の行使は、その構成員が連帯して国会に対し責任を負う》旨の定めであると解される憲法六六条三項が適用をみるのである。

ここに記したところから知得されうるように、無任所の国務大臣の「事務」も、《行政事務の全体的要務（executive responsibilities）》の枠内のものであることを要する。

無任所の国務大臣によるその「事務の遂行」については、憲法六六条三項の《連帯責任》の規定が適用をみるのである。

要するに、こういうことである。The Cabinet Law（Draft）のなかの《連帯責任》の規定は、《無任所の国務大臣によるその担当事務の遂行》には憲法六六条三項の《連帯責任》の規定が適用をみることの顕出的な明確化を意図するものである。

そして、その顕出的な明確化への志向は、《大臣を長とする『行政……部』の（各般上の）行政事務》の《『行政……部』による遂行》には憲法六六条三項の《連帯責任》の規定は適用をみないという考え方をその《基盤》に、つまるところ、executive responsibilities（→ the exercise of the executive power = the exercise of the general administrative power）は administrative responsibilities（→ the exercise of the administrative power）との対比のなかで使用される術語としての役割を与えられているものであるという把握をその《基盤》にもっている。[217]

これに対し、上述の（平成一一年法律八八号による改正の前の）内閣法二条二項は、憲法六六条三項と同じく、「内閣は、行政権の行使について、国会に対し連帯して責任を負う」と規定している。

そして、この規定に先立つ（平成一一年法律八八号による改正の前の）内閣法二条一項は《内閣の組織規定》で、「内閣は、首長たる内閣総理大臣及び二十人以内の国務大臣を以て、これを組織する」と定めているから、上述の内閣法二条二項は、「単に憲法の規定（第六十六条第三項）」を「繰り返」すにすぎないものということになる。

結論。The Cabinet Law（Draft）のなかの《連帯責任》の規定の趣旨と上述の内閣法二条二項の趣旨は、異なる。

五　憲法六六条一項・二項・三項など

上で論じたようにマ草案六一条二項は、《内閣の executive power の行使は、その構成員が連帯して国会に対し責任を負う》と、あるいは《内閣の executive power の行使についての国会に対する責任は、（内閣の構成員の）連帯責任とする》と翻訳（趣意理解）するのが妥当である。

この翻訳（趣意理解）の妥当性は、マ草案六一条一項が《内閣の組織規定》であり、《内閣の構成員という視角が底流的な基礎となっている規定》であることからも確認されうるであろう。

そのマ草案六一条は二つの「項」からなっているが、同条一項も二項も、《内閣の構成員という視角が底流的な基礎となっている規定》としての性格を有するのである。

いま言及したマ草案六一条に対応するのが憲法六六条であり、この憲法六六条は三つの「項」からなっているが、その三つの「項」にも、共通する性格が認められる。

Ⅰ　憲法六六条一項は、《内閣の組織規定》である。

Ⅱ　憲法六六条二項――「内閣総理大臣その他の国務大臣は、文民でなければならない」――は、《内閣の構成員の資格規定》である。

Ⅲ　憲法六六条三項は「内閣は、行政権の行使について、国会に対し連帯して責任を負ふ」と定めて「連帯して」といっているから、同項は《内閣の構成員は、内閣の行政権の行使について、国会に対し連帯して責任を負う》旨の規定であると理解することができる[218]。

ここにみられるように憲法六六条一項も二項も三項も、《内閣の構成員という視角が底流的な基礎となっている規定》としての性格を有する。

＊　＊

一九九九年秋に主要部分を公にした論文「国家行政組織法と内閣府設置法（一）（二）（三）（四・完）」及び二〇〇〇年秋に公刊の著書『行政機関と内閣府』で私は、憲法六五条、六六条一項、同条三項、七二条及び七三条について解明的な論考を呈示した。

そして、大方を二〇〇一年に発表した論文「憲法『第五章　内閣』中の規定などに違反する行政改革（一）（二）（三）（四）（五）（六）（七）（八）（九）（一〇・完）」及び本書では、右に掲記した諸規定について補強的・補足的な議論を展開するとともに、更に憲法六六条二項及び七四条について探究的な考察をおこなった。

憲法「第五章　内閣」中のそれらの規定について吟味的な追究を試みて試みて到達した私の味得的な判断は、もはや明らかであろう。基本的に、次のようにいいうる。

《憲法六五条、六六条、七二条、七三条、そして七四条は、よく練られた、よく考えられた規定である》。

本章の末語。かの相対性理論を建立したひとの言葉に、「すでに到達された知識の光を用いれば、この幸運な成果もほとんど自明のことであるかのように見えます。そして賢明な学生の誰でもがそれをあまり骨を折ることなしに理解することでしょう。しかしながら、あの予感に充ちた年余にわたる暗黒中の模索、それに伴う張りつめた希求、自信と失意の交錯、そして光明への最終的な突破、といったことは、それを体験したことのある人のみの知るところなのであります(219)」。――「明晰なる理解への熱情的な奮闘努力ということなしに、科学的方法それ自体だけでは、いかなる地点にも到達することはなかったでしょう(220)」。

(206)　森田・前掲注（1）一八一一九頁、森田・前掲注（2）三四―三五頁。

(207)　森田・前掲注（1）一九頁、森田・前掲注（2）三五頁。

(208)　第一次試案中のこの規定の位置にも注意されたい。参照、本書第一章**四**。
更に、本書第二章**二**における論述、すなわちマ草案・第二次試案・第一次試案にいう「国務大臣」に関する究明的論述が思い出されていいであろう。

(209)　本書第一章の注（32）で言及した行政組織研究会の論文も、本文でのべた点の解明的試みを怠っている。

(210)　平成一一年法律八八号による改正の前の内閣法の本則について参照、森田・前掲注（2）資料編Ⅲ。制定時の内閣法について参照、森田・前掲注（2）資料編Ⅳ。

(211)　マ草案六一条二項と英訳日本国憲法六六条三項との間における文の形式には、一方はshallを用いているものの、他方はそのshallを用いていないという違いなどがある。
参考までに、ここで、collectively responsibile規定に関し沿革的な考察をおこなっておく。
ｉ　第一次試案：In the exercise of its power [the executive power] the Cabinet shall be collectively and directly responsible only to the legislature and indirectly through the legislature to the people.――犬丸・前掲注（19）九〇頁における原文書の写真にもとづく。

ii　第二次試案：In the exercise of the executive power, the Cabinet is collectively responsible to the Diet. ——高柳・大友・田中・前掲注（24）一七八頁における原文の記録にもとづく。

iii　マ草案：右の第二次試案に同じ。

iv　外務省仮訳・閣議配布案：「内閣ハ行政権ノ執行ニ当リ国会ニ対シ集団的ニ責任ヲ負フ」。——佐藤・前掲注（5）一八―二〇頁、三三三頁（三九頁）。

v　三月二日案：「内閣ハ行政権ノ行使ニ付国会ニ対シ連帯シテ其ノ責ニ任ズ」。——佐藤・前掲注（5）九三頁（一〇〇頁）。

vi　三月四日の三月二日案英訳：The Cabinet, in the exercise of executive power, is jointly responsible to the Diet. ——笹川・布田・前掲注（12）八三頁。

vii　三月五日整理英文：The Cabinet, in the exercise of executive power, shall be collectively responsible to the Diet.

viii　三月六日公表の憲法改正草案要綱：「内閣ハ行政権ノ行使ニ付国会ニ対シ連帯シテ其ノ責ニ任ズルコト」。

ix　四月一三日案：「内閣は、行政権の行使について、国会に対し連帯して責任を負ふ」。——佐藤・前掲注（5）三三六頁（三四三頁）。

x　英訳日本国憲法：The Cabinet, in the exercise of executive power, shall be collectively responsible to the Diet.

（212）　マ草案六一条二項が collectively responsible というときの collectively については、all members とか every member ということがその意味の構成要素を形成していることが心に刻印されていい。左記をみられたい。

ＯＡＬＤ（6th ed.）p.233.【collective】：**1** done or shared by all members of a group of people; ……

ＬＥＤ p.193.【collective】：that belongs to all the members of a group.

ＣＯＢＵＩＬＤ（third ed.）p.285.【collective】：**1** Collective actions, situations, or feelings involve or are shared by every member of a group of people. ……

関連して、マ草案六三条一項には collectively resign とあって、resign についても collectively が使われていたものの、「総辞職ヲ為ス」という三月二日案の三月四日英訳はこれを resign en masse と表記して（collectively を排して）en masse という英語を使用し、以後、この en masse が用いられたことをのべておく。――参照、笹川・布田・前掲注（12）八四頁、英訳日本国憲法六九条・七〇条。

ＣＯＢＵＩＬＤ(third ed.) p.510.【en masse】: If a group of people do something en masse, they do it all together and at the same time.

件の collectively resign の collectively で言表しようとした本来の事柄は、ＣＯＢＵＩＬＤの右の記述にあるようなこと、すなわち、all together and at the same time にあったとみていいであろう。―― resign の意味について参照、後出の注（216）。

適切なのは resign en masse であって、collectively resign ではなかった。このことは、上に明記した【collective】の語義説明を視界に入れて、《比較対照的な見地》の上にたった考察をおこなえば、知得されうるであろう。強く注目されていい。適切な英語になったのが三月二日案の三月四日英訳の段階であることに。――また参照、本書第一章三（注（12）にも留意）、第三章三（注（74）にも留意）。

(213)　理由は、端的にのべれば、次のようになる。

件の英文（マ草案六一条二項）が the Cabinet is ……というときの the Cabinet は、その英文の文主（この意味の主語）であっても、その英文中の responsible の主辞（この意味の主語）としての性質をも備えた文主ではない。

右に端的にのべた理由に支えを提供している主要な事柄をあげれば、左記Ⅰ Ⅱのとおりである。

Ⅰ　The Cabinet consists of a Prime Minister, who is its head, and such other Ministers of State as may be authorized by the Diet. と定めるマ草案六一条一項は、the Cabinet の用語方（《合議体》としての the Cabinet）についても規定しており、しかもその the Cabinet は「固有名」に準じた地位をもつ「確定記述」としての性格を有している。――ここにいう「固有名」「確定記述」について参照、本書第一五章三。

要するに、こうである。件の英文（マ草案六一条二項）にいう the Cabinet は、マ草案六一条一項にふくまれている the Cabinet の用語方（《合議体》としての the Cabinet）を前提にしている。

Ⅱ　本注の前の注（212）で明記したように、マ草案六一条二項が collectively responsible というときの collectively

は、all members とか every member ということがその意味の構成要素を形成している。

要するに、こうである。件の英文（マ草案六一条二項）にいう responsible の主辞は、all members である。右のⅠⅡのほか、更に付加的根拠をあげることができるが、そのうちのいくつかは、本文の後述箇所でのべられるであろう。

(214) 前出の注（211）を参照。

(215) たとえば高柳・大友・田中・前掲注（24）二六七頁（二八九頁）は、「内閣は、行政権の行使について、国会に対して連帯して責任を負う」と翻訳している。

(216) マ草案の翻訳について少し味読的な所見をのべておきたいとおもう。

たとえばマ草案四七条には The Diet shall convene at least once in every year. とあるが、外務省仮訳・閣議配布案はこれを「国会ハ少クトモ毎年一回之ヲ召集スヘシ」と訳出し、その convene を「召集ス」と翻訳している。――参照、佐藤・前掲注（5）一八―二〇頁、三三頁（三八頁）。不思議な翻訳である。明白に vi. の convene（開会する）であるものを vt. の convene（召集する）であるようにみて訳出しているから、不思議なのである。

このことを頭において、同じ convene の語が出てくるマ草案六三条一項（…… upon the convening of a new Diet ……）の翻訳をみてみよう。そこに出てくる convene も外務省仮訳・閣議配布案によれば「召集ス」であるが、これにも同様の感をもつ。

第一に、天皇の国事行為に関する定めであるマ草案六条二号の Convoke sessions of the Diet（国会が開かれるための召集をすること）について、外務省仮訳・閣議配布案はこれを「国会ヲ召集ス」と訳出し、その convoke を「召集ス」と翻訳しているのに、そのこととの《兼ね合い》がまったくはかられていない。――外務省仮訳・閣議配布案について参照、佐藤・前掲注（5）一八―二〇頁、三三頁（三四頁）。

第二に、明治憲法七条が《召集する》と《(議会が）開会する》との違いの上にたって定めをおいていたことは知悉されていた筈で、マ草案におけるその convoke と convene の使い分けは一方で《召集する》を、他方で《(国会が）開会する》を言述するためのものであるという判断は十分に樹立可能であったと考えられる。

第三に、本書第七章の注（167）で言及した『袖珍コンサイス英和辞典』をみると、【convoke】に「vt. 召集ス」と、【convene】に「vt. 集ム、召集ス、召喚ス。vi. 集マル」とあり、ここからみて、convene に手元の英和辞典（小西・前掲注（166）三六七頁）に書いてある vi. の「(会が）開かれる」の意（→《開会する》）があることは知識としてもっていたと推定されうる。

付記。ＯＡＬＤ（6th ed.）p.271.【convene】：…… to come together for a formal meeting: The committee will convene at 11.30 next Thursday.

不思議な翻訳と私が感じたことの背景に横たわっていて、そう感じさせる源にあった《知》の基本を意識の上にのぼして記せば、以上のようになる。

くわえて、視野に入れられたい。詳論は別の機会にゆずるが、マ草案がその四七条及び六三条一項で convene といい、その五七条後段で convoke といっていること（そして、その六条二号及び四八条で sessions といっていること）には理由が認められ、よく考えられた使い方がされていることを。

《事の本途》に即した使い分け的な翻訳・規定づくりは外務省仮訳・閣議配布案では採択されず、convene はこれを放逐して、そこに convoke を代入する式の訳出がされ、この線で日本国憲法は成立した。——参照、憲法五二条及び七〇条。

参考までに、ここで、高柳・大友・田中・前掲注（24）二六七頁（二七一頁、二八五頁、二八九頁）の訳出をみてみよう。

「六条二号」:「国会を召集すること」。
「四七条」:「国会は、少なくとも年一回集会する」。
「六三条一項」:「…… [総選挙後] 新しい国会が召集されたときは……」（[ ] は原文）。

この訳出も疑問である。適切と考える翻訳を記そう。左記が、それである。

「六条二号」:「国会が開かれるための召集をすること」。
「四七条」:「国会は、毎年一回以上、開会しなければならない」。
「六三条一項」:「……議員総選挙があった後における最初の国会が開会した場合には……」。

話題を変えて、マ草案六三条一項にみられる The Cabinet shall collectively resign.（なお、前出の注（212）を参照）とか、あるいはたとえば She resigned from the Government. とかの類いの英文にいう resign の意味について、探究的観察の成果の一端を読者の前に差出しておきたいとおもう。

最初に確認しておく。その類いの英文にいう resign について、今日までの各種の英和辞典は、いずれも「辞職する」の意のみを記している。

その結果であろうか、マ草案六三条一項のなかの上記英文は、佐藤・前掲注（5）一八―二〇頁、三三頁（三九頁）をみれば知られるように外務省仮訳・閣議配布案では、「内閣ハ総辞職ヲ為スヘシ」と、高柳・大友・田中・前掲注（24）二六七頁（二八九頁）では、「内閣は総辞職する」と訳されている。

けれども、その類いの英文にいう resign には「辞職することを告げる」の意もある。たとえばＯＡＬＤ（6th ed.）、ＬＥＤ、ＣＯＢＵＩＬＤ（third ed.）などにおいては、その類いの英文にいう resign について「辞職する」の意味は記されておらず、「辞職することを告げる」の意味のみが掲記されている。

私は、上記英文の類いにいう resign の《中心的な意味》は《辞職の途を選ぶ》であると観察している。

そのように考えると、納得がいくであろう。resign に「辞職する」的用い方と「辞職することを告げる」的用い方とがあることに。――《辞職の途を選ぶ》の《第一段の、しかも爾後を方向づける力をもつ行為》は「辞職することを告げる」であり、《辞職の途を選ぶ》の《ゴール》は「辞職する」である。

ここに簡略に示した resign 論の詳細、そして、その上に立脚したマ草案などの内容解明などについては、別に機会をみて披瀝したいとおもう。

（217） 繰り返し明証してきたように、日本国憲法についての学問は、executive responsibilities が administrative responsibilities との対比のなかで使用される術語としての役割を与えられているものであるという把握を欠いてきた。

本書第三章三や第五章七で論及した「内閣法覚書」――「[昭和二十一・]十一・六」付けで佐藤達夫法制局次長が記した「内閣法覚書」――も、同様に右の把握を欠いている。

その結果であろう、「内閣法覚書」には、たとえば「内閣は各省部内の失敗については国会に対し連帯して責任を負ふ」との見解が書かれている。

(218)　関連して参照、前出の注(212)及び注(213)。

(219)　アインシュタイン（湯川秀樹：監修、井上健・中村誠太郎：訳編）『アインシュタイン選集3』（一九七二年、共立出版）三四六頁。

(220)　アインシュタイン・前掲注(219)三六三頁。

第一一章　再び内閣法一二条四項をみて

一　注視に値するその「機関」概念

内閣法一二条は、その一項で「内閣に、内閣官房を置く」と、その四項で「内閣官房の外、内閣に、別に法律の定めるところにより、必要な機関を置き、内閣の事務を助けしめることができる」と規定している。

一見、平凡な定めであるが、大いなる注視に値するものがそこには認められる。それは内閣法一二条四項の「機関」概念である。その「機関」は《講学上の機関》を指してはいない。

国家行政組織法の「行政機関」概念や「機関」概念には強い関心がもたれてきたが、内閣法一二条四項の「機関」概念には関心が向けられてこなかった。けれども、そこに興味を抱いて探究の途を歩んでいくと、重要な事実が明るみの下に浮上してくるであろう。

予め注意を喚起しておく。内閣法は「昭和二十二年法律第五号」をもって、国家行政組織法は「昭和二十三年法律第百二十号」をもって公布された法律である。

本題の話題に戻っていう。上述したように、内閣法一二条四項は「必要な機関を置き」と定めて「機関」といっているが、同項のこの「機関」が《講学上の機関》を指していると解することはできないであろう。

というのは、その内閣法一二条四項には「内閣官房の外、……必要な機関を置き」と規定されていて「内閣官房」の「外《ほか》」と、すなわち、《講学上の機関》としての性格を有しない(221)「内閣官房」の「外《ほか》」とあるからである。

そこから理解されるように内閣法一二条は、「内閣官房」などの《組織体》を構図の前面に位させて定めをおき、しかもその《組織体》を「機関」と形容している。

そこで考察をする必要が起こってくる問題は、いつからそのようになったかである。この問題との関連で、言葉をかえていうと、内閣法一二条における規定の仕方との関連で思い起こされていいのは、前記第五章**五**で引用した「二一、一〇、一二 曰」の「内閣法案」「第七条」である。左記がそれである。

「第七条 内閣官房長、(内閣) 法制局長官その他内閣を助けるものについては、政令を以てこれを定める」。

右の「内閣法案」「第七条」では、「内閣官房長」などの《組織体の長》――これは、《講学上の機関》の性格を有する――を構図の前面に出して定めがおかれている。

これに対し、上述のように内閣法一二条は、その一項で「内閣に、内閣官房を置く」と規定し、そして同条の最後の定めであるその四項で「内閣官房の外、内閣に、別に法律の定めるところにより、必要な機関を置き、内閣の事務を助けしめることができる」と規定していることから明らかなように、「内閣官房長官」などの《組織体の長》を構図の前面に出すことはこれをしないで、却って「内閣官房」などの《組織体》を構図の前面に位させて定めをおき、しかもその《組織体》を「機関」と形容している。

制定時はどうであったかというと、制定時においても、「内閣官房」などの《組織体》を構図の前面に位させて定めをおき、しかもその《組織体》を「機関」と形容している。次に引用するところをみられたい。

制定時の内閣法一二条：「【一項】内閣に、内閣官房及び法制局を置く。［中略＝二項から五項まで省略］【六項】内閣官房及び法制局の外、内閣に、別に法律の定めるところにより、必要な機関を置き、内閣の事務を助けしめることができる」。(222)

ところが、前述したように「二一、一〇、一二 曰」の「内閣法案」「第七条」では、「内閣官房長」などの《組織体の長》を構図の前面に出して定めがおかれている。

緻密な観察的解明を、すなわち、内閣法の《立案過程のいつの時点から》法制局関係の案文は内閣法一二条のような規定の仕方をするようになったかについて緻密な観察的解明をする必要があろう。

次の**二**で、その観察的解明を試みたいとおもう。

二　「二一、一〇、一七」が分岐点

1　前記第五章で私は、《昭和二一年一〇月半ば》に総司令部の側から一定の具体的な《指針》が呈示され、その呈示された《指針》を査定し参考にしながら作成し直されたのが、「二一、一〇、一七（法）」の「内閣法案」であるまいかとの推測を語った。

実をいうと、法制局関係の案文が内閣法一二条の類いの規定において「内閣官房」などの《組織体》を構図の前面に位させて定めをおいたのは、その「二一、一〇、一七（法）」の「内閣法案」が最初である。

このことは、強く記憶にとどめられていい事柄であろう。左記のⅠないしⅩは、前記第五章で論及した資料などであるが、そのうちのⅤが、その「二一、一〇、一七（法）」の「内閣法案」における当該規定である。Ⅴでは、そして時間的にその後のⅥ以下のものでは、「内閣官房」などの《組織体》を構図の前面に位させて定めがおかれている。

それでは、時間的にⅤに先行するものでは、どうであったであろうか。Ⅲは内閣法一二条の類いの規定をふくんでいないものの、その種の規定をふくんでいるⅠ、Ⅱ及びⅣでは、《組織体》ではなくて、「内閣書記官長」などの《組織体の長》を構図の前面に出して定めがおかれている。

Ⅰ　臨時法制調査会「［昭和二一年］八月一〇日の小委員会」の「内閣法案要綱試案」

「八　内閣に内閣書記官長、法制局長官その他政令を以て定める必要な機構を設けること。なお法制局のごとき機構を拡充し且つ学識経験の豊かな人材を参加せしめて、法制、予算、重要な企画、人事行政の統轄、行政監査等を所掌せしめ、内閣の機能発揮に遺憾なからしめることを考慮すること

政務官を内閣に所属せしめ、必要に応じて各庁の事務に当たらしめることを考慮すること」[223]（この引用節のなかの「統轄」の意味については、注記する[224]）。

Ⅱ　臨時法制調査会「第一部会」「昭和二一、八、一六」「決定」の「内閣法案要綱試案」

Ⅲ　「八　内閣に内閣書記官長、法制局長官その他政令を以て定める必要な機構を設けること。」

「二一、九、一〇　臼」の「内閣法案」

内閣法一二条の類いの規定は、ふくまれていない。(225)

Ⅳ　「二一、一〇、一二　臼」の「内閣法案」
「第七条　内閣官房長、（内閣）法制局長官その他内閣を助けるものについては、政令を以てこれを定める。」

Ⅴ　「二一、一〇、一七（法）」の「内閣法案」
「第六条　内閣に、内閣官房及び法制局を置く。
第七条　内閣官房は、内閣総理大臣の指揮監督を受け、閣議提出案件の整理その他内閣の庶務一般を掌る。
内閣官房に、官房長、官房次長、内閣事務官及び政令の定める所要の職員を置く。
第八条　法制局は、法律案及び政令案の審議立案その他政令の定める法制に関する事項を掌る。
法制局に、長官、次長、事務官及び政令の定める所要の職員を置く。
第九条　前二条の外内閣官房及び法制局に関し必要な事項は政令でこれを定める。」

Ⅵ　「二一、一〇、二一（佐）」の「内閣法（案）」

「第九条　内閣に、内閣官房及び法制局を置く。

内閣官房は、内閣総理大臣の指揮監督を受け、閣議提出案件の整理その他内閣の庶務一般を掌る。

法制局は、法律案、政令案及び条約案の審議又は立案その他政令の定める法制に関することを掌る。

前二項の外、内閣は、政令の定めるところにより、内閣官房及び法制局をして内閣の事務を助けしめることができる。

内閣官房及び法制局の組織については、行政官庁法の定めるところによる。」

Ⅶ　答申内容について「決」がとられた臨時法制調査会第三回総会に「昭和二十一年十月二十二日」提出され

た「内閣法案要綱（案）」、そして、「昭和二十一年十月二十六日」に「こゝに答申」するとされた臨時法制調査会「内閣法案要綱」

「八、内閣に内閣官房、法制局その他政令を以て定める必要な機構を設けること。」(226)

Ⅷ　「二一、一〇、二六　次長部長会議」提出の「内閣法（案）」

「第七条　内閣に、官房及び法制局を置く。

官房は、内閣の庶務を掌る。

法制局は、法律案、政令案及び条約案の審査又は起草を掌る。

前二項の外、官房及び法制局は、政令の定めるところにより、内閣の事務を助ける。

内閣官房［『内閣官房』は『官房』の誤記であろう］及び法制局の組織については、別にこれを定める。」

Ⅸ　「二一、一〇、二六　次長部長会議」の結果としての「内閣法」

「第八条　内閣に、官房及び法制局を置く。

官房は、内閣の庶務を掌る。

法制局は、法律案、政令案及び条約案の審査又は起草を掌る。

前二項の外、官房及び法制局は、政令の定めるところにより、内閣の事務を助ける。

内閣官房［『内閣官房』は『官房』の誤記であろう］及び法制局の組織については、別に法律によってこれを定める。」

Ⅹ　「［昭和21-］10-29　閣議」で閣議決定された「内閣法」

「第八条　内閣に、内閣官房及び法制局を置く。

内閣官房は、閣議事項の整理その他内閣の庶務を掌る。

法制局は、法律案、政令案及び条約案の審議立案その他法制一般に関することを掌る。

前二項の外、内閣官房及び法制局は、政令の定めるところにより、内閣の事務を助ける。
内閣官房及び法制局の組織は、別に法律の定めるところによる。」

右記のⅠからⅩまでの資料から、何が観取されうるであろうか。本章の論究目的との関連で一番重要なことを示せば、次のとおりである。

法制局関係の案文においては、Ⅴの「二一、一〇、一七（法）」の「内閣法案」で初めて、「内閣官房」などの《組織体》を構図の前面に位させて内閣法一二条の類いの規定がおかれた。

「二一、一〇、一七（法）」の「内閣法案」には、それ以前の案文に見られない顕著な特徴、《それ以前の案文との間に連続線を引くことが不可能なような特徴》が認められるのである。《日本側の知に由来しないものを感じさせる》。――また参照、前記第五章**三**ないし**六**。

そして、付言しておく。内閣法一二条が、「内閣官房長官」などの《組織体の長》を構図の前面に出して定めをおく見地を排して、「内閣官房」などの《組織体》を構図の前面に位させて定めをおく見地を採用したことは、理にかなっている。このことは、後記第一三章の論説から知られるであろう。

2　この**2**の前の**1**で掲記したⅠからⅩまでの資料をみて観取されうることは、他にもある。本章の注(226)で指摘した点も、その一例である。

本章の論究目的との関連において重要なのは、何といっても、以下の点である。内閣法一二条四項が用いている「機関」という言葉は、ⅠからⅩまでの資料にはみられない。

前記本章**一**でのべたように、制定時において既に内閣法一二条は、「内閣官房」などの《組織体》を構図の前面に位させて定めをおき、しかもその《組織体》を「機関」と形容していた。しかし、ⅠからⅩまでの資料には「機関」という言葉は出てこないのである。

のみならず、注意を向けられたい。制定時の内閣法一二条六項――「内閣官房及び法制局の外、内閣に、別に法律の定めるところにより、必要な機関を置き、内閣の事務を助けしめることができる」――の類いの規定は、例のV以降、すなわち「二一、一〇、一七（法）」の「内閣法案」以降においては、臨時法制調査会の「答申」に係るⅦを除けば、法制局関係の案文にはふくまれていない。

この点で逸することができないのは、『外務省記録』の「内閣法案等に関する件／昭和二一、一一、一四　終連、政、政」である。そこに次のようにある。

「本十四日……ピーク博士は……内閣法案第八条は……『法律の定めるところにより、官房、法制局及びその他必要な部局を置く』……といふ趣旨に改めること（内閣の下部機構は官房と法制局だけに限るべきではない）〔と述べた〕」。

付記。右の引用節では、「〔内閣に置かれる〕官房、法制局」などを指して「内閣の下部機構」といっているのであって、各省などを指して「内閣の下部機構」といっているのではない。また、前記第六章二で論及した「〔昭和二十一年十一月〕二十日」の The Cabinet Law (Draft) の「九条一項」からみて、右の引用節に出てくる「その他必要な部局」の「部局」に当たる英語は agency であったと推測される。

本題に返っていう。「十四日」の右記指摘の結末は、どうであったろうか。その「十四日」には、「第八条第六項」として左のような規定が作成されたのである。

i　「前五項の外、内閣に別に法律の定めるところにより必要な部局を置き、内閣の事務を助けしめる」。みられるように「必要な部局を置き」とあって、「必要な機関を置き」とは規定されていない。翌日の一五日の案文では、「助けしめる」の部分に修正がくわえられたものの、「部局」の部分はそのままである。

ii　「前五項の外、内閣に別に法律の定めるところにより必要な部局を置き、内閣の事務を助けしめることができる」。

修正後のものは、「昭和二一、一一、一五」の「会談」でピークに示され了承を得たようである。そして、井手成三文書の複数の資料から推考するに、同日の「会談」後に「必要な部局を置き」という部分が「必要な機関を置き」に変更され、これが「ピークト打合ハセズミノモノ」となった。

iii 「前五項の外、内閣に別に法律の定めるところにより必要な機関を置き、内閣の事務を助けしめることができる」。

制定時の案文に近づいた訳であるが、制定時と同一の文言になったのは、井手文書の資料から推察するに、一一月二九日である。

iv 「内閣官房及び法制局の外、内閣に、別に法律の定めるところにより、必要な機関を置き、内閣の事務を助けしめることができる」。

以上の論考の集束点を記す前に確認しておこう、前記本章**一**で以下のように書いたことを。「内閣法（昭和二二年法律五号）一二条は、一見、平凡な定めであるが、大いなる注視に値するものがそこには認められる。それは同条四項の『機関』概念である。その『機関』は《講学上の機関》を指してはいない」。内閣法一二条は、「内閣官房」などの《組織体》を「機関」と形容しているが、その《原動》は「内閣法案第八条は……『法律の定めるところにより、官房、法制局及びその他必要な部局を置く』……といふ趣旨に改めること」という「昭和二一、一一、一四」意見に求められる。――この点に関連して参照、後記第一三章。

本章の末語。『ダーウィン自伝』に、こうある。[227] 自身を省みていえば、「科学者として……もっとも重要なものは――科学への愛――どんな問題でもながく考えぬく無制限の辛抱強さ――観察や事実の収集における勤勉さ――そして、創案力と常識」である。

（221）《講学上の機関》概念の統一的な解明を志向し、明るく照明を当てる試みについて、そして、「内閣官房」が

《講学上の機関》の性格を有していないことについて参照、森田・前掲注(200)一九―二七頁、森田・前掲注(2)六〇―七一頁。

(222) 制定時の内閣法について参照、森田・前掲注(2)資料編Ⅳ。

(223) 佐藤・前掲注(115)二一頁。

(224) 本文における引用節に「人事行政の統轄」とあったので、ここで、その「統轄」の意味について所見を記しておきたいとおもう。

「人事行政の」といってその直後で「統轄」とあるところからみて、その「統轄」は、本書第五章**七**で指摘したその基本的な二つの語義を基礎にしていうと、control and jurisdiction の意ではなくて、control ないし general control の意であると解される。

なお、本文における引用節に「法制局のごとき機構［内閣に置かれる機構］を拡充し且つ学識経験の豊かな人材を参加せしめて、……人事行政の統轄……を所掌せしめ」云々とあったが、この論述の基礎にある考え方を貫くと、人事院の設置規定は《内閣に人事院を置く》ということになろう。

けれども、そのような人事院の設置規定は憲法「第五章　内閣」中の規定に違反するというのが、私の解明的論定である。参照、本書第五章**七**と第六章。

(225) 井手成三文書のなかの「二一、九、一〇　臼」の「内閣法案」には、その最後の余白部分に左記のような手書きの書き込みがある。

しかし、その書き込みよう・筆の力の入れようは、会議の内容を書き留めた同一資料中のメモ的記述における書き込みよう・筆の力の入れようとは明らかに異なっている。書き込み時期の判定には慎重な態度が要求されるであろう。

「法制局その他政令を以て定める部局［『部局』を『機関』に訂正する旨の記述がある］を設けることができる。／内閣書記官長［『内閣官房』と書くところを筆が滑って『内閣書記官長』と書いたのであろうか?］その他政令を以て定める部局は、内閣の職務をたすけることができる。」

「部局」という用語を使用していることなどからみて、書き込み時期は《昭和二一年一〇月半ば》以降であると判断されていいであろう。

(226)　このⅦの臨時法制調査会「内閣法案要綱」に関連しては、注意を要する点がある。

たとえばⅡの臨時法制調査会「第一部会」「決定」案の項目「八」で「内閣書記官長、法制局長官」となっていたのが、このⅦの項目「八」では、Ⅴの「二一、一〇、一七（法）」の「内閣法案」での変化を継承して「内閣官房、法制局」に変わっていることも、要注意の点である。

《比較対照》されたい。たとえば項目「二」に関してはⅦは、Ⅴでの変化を継承していないことと。

本書第五章三で考察したように、項目「二」に関しては（読点の有無を別にすれば）ⅡもⅦもまったく同じで、「内閣総理大臣は、国務大臣の中から、各省大臣を命ずること」となっている。

Ⅴの「二一、一〇、一七（法）」の「内閣法案」で既に「第二条　内閣総理大臣及び国務大臣は、別に定めるところにより、主任の大臣として、行政各部の事務を分担する。……」というふうに変わっていたにもかかわらず、ⅦはこのⅤでの変化を継承しておらず、項目「二」に関してはⅦはⅡと同じなのである。

Ⅶに関する更なる注意点について参照、本文後述の**2**。

(227)　チャールズ・ダーウィン（八杉龍一・江上生子：訳）『ダーウィン自伝』（二〇〇〇年、筑摩書房）一七五頁。

なお、「学問を『愛するということ』の要素の一つは、学問に対する客観性のある respect である」旨、森田寛二「『法律』観と民法の表記問題、そして法令集のありよう――広中教授の論稿に接して（下）」自治研究七六巻一〇号（二〇〇〇年）六七頁。

第一二章　国家行政組織法一条など・上

一 「行政事務」は administrative

平成一一年法律九〇号による改正の前の国家行政組織法――以下、《改正前の国家行政組織法》と呼称する――一条は、制定時と変わっておらず、次のように規定している[228]。

一条：「この法律は、内閣の統轄の下における行政機関の組織の基準を定め、もつて国の行政事務の能率的な遂行のために必要な国家行政組織を整えることを目的とする」。

この定めにいう「内閣の統轄の下に」の「轄」が《離れているもの》との《一定のつながり》を言表していることについては、既に前記第五章**七**で考察したが、後記本章**五**でも論及されることを予め断った上で、本題の話題に入りたいとおもう。

《改正前の国家行政組織法》一条は「……もつて国の行政事務の能率的な……」と規定して「行政事務」といっているが、この「行政事務」を表記するために用いられるべき「英訳」上の語は、何であろうか。

前記第一章や第一〇章などで考察したように、「内閣は、他の一般行政事務の外、左の事務を行ふ」と規定する憲法七三条柱書きのなかの「一般行政事務」に対応するマッカーサー草案の言葉は executive responsibilities であり、その executive は憲法七二条にいう「行政各部」――これは《内閣と（形態的には）切り離されて置かれる組織》としての性格を有する――に関連して用いられる administrative との対比のなかで使用される術語としての役割を与えられているものであった。

そして、「[昭和二十一年十一月]二十日ピーク博士から藤崎[萬里]連絡官に提示せられた総司令部の修正案」たる The Cabinet Law (Draft) において、内閣法三条一項が「各大臣は、別に法律の定めるところにより、主任の大臣として、行政事務を分担管理する」というときの「行政事務」——これは《大臣を長とする『行政……部』の（各般上の）行政事務》を指している——を言い表す語として administrative が使用されていて、administrative affairs と書かれていたことは、前記第五章二でみたとおりである。

executive と administrative に関するそのような使い方にしたがえば、《改正前の国家行政組織法》一条のいう「行政事務」を表記するための「英訳」上の語として用いられるべきは、administrative ということになろう。

ここに一つの資料がある。《改正前の国家行政組織法》の制定時における「立案を担当」した佐藤功教授は、前記第五章**七**で記したように、その著作『行政組織法〔新版〕』で《改正前の国家行政組織法》の「英訳（行政管理法令集による）」に言及していたが、その「行政管理法令集」を私は二〇〇一年二月に入手したのである。——同書「はしがき」に

入手したのは、『昭和三十一年八月／行政管理法令集／行政管理庁管理部』である。

「ここに行政管理法令集の第五版を刊行することとした」とある。

右書「第七編　附録（英正文）」には「国家行政組織法（当初）」と「行政機関職員定員法（当初）」が収載されているが、それによると、《改正前の国家行政組織法》一条の「英正文」は左のとおりである。

「一条」：The object of this Law is to regulate the national government organization which is necessary for the efficient prosecution of national administrative affairs by establishing standards for the organization of administrative organs under the control and jurisdiction of the Cabinet.

ここにみられるように、《改正前の国家行政組織法》一条の「行政事務」に対応する英語においては administrative が使用されていて、administrative affairs と書かれている。

ところで、《改正前の国家行政組織法》にも「行政事務を分担管理する」旨の定めがあった。同法五条一項はいう、「総理府及び各省の長は、それぞれ内閣総理大臣及び各省大臣（以下各大臣と総称する。）とし、内閣法（昭和二十二年法律第五号）にいう主任の大臣として、それぞれ行政事務を分担管理する」。

制定時の国家行政組織法五条一項は、こうであった。「総理府、法務府及び各省の長は、それぞれ内閣総理大臣、法務総裁及び各省大臣（以下各大臣と総称する。）とし、内閣法にいう主任の大臣として、それぞれ行政事務を分担管理する」。

そこで点検しておく必要が起こってくるのは、「……各大臣……［は、］内閣法にいう主任の大臣として、それぞれ行政事務を分担管理する」と規定する「国家行政組織法（当初）」五条一項のその部分の「英正文」である。

「五条一項」：……“each Minister ”……, as a competent Minister referred to in the Cabinet Law, shall have charge and control of their respective administrative affairs.

「行政事務」を表記するための「英訳」上の語として、ここでも、administrative が用いられており、administrative affairs と書かれている。

さて、いま一度、確認したいとおもう。《改正前の国家行政組織法》一条が「内閣の統轄の下に」というときの「轄」は、《離れているもの》との《一定のつながり》の意であった。

そのことを心に浮かべれば、歴然としてくるであろう。《内閣と（形態的には）切り離されて置かれる組織》に関連して administrative の語が用いられていることが。

以上の論考との関連において、注意を喚起しておく。以前の述作で指摘したように[229]内閣法は、「内閣」や《内閣に置かれる組織》については「事務」という言葉を使っているものの、「行政事務」という言葉は使用していない。例の The Cabinet Law（Draft）も同様で、「内閣」や《内閣に置かれる組織》については administrative affairs という言葉はこれを使用していない。

私は力説したいとおもう。内閣法や《改正前の国家行政組織法》における「行政事務（administrative affairs）」という言葉の用い方には、味得に値するものがある。

二　「行政機関」と後方穴埋め方式

上述のように《改正前の国家行政組織法》一条は、制定時と変わりがなく、「この法律は、内閣の統轄の下における行政機関の組織の基準を定め」云々と規定して「行政機関」といっている。

この「行政機関」を表記するための「英訳」上の語として administrative が用いられるべきであることについては、もはや多くの説明は不要であろう。

実際、前述した「英正文」の「一条」で、その「行政機関」を言い表す語として administrative が使用されていて administrative organs と書かれていることは、この**二**の前の**一**で引用したところから知られるとおりである。

話題を前に進めて、《改正前の国家行政組織法》一条が「この法律は、内閣の統轄の下における行政機関の組織の基準を定め」云々と規定するときの「行政機関」について、より具体的に研究をしよう。

その「行政機関」について、月刊誌「自治研究」一九九九年一一月号に掲載した論文「国家行政組織法と内閣府設置法（二）」及び著書『行政機関と内閣府』で私は、左記の二つの引用節にみられるような思索を読者の前に差出した。

「国家行政組織法一条の『行政機関』は、同法三条二項の規定を前提にして理解されるべきではあるまいか(230)」。

「標語を用いつついうと、次のようになる。国家行政組織法一条の『行政機関』は、後方穴埋め方式がとられているという見地の上にたって理解されるべきではあるまいか(231)」。

右記の引用節に出てくる《改正前の国家行政組織法》三条二項というのは、制定時と変わりがない規定で、次のような定めである。

三条二項：「行政組織のため置かれる国の行政機関は、府、省、委員会及び庁とし、その設置及び廃止は、別に法律の定めるところによる」。

先の引用節中の私の思索、すなわち、《改正前の国家行政組織法》一条にいう「行政機関」については《後方穴埋め方式》がとられており、その《後方穴埋め》をしているのが「同法三条二項の規定」であり、したがって、同法にいう「行政機関」はすべて「同法三条二項の規定を前提にして理解されるべき」であるという思索に対しては、あるいはひとは、左のように批評するかもしれない。

《改正前の国家行政組織法》三条二項は「行政組織のため置かれる国の行政機関は」云々と定めて「国の行政機関」といっているのであって、そこでは単に「行政機関」というふうには規定されていないので、不適切である。

右のような批評に対して、私は主張したいとおもう。まず最初に、制定時の国家行政組織法にいう「行政機関」が具体的に何を指しているかについて丹念に分析・検討されたい、と。

くわえて、主張しいとおもう。その上で、その後の改正点を視界のなかに入れて、《改正前の国家行政組織法》にいう「行政機関」が具体的に何を指しているかについて究明されたい、と。

三　「公団」が「行政機関」であった

1　制定時の国家行政組織法に関しては、見落としてはならないことがある。それは、「昭和二三年三月中旬」の「マーカムの意見」が「公団に関する規定を含めること」としていたことを受けて[232]、同法の本則中の最後の「条」である同法二二条が次のように規定していたことである。

二二条：「【一項】公団は、国家行政組織の一部をなすものとし、その設置及び廃止は、別に法律でこれを定める。【二項】公団として置かれるものは、別表にこれを掲げる」。

読者の予断的な誤解を防止するため、予め明言する。「昭和二十七年法律第二百五十三号」をもって公布された「国家行政組織法の一部を改正する法律」は、「第二十二条を削」った。

本題に戻ろう。制定時の国家行政組織法二二条との関連において想起されていいのは、何といっても、同法三条二項及び四項——これは《改正前の国家行政組織法》三条二項及び四項と同一である——である。

三条二項：「行政組織のため置かれる国の行政機関は、府、省、委員会及び庁とし、その設置及び廃止は、別に法律の定めるところによる」。

三条四項：「第二項の行政機関として置かれるものは、別表にこれを掲げる」。

「国の行政機関」である「府、省、委員会及び庁」は、「別表にこれを掲げる」とされているが、上にみたように「公団」も、「別表にこれを掲げる」とされていた。(233)

このように考察してくれば、ひとの脳裡に以下のような考えが浮かんでくるであろう。「公団」は、「国の行政機関」ではない──「国」という法人の「行政機関」ではない──けれども、これを「行政機関」の一種と位置づけるということで、制定時の国家行政組織法二二条は、その一項で「公団は、国家行政組織の一部をなすものとし」と規定し、その二項で「公団として置かれるものは、別表にこれを掲げる」と規定したのではあるまいか。また、次のような考えも浮かんでくるであろう。「『公団』は『国』という法人に所属する組織ではないから、『公団』をもって『国の行政機関』と形容したり《『国の』行政組織の一部をなすもの》と形容することは適当ではないということで、二二条一項は『国家行政組織』という言葉を使用して『公団は、国家行政組織の一部をなすものとし』と規定したのではあるまいか」。(234)

このような考えの明確な自覚の上にたって、制定時の国家行政組織法一条を再読してみよう。そうすると、鮮明に観取されるであろう。同条が、《……行政機関の組織の基準を定め、もつて……『国の』行政組織を整える……》というふうには規定しておらず、「……行政機関の組織の基準を定め、もつて……国家行政組織を整える……」というふうに規定していることが。(235)──「『国の』行政組織を整える」とは規定されておらず、「国家行政組織を整える」と規定されているのである。

以上の論考から得られるテーゼは、こうである。制定時の国家行政組織法は、「公団」は（「国の行政機関」ではないけれども）「行政機関」の一種と位置づけるという立場の上にたっているために、その一条で「……行政機関の組織の基準を定め、もつて……国家行政組織を整える……」と規定した。[236]

そしてこのテーゼにしたがえば、制定時の国家行政組織法一条にいう「行政機関」については《後方穴埋め方式》がとられており、その《後方穴埋め》をしているのが（「臨時」[237]のものに係る規定を除いていうと）同法三条二項及び二二条一項の規定であるという判断を下すことになるが、いま少し議論を補強しておこう。

2 制定時の国家行政組織法二二条の「英正文」は、「公団」が「行政機関」の一種を形成することを明記している。左記がそれである。

「二二条一項」：The public corporation "Kodan" shall be deemed administrative organ of the national government, whose establishment or abolition shall be provided for by separate law.

「二二条二項」："Kodan" shall be enumerated in the Appendix to this Law.

ここにみられるように、「公団」は administrative organ に当たるとされている。

上述したように、制定時の国家行政組織法二二条との関連において想起されていいのは、何といっても、同法三条二項及び四項である。その「英正文」をみよう。

「三条二項」：For the purpose of administrative organization the national administrative organs shall be comprised an Office on ministerial level, Ministry, Commission or Agency. The establishment or abolition of such administrative organs shall be provided for by separate law.

「三条四項」：Administrative organs set up as provided for in paragraph 2 shall be enumerated in the Appendix to this law.

みられるように、「府、省、委員会及び庁」は administrative organ に当たるとされている。

制定時の国家行政組織法二二条との関連においては、三条二項及び四項のみならず、一条も正視される必要がある。その「英正文」は、こうであった。

「一条」：The object of this Law is to regulate the national government organization which is necessary for the efficient prosecution of national administrative affairs by establishing standards for the organization of administrative organs under the control and jurisdiction of the Cabinet.

このように「英正文」の「一条」に……by establishing standards for the organization of administrative organs ……とあり、そして、「英正文」の「三条二項」が…… administrative organs shall be comprised ……と、「英正文」の「二二条一項」が……“Kodan” shall be deemed administrative organ ……と規定しているところから判断するに、「英正文」の「一条」にいう administrative organs については《後方穴埋め方式》がとられており、その《後方穴埋め》をしているのが（「臨時」のものに係る規定を除いていうと）「三条二項」及び「二二条一項」の規定であると理解される。

もはや、こう結論していいであろう。制定時の国家行政組織法一条にいう「行政機関（administrative organs）」については《後方穴埋め方式》がとられており、その《後方穴埋め》をしているのが（「臨時」のものに係る規定を除いていうと）同法三条二項及び二二条一項の規定である。

断り書き。以下、本書においては、「臨時」のものに係る規定はこれを視野の外におく。

3　制定時の国家行政組織法一条にいう「行政機関（administrative organs）」には、二種のものがある。一つは同法三条二項の「国の行政機関」（すなわち、「府、省、委員会及び庁」）で、他の一つは同法二二条一項の「公団」である。

この二種のものがあるという洞察は、重要である。[238] その洞察の上にたったときに、制定時の国家行政組織法四条が「前条の行政機関の」云々と規定して「前条の」という言葉を付加した理由、あるいは、同法八条一項・九条・二〇条一項が「第三条の各行政機関には」云々と規定して「第三条の」という言葉を付加した理由、更には、同法一九条が「各行政機関に置かるべき職の定員は」云々と規定して《第三条の各行政機関に置かるべき職の定員は》云々と規定しなかった理由などについて、有意味な説明を与えることができるのである。

再び論結を明示しておこう。制定時の国家行政組織法にいう「行政機関」はすべて同法三条二項（「府、省、委員会及び庁」）及び二二条一項（「公団」）の規定を前提にして理解されるべきである。

四　「行政機関」が二種から一種へ

この**四**の前の**三**で、制定時の国家行政組織法にいう「行政機関」が具体的に何を指しているかについて解明を試みた。この**四**で究明を試みるのは、《改正前の国家行政組織法》にいう「行政機関」が具体的に何を指しているかについてである。

予め注意を喚起しておく。上に書いたように、「昭和二十七年法律第二百五十三号」をもって公布された「国家行政組織法の一部を改正する法律」は、「公団」に関する規定である「第二十二条を削」った。

1　《改正前の国家行政組織法》の「行政機関」について佐藤功教授は、その著作『行政組織法〔新版〕』で、以下のように説示している。「この〔国家行政組織法という〕法律における行政機関のことばの用い方は必ずしも明確ではなく、いささか混乱があるように思われる(239)」。

一瞬、奇異の念を抱かせるのは、この説示をしたひとが国家行政組織法の制定時における「立案を担当」した佐藤教授であるからである(240)。――《制定時における『立案を担当』したひとのこの説示は、何を物語っているのであろうか》。

佐藤教授のその説示に疑問を呈して私は、一九九九年秋に発行された月刊誌掲載論文や二〇〇〇年秋に公刊の著書で、こう書いた。「後方穴埋め方式がとられているという見地の上にたって理解するときは、『この〔国家行政組織法という〕法律における行政機関のことばの用い方』には『混乱』はないようにおもわれるが、どうであろうか(241)」。

このように書いたことから明らかなように、《改正前の国家行政組織法》における「行政機関のことばの用い方」に関する諸家の探究は内に大きな欠陥をもっていたというのが、私の観察的判定である。

諸家のその点に関する探究が内に大きな欠陥をもつことになった原因がどこに求められるかというと、以下の二点に求められるであろう。

第一に、制定時の国家行政組織法一条にいう「行政機関」については《後方穴埋め方式》がとられており、その《後方穴埋め》をしているのが同法三条二項及び二二条一項の規定であるという洞察——別言すると、同法一条にいう「行政機関」には二種あって、一つは「国の行政機関」で、他の一つは「公団」であるという洞察——が欠如していたこと。

第二に、「公団」に関する規定が昭和二七年法律二五三号をもって公布された「国家行政組織法の一部を改正する法律」で「削」られる際、関連規定を整備する必要性について誰も思いを寄せることがなかったこと。

既述したように、制定時の国家行政組織法一条にいう「行政機関」には二種のものがあった。一つは「国の行政機関」(すなわち、「府、省、委員会及び庁」)で、他の一つは「公団」である。

二種のものがあったというその洞察は、重要である。その洞察があれば、「公団」に関する規定が「削」られる際、二種が一種になったことに伴う関連規定の整備の必要性に思いを寄せることができたであろう。

いま関連規定の整備といったが、たとえば「行政組織のため置かれる国の行政機関は、府、省、委員会及び庁とし」云々と定める規定中の「国の行政機関」という部分はこれを単に「行政機関」とするとか、あるいは、「第三条の各行政機関には」云々と定める規定中の「第三条の」という言葉はこれを削る、などである。

広い意味においては、「……行政機関の組織の基準を定め、もつて……国家行政組織を整える……」と規定する一条を《……行政機関の組織の基準を定め、もつて……『国の』行政組織を整える……》というふうに変えることも、そして、「国家行政組織は、内閣の統轄の下に、……」と規定する二条一項を《『国の』行政組織は、内閣の統轄の下に、……》というふうに変えることも、関連規定の整備に属するであろう。

というのは、「国家」という言葉がそのような条文のなかで用いられたたのは、「国の行政機関」の組織と「公団」の組織の両方が規整の対象であり、この両方をカヴァーするためであったからである。(242)「公団」を規整の外におけば、「国家」という言葉を（少なくとも条文の上で）使用する必要性は消失する。

狭い意味における関連規定の整備に限ってみても、上に指摘したように「行政機関」が二種から一種になったことに伴う整備は、「公団」に関する規定が昭和二七年に「削」られても、されなかった。そのために「行政機関のことばの用い方」は、一見、場当たり的なような様相を呈することになったのである。

それは、一見である。丁寧に点検・吟味されたい、《改正前の国家行政組織法》が「行政機関」といっている箇所を。そうすれば、同法三条二項の「行政機関は、府、省、委員会及び庁とし」という定めを前提にして同法は「行政機関」といっていることが、知得されるであろう。

念のためいう。《改正前の国家行政組織法》三条二項には「行政組織のため置かれる国の行政機関は」云々とあって、単に「行政機関」とは記されてはおらず「国の行政機関」となっているのも、そして、同法四条に「前条の行政機関の」云々とあって「前条の」という言葉があるのも、更には、同法八条・八条の二・八条の三・九条に「第三条の各行政機関には」云々とあって「第三条の」という言葉があるのも、「公団」に関する規定の削除に伴う関連規定の整備を怠った結果である。

結論的テーゼを呈示しよう。《改正前の国家行政組織法》一条にいう「行政機関」については《後方穴埋め方式》がとられており、その《後方穴埋め》をしているのが同法三条二項の規定である。同法にいう「行政機関」はすべて同法三条二項の規定を前提にして理解されるべきである。——同法における「行政機関のことばの用い方」には「混乱」はない。

2　いま呈示した結論的テーゼとの関連でコメントしておく必要・価値があるのは、支配的な「現業の行政機関」論である。

　高辻正己・吉国一郎・角田禮次郎・茂串俊・味村治・工藤敦夫・大出峻郎・大森政輔：編『法令用語辞典［第七次改訂版］』に、こうある。「国家行政組織法二〇条の『現業の行政機関』とは、主として造幣局、印刷局のような機関を指す(243)」。

　この見解は、「現業の行政機関については、特に法律の定めるところにより、第七条及び前条の規定にかかわらず、別段の定めをすることができる」と規定する《改正前の国家行政組織法》二〇条中の「第七条及び前条の規定にかかわらず」という章句と抵触をきたすというのが、私の論考的判断である。

　丁寧にのべよう。検討課題は「現業の行政機関」であるが、その言葉が出てくる《改正前の国家行政組織法》二〇条は制定時の国家行政組織法二一条に由来する規定で、規定内容は制定時と変わりがない。

　二一条（制定時）：「現業の行政機関（an administrative organ of government enterprises）については、特に法律の定めるところにより、第七条及び前条の規定にかかわらず、別段の定めをすることができる」。

みられるように「第七条及び前条の規定にかかわらず」とある。そこで、「第七条及び前条の規定」を凝視・観察する必要が起こってくる。制定時の国家行政組織法でいうと、その七条と二〇条が当該規定である。

　七条（制定時）：「【一項】府及び省には、その所掌事務を遂行するため、左に掲げる内部部局を置く。／官房／局／課／【二項】庁には、その所掌事務を遂行するため、左に掲げる内部部局を置くことができる。／官房／部／課／【三項】前二項の官房、局及び部の設置並びに所掌事務の範囲は、法律でこれを定め、課の設置及び所掌事務の範囲は、その法律の範囲内で、各大臣又は各外局の長が、これを定める。但し、課を置く場合においては、予算上の措置がこれに伴つていなければならない。【四項】委員会に事務局を置く。前二項の規定は、事務局の内部組織に、これを準用する」。

　二〇条（制定時）：「【一項】第三条の各行政機関（each administrative organ referred to in Article 3）には、第七

条の内部部局に応じ、それぞれの長として、左の職を置くことを例とする。／局長／部長／課長／【二項】前項の職に係る所掌事務の範囲及び権限は、国家公務員法の規定に従つて、これを区分しなければならない」。右に引用したところから知られるように「第七条及び前条の規定」というのは、「府、省、委員会及び庁」という「行政機関（administrative organs）」には「局」や「課」などの《部局 subdivisions and offices》を置くという類いの内容、あるいは、そのような「行政機関」の《部局》には「課長」などの《職》を置くという類いの内容の規定である。――そして、このことは、《改正前の国家行政組織法》にいう「第七条及び前条の規定」にも妥当する。

さて、ここでの検討課題は、《改正前の国家行政組織法》二〇条が「現業の行政機関については、特に法律の定めるところにより、第七条及び前条の規定にかかわらず、別段の定めをすることができる」と規定するときの「現業の行政機関（an administrative organ of government enterprises）」であった。

そして先に明らかにしたように、《改正前の国家行政組織法》二〇条が「第七条及び前条の規定にかかわらず」というときの「第七条及び前条の規定」というのは、「府、省、委員会及び庁」という「行政機関（administrative organs）」には「局」などを置くという類いの内容の規定であるから、《改正前の国家行政組織法》二〇条の「現業の行政機関」というのは、「現業」の「府、省、委員会及び庁」(244)、この意味における「現業（of government enterprises）」の「行政機関（administrative organs）」を指すということになろう。

要するに、こうである。《改正前の国家行政組織法》二〇条が「現業の行政機関」というときの「行政機関」は、同法三条二項の「行政機関は、府、省、委員会及び庁とし」という定めを前提にして理解されるべきで、「造幣局、印刷局」はそれに当たらない。

思い起こされていいであろう、「造幣庁」「印刷庁」があったことを。「昭和二十三年七月十日」付けの昭和二三年法律一二〇号をもって公布された時点での国家行政組織法は、その本則で「別表」について語りつつも、その別表を欠いていたけれども、昭和二四年法律一二三号をもって公布された「国家行政組織法の一部を改正する法律」は、別表を加えた。その別表をみると、大蔵省に係る「庁」として、「国税庁」のほかに「造幣庁」「印刷庁」が掲げられている。[245][246]

念のため記しておく。昭和二四年法律一四四号をもって公布された時点での大蔵省設置法は、その「第三章　外局」の最初の条文である二四条で、「国家行政組織法第三条第二項の規定に基いて、大蔵省に置かれる外局は、左の通りとする。／証券取引委員会／国税庁／造幣庁／印刷庁」と規定している。――当該「第三章　外局」の「第三節」の節名は「造幣庁」、「第四節」の節名は「印刷庁」である。

私は、論定する。《改正前の国家行政組織法》における「行政機関のことばの用い方」には「混乱」はない。同法一条にいう「行政機関」については《後方穴埋め方式》がとられているという洞察の欠如が、「混乱」という評価を生んだのである。

3　《改正前の国家行政組織法》の「行政機関」概念に関する塩野宏『行政法Ⅲ』（一九九五年）の所説は、私の論と異なっている。

塩野教授は、主張する。《改正前の国家行政組織法》は、《『府、省、委員会、庁』の『行政機関性』》のみならず《『附属機関』や『官房、局、部、課』などの『行政機関性』》をも肯定している、と。

「国家行政組織法がそれ以外の組織［すなわち、『府、省、委員会、庁』以外の組織］に行政機関性を否定している趣旨とは考えられない。その点からすると、国家行政組織法が設置を予定している附属機関（法八条・八条の二・八条の三）、地方支分部局（法九条）、現業の行政機関（法二〇条）、［『官房、局、部、課、室等』の］内部部局もそれぞれ事務を単位とする行政機関であ［る］」。[247]

右に引用した塩野教授の論説を把握するにあたっての注意点をのべよう。第一に、塩野教授は、「それ以外の組織［すなわち、『府、省、委員会、庁』以外の組織］」として、「附属機関」「地方支分部局」「現業の行政機関」「内部部局」の四種をあげていることに注意を向けられたい。

第二に、その四種のうちの「附属機関」「地方支分部局」「内部部局」の三種についていうと、それらを「行政機関」と呼称している規定は《改正前の国家行政組織法》にはないことに注意を向けられたい。

このようにみてくれば、明白であろう。問題を左右するのは、「現業の行政機関」というのは「それ以外の組織［すなわち、『府、省、委員会、庁』以外の組織］」を（も）指しているというのが、塩野教授の理解であることに。

この理解を土台として、その上に建立されたのが、この3の冒頭部分に記した塩野教授の主張である。《改正前の国家行政組織法》は《『府、省、委員会、庁』の『行政機関性』》のみならず《『附属機関』や『官房、局、部、課』などの『行政機関性』》をも肯定しているとする塩野教授の主張の適不適は、「現業の行政機関（法二〇条）」が「それ以外の組織［すなわち、『府、省、委員会、庁』以外の組織］」を（も）指しているという塩野教授の理解の当否に帰着するのである。

この3の前の2で明らかにしたことは、こうである。《改正前の国家行政組織法》二〇条が「現業の行政機関」というときの「行政機関」は、同法三条二項の「行政機関は、府、省、委員会及び庁とし」という定めを前提にして理解されるべきもので、「造幣局、印刷局」はそれに当たらない。

結論。《改正前の国家行政組織法》は《『府、省、委員会、庁』の『行政機関性』》のみならず《『附属機関』や『官房、局、部、課』などの『行政機関性』》をも肯定しているとする塩野教授の主張は、根拠を欠いている。——《改正前の国家行政組織法》一条にいう「行政機関」については《後方穴埋め方式》がとられているという洞察の欠如が、塩野教授のような主張を生んだのである。

五　「行政機関」の設置形態の明記

《改正前の国家行政組織法》一条は「この法律は、内閣の統轄の下における行政機関の組織の基準を定め」云々と規定して「内閣の統轄の下に」といっている。

その「内閣の統轄の下に」というときの「轄」について、月刊誌「自治研究」一九九九年一〇月号掲載の論文「国家行政組織法と内閣府設置法（一）」及び二〇〇〇年一〇月に公刊の著書『行政機関と内閣府』で、私は以下のように論じた[248]。その「轄」は《離れているもの》との《一定のつながり》を言表している。

この論定との関連においては、「英正文」が留意に値するであろう。既述したように、《改正前の国家行政組織法》一条の「内閣の統轄の下における行政機関の組織の基準を定め」という部分の「英正文」は、こうである。
establishing standards for the organization of administrative organs under the control and jurisdiction of the Cabinet.

注意を集中されたい。under the control of the Cabinet とはなっておらず、under the control and jurisdiction of the Cabinet となっていることに。

前記第五章**七**でのべたように、手元の『新漢英字典』には「統轄 *tōkatsu* general control, control and jurisdiction」とあるが、「英正文」において、「内閣の統轄の下に」の「統轄」に当たる言葉として用いられているのは control ないし general control ではない。control and jurisdiction である。

そして、jurisdiction が《離れているもの》との《一定のつながり》を表記するために使用することが可能な語であることも、前記第五章**七**でのべたとおりである。

ここで、強く強調しておきたいことがある。《改正前の国家行政組織法》がその一条で「この法律は、内閣の統轄の下における行政機関の組織の基準を定め」云々というときの「内閣の統轄の下に」の「轄」をそのように《離れているもの》との《一定のつながり》の意に理解すると、その一条は、総理府や大蔵省などの「行政機関」

の《設置形態を明記している》ということになる。これである。

すなわち、そのように理解すると、総理府や大蔵省などの「行政機関」は《内閣と（形態的には）切り離されて置かれる》ものであることが《改正前の国家行政組織法》一条によって《明記されている》ことになる。

思い出しを願いたいとおもう。内閣法はその一二条四項で「内閣官房の外、内閣に……必要な機関を置き」と規定して「機関」といい、《内閣に置かれる組織》に「行政機関」という言葉を用いていなかったことの思い出しを。

これに対して、《改正前の国家行政組織法》は「行政機関」といっている。そしてその「行政機関」は、《内閣と（形態的には）切り離されて置かれる組織》としての性格を有するものである。

比較対照的な思索を進めれば、理解されうるであろう。《改正前の国家行政組織法》における「行政機関（administrative organs）」という言葉の用い方にも味得に値するものがあることが[249]。

再び書き記す。制定時の国家行政組織法であれ《改正前の国家行政組織法》であれ、その一条が「内閣の統轄の下における行政機関」というときの「轄」をもって《離れているもの》との《一定のつながり》の意に理解することは、総理府や大蔵省などの「行政機関」は《内閣と（形態的には）切り離されて置かれる》ものであること――《設置形態》――がその一条によって《明記されている》とみることになる。

その《明記されている設置形態》へ照準を決めて、それを顕示する定めを作成してみよう。《改正前の国家行政組織法》一条は、左記のような定めをふくんでいるといいうるであろう。

「内閣の統轄の下に行政機関を置く」。Administrative organs shall be set up under the control and jurisdiction of the Cabinet.

前記第五章**七**における指摘を思い起こしつつ、比較対照されたい。国家公務員法三条一項前段に《明記されている設置形態》と。

「内閣の所轄の下に人事院を置く」。The National Personnel Authority shall be set up under the jurisdiction of the Cabinet.

更に、前記第六章における指摘を思い起こしつつ、比較対照されたい。内閣法一二条一項に《明記されている設置形態》と。

「内閣に、内閣官房を置く」。A Cabinet Secretariat shall be set up under the Cabinet.

六　何のための追加的改正であったか

上で私は、こう論じた。《改正前の国家行政組織法》一条にいう「行政機関」については《後方穴埋め方式》がとられており、その《後方穴埋め》をしているのが同法三条二項の規定である。同法にいう「行政機関」はすべて同法三条二項の「行政機関は、府、省、委員会及び庁とし」という定めを前提にして理解されるべきである。その上で、「行政機関」は《内閣と（形態的には）切り離されて置かれる》ものであること――《設置形態》――が《改正前の国家行政組織法》一条によって《明記されている》と説示した。

「行政機関」の《設置形態》に関する規定として逸することができないのは、次のような《改正前の国家行政組織法》三条三項である。

「府及び省は、内閣の統轄の下に行政事務をつかさどる機関として置かれるものとし、委員会及び庁は、府又は省に、その外局として置かれるものとする。ただし、委員会及び庁は、特に必要がある場合においては、法律で国務大臣をもつてその長に充てることと定められている委員会又は庁に置くことができる」。

ここに引用した規定から知られる重要なことは、「委員会及び庁」の置かれ方である。《改正前の国家行政組織法》一条によって《内閣と（形態的には）切り離されて置かれる》ことが《明記されている》「行政機関」のうち、「委員会及び庁」という「行政機関」は、同法三条三項の規定により、内閣以外の一定の組織とは《形態的には》

結びつけて置かれるのである。

したがって、こうなる。「委員会及び庁」という「行政機関」は、内閣以外の一定の組織とは《形態的には》結びついている《形態的に非自立的な組織》であって、《形態的に自立的な組織》ではない。――ここにいう《形態的に自立的な組織》や《形態的に非自立的な組織》については、更に以前の述作[250]を参照。

繰り返す。「委員会及び庁」という「行政機関」は、内閣以外の一定の組織とは《形態的には》結びついている《形態的に非自立的な組織》である。

いま私は、《改正前の国家行政組織法》三条三項から知られる重要なこととして、「委員会及び庁」という「行政機関」に関する事柄のみをのべ、「府及び省」という「行政機関」については何の論及もしなかった。

これは、《改正前の国家行政組織法》三条三項のなかの「府及び省」という「行政機関」に関する部分、すなわち「府及び省は、内閣の統轄の下に行政事務をつかさどる機関として置かれるものとし」という部分には特別の意義が認められないために、何の論及もしなかったのである。

《改正前の国家行政組織法》三条三項のなかの「府及び省」という「行政機関」に関する部分に特別の意義が認められないのは、いうまでもなく、同法一条が「この法律は、内閣の統轄の下における行政機関の組織の基準を定め」云々と規定して「内閣の統轄の下における行政機関」といっているからである。――同法一条は、《内閣の統轄の下に行政機関を置く》という定めをふくんでいる。

これに対し、《改正前の国家行政組織法》三条三項のなかの「委員会及び庁」という「行政機関」に関する部分には、特別の意義が認められる。

《改正前の国家行政組織法》一条にふくまれている《内閣の統轄の下に行政機関を置く》という定めから、「委員会及び庁」という「行政機関」が内閣以外の一定の組織と《形態的には》結びつけて置かれるものであるという《委員会や庁の設置形態》を導出・理解することは、不可能であるからである。

話題を「府及び省」の方に戻そう。上述したように、《改正前の国家行政組織法》三条三項のなかの「府及び省」という「行政機関」に関する部分には、特別の意義が認められない。

その部分、すなわち「府及び省は、内閣の統轄の下に行政事務をつかさどる機関として置かれるものとし」という部分は、「昭和五十八年法律第七十七号」をもって公布された「国家行政組織法の一部を改正する法律」によってプラスされたものであるが、その部分は「あってもなくても何の目立った差異も示さないもの」である。——何のための追加的改正であったのであろうか。

この**六**の最後に、《府や省の設置形態》に焦点を合わせてそれを顕出する命題、しかも一定程度の精緻さを備えた命題の作成を試みてみよう。

まず最初に、確認しておこう。「府及び省」という「行政機関」は《形態的に自立的な組織》であるから、次のようにいいうることを。

「府及び省」という「行政機関」は、《内閣と（形態的には）切り離されて置かれる組織》でしかも《内閣以外の組織に対しても形態的に非依存の組織》としての性格を有する。

このような判断の上にたって《改正前の国家行政組織法》が定めをおいていることは、同法一条の「内閣の統轄の下における行政機関」という部分と同法三条三項のなかの「委員会及び庁」の部分（精確にいうと、この部分に相応する定めが「府及び省」にはないこと）とから観取されうるであろう。

そこで、先にのべた《府や省の設置形態》に関する命題、しかも一定程度の精緻さを備えた命題は、左のようになる。

「内閣の統轄の下に『内閣以外の組織に対しても形態的に非依存の』行政機関として……省（府）を置く」。

七　支配的な「統轄」論からの帰結は

《改正前の国家行政組織法》一条に関する支配的な見解は、同法の制定時における「立案を担当」した佐藤功教授の所説に代表されるといっていいであろう。

その支配的な見解は、《改正前の国家行政組織法》にいう「内閣の統轄の下に」の「轄」をもって《離れているもの》との《一定のつながり》を言表しているものというふうには把握していない。

以前の述作[251]でも、そして前記第五章**七**も指摘したように、佐藤功『行政組織法〔新版〕』は以下のように主張する。「国家行政組織法第一条は内閣について『統轄』という文字を用いている。『統轄』も以上述べた『統括』と異なるところはない。何故に『統轄』の文字を用いたかは明らかではない[252]」。

また、藤田宙靖『行政組織法』が同様に「『統轄』も……『統括』と異なるところはない」という見方の上にたって《改正前の国家行政組織法》にいう「内閣の統轄の下に」の「統轄」を把捉していることも[253]、以前の述作で示したとおりである[254]。

下記は、手元の国語辞典のなかの一節である。「一【統括】幾つかに分かれているものを、そこで一つにまとめること。二【統轄】中心（的位置）にあって、一つにまとめること[255]」。

ここにみられるような「統括」観や「統轄」観にしたがって、「統括」の語も「統轄」の語もこれをcontrolないしgeneral controlの意に用いるとすることは、もちろん、可能である[256]。

けれども、心に強く刻印されていいであろう。解明を要求されている問題は、《改正前の国家行政組織法》が「内閣の統轄の下に」というときの「統轄」観であることが。

《改正前の国家行政組織法》の「統轄」観は、上記国語辞典にみられるような「統轄」観にしたがっていると判断されうるであろうか。

この問に対する佐藤『行政組織法〔新版〕』の解答は、先に引用した文から知られるように、こうである。《改正前の国家行政組織法》は、上記国語辞典にみられるような「統轄」観にしたがっており、同法にいう「内閣の統轄の下に」の「統轄」はcontrolないしgeneral controlの意である。[257]

「統轄」をもってcontrolないしgeneral controlの意とみるそのような立場によれば、「内閣の統轄の下に」の「轄」は別段の意味のないものである。

これまた以前の述作で明らかにしたように、塩野宏『行政法Ⅲ』も、《改正前の国家行政組織法》にいう「内閣の統轄の下に」の「統轄」をcontrolないしgeneral controlの意に理解している。塩野教授は次のように書いている。

「国家行政組織法は内閣の統轄のもとにおける行政機関の組織の基準を定めることを目的としている（法一条）。ここで統轄とは法令上『上級行政機関が複数の下級行政機関に対して、総合調整しつつ、指揮監督する』ものとして用いられている（法律用語辞典九八四頁）[258]」。

右に書き写した文章に出てくる内閣法制局法令用語研究会（代表：津野修、協力：林大）：編『法律用語辞典』の解説[259]については、左記の点に留意されていいであろう。

「統轄する」の意味としてその解説がのべている事柄のすべてが、「統轄する」そのものの意味――言語学にいうsemanticsのレヴェルにおける意味、すなわちsemantics的意味――を構成するものではない。その解説中の「上級行政機関が複数の下級行政機関に対して」という部分は、「統轄する」のsemantics的意味の構成要素をなすものではない。

『法律用語辞典』が「統轄する」のsemantics的意味として表面的に明示しているのは、「総合調整しつつ、指揮監督する」である。けれども、注意されたい。その部分も、ひとに一つの吟味的な検討を要求する問題をふくんでいることに。

その問題というのは、こうである。その記述部分の「総合調整」をすることと「指揮監督」をすることとは、どのような関係にあるか。私の関係的判断は、こうである。「総合調整」をした状態は「指揮監督」による達成状態である。

達成状態は「統轄」の目的であろう。かくして得られる合理的再構成は、次のⅠのようになる。――更に参照、後記第一三章**四**及び第一四章**七**。

Ⅰ　『法律用語辞典』によれば、「統轄」の semantics 的意味は「指揮監督」である。「統轄」は control ないし general control の意である。

前記第一章の注（32）で言及した行政組織研究会の論文も、《改正前の国家行政組織法》の「統轄」観について見解を明らかにしている。同論文は、同法に「親和的」な「統轄」の意味について左のように記している。

「『統轄』は、『上級の行政機関等がその管轄権の下にある他の下級の行政機関等を包括的に総合調整しつつ、すべること』を意味……［する］（高辻ほか編『法令用語辞典』学陽書房）」。自治研究七六巻一〇号（二〇〇〇年）九一一〇頁。

行政組織研究会の論文は、自らが援用している『法令用語辞典』の説明に分析をくわえていないが、その説明は解析を必要とする。

高辻・吉国・角田・茂串・味村・工藤・大出・大森：編『法令用語辞典［第七次改訂版］』の「管轄」の項に「国又は地方公共団体等の機関が、その権限を行使することのできる範囲をいう」[260] とあるから、「統轄」に関する同著の説明中[261]「上級の行政機関等がその管轄権の下にある他の下級の行政機関等を」という部分は、「統轄する」の semantics 的意味の構成要素をなすものではない。

そこで、『法令用語辞典［第七次改訂版］』が《改正前の国家行政組織法》における「統轄」「統轄する」の semantics 的意味として表面的に明示しているのは、「包括的に総合調整しつつ、すべる」ということになるが、この部分も、ひとに一つの吟味的な検討を要求する問題をふくんでいる。

ここにいう吟味的な検討を要求する問題が何であるかは、前に書いたところから容易に察せられるであろう。その記述部分の「総合調整」をすることと「すべる」こととは、どのような関係にあるか。これである。「総合調整」をした状態が「すべる」による達成状態である。これが、私の関係的判断である。

達成状態は「統轄」の目的であろう。かくして得られる合理的再構成は、次のIIのようになる。——更に参照、後記第一四章**七**。

II　『法令用語辞典［第七次改訂版］』によれば、「統轄」の semantics 的意味は「すべること」である。「統轄」は control ないし general control の意である。

以上の考察から観取されるように、《改正前の国家行政組織法》が「内閣の統轄の下に」というときの「轄」をもって別段の意味のないものとして理解するのが、支配的な見解である。

支配的な見解のように「内閣の統轄の下に」の「轄」をもって別段の意味のないもの——意味的には、「あってもなくても何の目立った差異も示さないもの」——として把握すると、(262)「内閣の統轄の下に」は単に「内閣の『統』べるという行為（control）の下に」を意味するということになるが、これは適切であろうか。

想起されたい。「統轄」には control ないし general control の意のほか、control and jurisdiction の意があること、《改正前の国家行政組織法》の「英正文」において「内閣の統轄の下に」の「統轄」を表記する言葉として用いられているのは control and jurisdiction であること、そして、同法は「統轄」の語と「統括」の語を使い分けて定めをおいていることを。(263)

くわえて、注視されたい。《改正前の国家行政組織法》にいう「内閣の統轄の下に」の「統轄」をもって支配的な見解のように control ないし general control の意に把握すると、同法は、《府や省の設置形態を明記していない》ことになることに。

のみならず、注視されたい。《改正前の国家行政組織法》が通用している時期の法律一般が、《府や省の設置形態を明記していない》ことになることに。

というのは、府設置法や省設置法における《府や省の設置規定》は、「国家行政組織法（昭和二十三年法律第百二十号）第三条第二項の規定に基いて、……省（府）を設置する」というスタイルをとっていたからである。支配的な見解にしたがえば、《改正前の国家行政組織法》が通用している時期の法律は、《府や省の設置形態を明記していない》という結論になる。この結論をひとが脳中におくとき、脳裡に何が浮かんでくるであろうか。

本章の末語。アリストテレース（松本仁助・岡道男：訳）「詩学」はいう、「出来事の部分部分は、その一つの部分でも置きかえられたり引き抜かれたりすると全体が支離滅裂になるように、組みたてられなければならない。あってもなくても何の目立った差異も示さないものは、全体の部分ではないからである(264)」。

(228) 国家行政組織法の規定内容については、左記のような内容をもつ森田・前掲注（2）資料編ⅨないしⅩⅣが参照・通覧に便利である。
資料編Ⅸ：平成一一年法律九〇号による改正の前の国家行政組織法の本則。
資料編Ⅹ：昭和二三年法律一二〇号による制定のときの国家行政組織法。
資料編Ⅺ：（昭和二三年法律二三五号をもって公布された）国家行政組織法の一部を改正する法律。
資料編Ⅻ：（昭和二四年法律四号をもって公布された）国家行政組織法の一部を改正する法律。
資料編ⅩⅢ：（昭和二四年法律一二三号をもって公布された）国家行政組織法の一部を改正する法律。
資料編ⅩⅣ：平成一一年法律九〇号及び一一六号による改正の後の国家行政組織法の本則。
(229) 森田・前掲注（1）五頁、七頁、森田・前掲注（2）一九頁、二一頁。
(230) 森田・前掲注（1）一六頁、森田・前掲注（2）三一頁。
(231) 森田・前掲注（1）一六頁、森田・前掲注（2）三一頁。

(232)　佐藤・前掲注(138)九九—一〇〇頁、一〇一頁注二、一一二—一一三頁。
(233)　「別表」について参照、森田・前掲注(2)資料編XIII。
(234)　森田寛二「制定時の国家行政組織法の《技芸》——『国家行政組織』など——」川上宏二郎先生古稀記念論文集刊行委員会：編『情報社会の公法学』(二〇〇二年、信山社)一三三頁。
(235)　法令における「国」という言葉の使用方、そして、その基礎にある考え方について参照、森田・前掲注(2)九九—一〇〇頁、本書第一五章六。
(236)　「制定時の国家行政組織法一条は、『……行政機関の組織の基準を定め、もつて国の行政事務の能率的な遂行のために必要な国家行政組織を整える……』と規定して、『公団』という『行政機関』の組織も『国の行政事務の能率的な遂行のため』のものとしているから、『公団』の第一義的な目的に係る『公団』の担当事務は《実質的には》『国の行政事務』としての性質を有するというのが、制定時の国家行政組織法の考え方であるとみていいであろう」旨、森田・前掲注(234)一三八頁注一九。
(237)　制定時の国家行政組織法二四条——これは「附則」中の規定である——は、左のように規定していた。
「【一項】第三条第二項の行政機関の外、特に必要がある場合においては、別に法律の定めるところにより、臨時に、内閣総理大臣をもつて長に充てる本部を置くことができる。【二項】本部については、法律に別段の定めがある場合を除く外、この法律中、府及び省に関する規定を準用する」。
(238)　二種のものがあるという洞察との結びつきのなかで、制定時の国家行政組織法一条の「国家行政組織を整える」という句——《『国の』行政組織を整える》という句ではなくて「国家行政組織を整える」という句——の使用はこれを《捕捉》する必要がある。
もっとも、既存の述作は、そのような洞察との結びつきのなかでその「国家行政組織を整える」という句を《捕捉》することを怠っている。

本書第一章の注(32)で言及した、藤田教授を「代表者」とする行政組織研究会の論文も、同様に怠っている。参照、森田・前掲注(234)一二五頁以下。

(239) 佐藤・前掲注(138)一五八頁。
(240) 参照、本書第五章**七**。
(241) 森田・前掲注(1)一六頁、森田・前掲注(2)三一頁。
(242) 参照、森田・前掲注(234)一三七―一三八頁。
関連していう。《改正前の国家行政組織法》一条は「……国家行政組織を整えることを目的とする」と規定しているが、その「国家行政組織」の語によって直接的に指示されているのは、その語に先立って同条でのべられている「内閣の統轄の下における行政機関の組織」である。そこには、一つの《立法技術上の知恵》にもとづく《技芸》が認められるのである。参照、森田・前掲注(234)一二五頁以下。

本書第一章の注(32)で言及した、藤田教授を「代表者」とする行政組織研究会の論文は、《改正前の国家行政組織法》一条にいう「国家行政組織を整える」という「文言」を批評しているが、その批評は正鵠を射ていない。参照、森田・前掲注(234)一二五頁以下。
(243) 高辻正己・吉国一郎・角田禮次郎・茂串俊・味村治・工藤敦夫・大出峻郎・大森政輔：編『法令用語辞典〔第七次改訂版〕』(一九九六年、学陽書房)二〇〇頁。
(244) 「公団」に関する規定は「昭和二十七年」に「削」られた。
(245) 制定時の国家行政組織法二七条を参照。
(246) 参照、森田・前掲注(2)資料編XIII。
(247) 塩野・前掲注(108)二三頁。
(248) 森田・前掲注(38)四―五頁、森田・前掲注(2)四―五頁。
(249) また参照、森田・前掲注(1)三―五頁、森田・前掲注(2)一七―一八頁。
(250) 森田・前掲注(34)七―八頁、森田・前掲注(2)四三―四四頁。
(251) 森田・前掲注(38)九頁、森田・前掲注(3)一〇頁。
(252) 佐藤・前掲注(138)二四三頁。

(253)　参照、藤田宙靖『行政組織法』（一九九四年、良書普及会）八三頁、八五頁注一。
(254)　森田・前掲注（38）一四頁注一四、森田・前掲注（2）一五頁注一四。
(255)　柴田・山田（明）・山田（忠）・前掲注（168）八九七頁。
(256)　この点に関連して参照、本書第一一章の注（224）と後出の注（263）。
(257)　参照、森田・前掲注（38）九―一〇頁、森田・前掲注（2）一〇―一一頁。
(258)　塩野・前掲注（108）五五頁。
(259)　内閣法制局法令用語研究会（代表：津野修、協力：林大）：編『法律用語辞典』（一九九三年、有斐閣）九八四頁。
(260)　高辻・吉国・角田・茂串・味村・工藤・大出・大森・前掲注（243）九〇頁。
(261)　高辻・吉国・角田・茂串・味村・工藤・大出・大森・前掲注（243）五三二頁。
(262)　「内閣の所轄の下に人事院を置く」と規定する国家公務員法三条一項前段の「轄」をもって、同様に、別段の意味のないものと把握すると、当該規定は《内閣の下に人事院を置く》旨の、したがって《内閣に人事院を置く》旨の定めと把握されることになろう。

　このようにみてくると、一見、内閣法一二条四項が「内閣に……必要な機関を置き」というときの「機関」には人事院も入ると説示する支配的な見解は、それなりに筋が通っているようにみえるが、真実、そういいうるであろうか。

　支配的な見解は、「内閣の所轄の下に人事院を置く」と規定する国家公務員法三条一項前段の「内閣の所轄の下に」には《内閣から独立の地位をもつ》という趣旨のことが含意されていると説いてきたが、「内閣の所轄の下に」の「轄」をもって別段の意味のないものと把握するときは、「内閣の所轄の下に」の含意からその《内閣から独立の地位をもつ》という趣旨のことも、霧消してしまう。

　「所轄」の「轄」が意味なきものであるならば、「所轄」という言葉自体が意味なきものとなるからである。

　「内閣の所轄の下に人事院を置く」という規定中の「轄」をもって別段の意味のないものと把握して、当該規定を《内閣に人事院を置く》旨の定めと把捉することは、当該規定には《内閣から独立の地位をもつ》という趣旨のことが含意されているという説示との間に自家撞着をきたすのである。

そして、留意されていいであろう。《内閣に人事院を置く》という定めは、憲法「第五章　内閣」中の規定に違反することに。――参照、本書第五章**七**及び第六章。

「内閣の所轄の下に」の「轄」をもって意味のあるものとして理解し、くわえて、「内閣の統轄の下に」の「轄」をもって同様に意味のあるものとして理解するときに、「内閣の所轄の下に」というときの「所」は「内閣の統轄の下に」というときの「統」を《打ち消す》という意を込めて使われているという洞察が可能となってくることは、言葉の用い方について広く省察をおこなえば了解されうる事柄であろう。

月刊誌「自治研究」一九九九年一〇月号に掲載の論文「国家行政組織法と内閣府設置法（一）」及び著書『行政機関と内閣府』で、私は左のように論じた。

「『内閣の所轄の下に』という用語のなかの『所轄』は『所』と『轄』からなるが、『内閣の所轄の下に』という表現は『内閣の統轄の下に』という表現との対比で用いられてきたところからみて、『内閣の所轄の下に』というときの『所』は、『内閣の統轄の下に』というときの『統』[control] を打ち消すという意を込めて使われている用語、言葉をかえていうと、『内閣の統轄の下に』というときの『内閣の《統》[control] の下に』ないということ（『内閣の《統》べるという行為 [control] の下に』ないということ）を明示するための用語であるとみていいであろう」。森田・前掲注（38）四頁、森田・前掲注（2）四頁。また参照、本書第五章**七**。

(263)　制定時と変わりがない《改正前の国家行政組織法》一〇条は、「各大臣、各委員会の委員長及び各庁の長官は、その機関の事務を統括し」云々と規定して「統括し」といっている。

《改正前の国家行政組織法》は、「統轄」の語と「統括」の語の使い分けの上にたって「統括し」といっているのであって、「『統轄』も……『統括』と異なるところはない」という見方の上にたっている訳ではない。

例の「英正文」も、「『統轄』も……『統括』と異なるところはない」という見方の上にたっていない。このことは、左に引用するところから容易に知られるであろう。

「一〇条」：Each Minister, a Chairman of each Commission, or Director of each Agency, shall preside over the affairs of his organ and control and supervise its personnel in regard to the performance of their duties.

「統括する」に当たる英語として何が用いられているかというと、preside over であって、exercise control and jurisdiction over ではない。

なお、この preside について英英辞典が次のように記していることも、記憶に値するであろう。

POD (revised 8th ed.) p. 706.【preside】……**2** exercise control or authority.

CIED p. 1117.【preside】：to be in charge of or to control a meeting or event.

本文に前述したところで私は、佐藤功教授や藤田宙靖教授が「『統轄』も……『統括』と異なるところはない」という見方の上にたって《改正前の国家行政組織法》にいう「内閣の統轄の下に」の「統轄」を把捉していることを紹介し、その上で、そのような把捉に対して強い疑問を呈した。

もっとも、読者の注意を喚起しておきたいとおもう。内閣法は、《改正前の国家行政組織法》とは異なって、「『統轄』も……『統括』と異なるところはない」という見方の上にたっていることに。

というのは、「昭和二十四年五月三十一日」付けで公布された「内閣法の一部を改正する法律」に由来する内閣法一三条三項は、「内閣官房長官は、内閣官房の事務を統轄し」云々と規定して「統轄し」といっているからである。

この点は、既に著書『行政機関と内閣府』で指摘したところであるので、ここでは、これ以上の立論はおこなわない。参照、森田・前掲注（2）一五頁注一四。

(264)　アリストテレース・ホラーティウス・前掲注(205)四二頁。

第一三章　国家行政組織法一条など・中

一　「極秘」の「行政官庁法案概貌」

既に何度ものべたように《改正前の国家行政組織法》は、その一条で「この法律は、内閣の統轄の下における行政機関の組織の基準を定め」云々と規定して「内閣の統轄の下における行政機関」といっている。

この「内閣の統轄の下における行政機関」という言い回しが、制定時の国家行政組織法と系譜上のつながり（広義）をもつ法制局等の案文において実質的にみて初めて登場した時期は、大いなる注視に値する。

その時期がいつであり、その案文がどのようなものであったかについて具体的な論及をおこなう前に、確認しておきたいことがある。それは、次の点である。

行政官庁法、すなわち、「昭和二十二年四月十七日」の日付をもって公布され、そして「日本国憲法施行の日から」施行された行政官庁法には、「内閣の統轄の下における行政機関」という言い回しはないし、また、実質上この言い回しの系譜に属するものと判断される章句もない。このことは、左に引用する行政官庁法の規定をみれば了解されうるとおもう。

「　　行政官庁法

第一条　内閣総理大臣及び各省大臣の分担管理する行政事務の範囲は、法律又は政令に別段の規定あるものを除くの外、従来の例による。

第二条　各省大臣は、国務大臣の中から、内閣総理大臣がこれを命ずる。但し、内閣総理大臣が、自らこれに当ることを妨げない。

第三条　各大臣の管理する事務は、法律又は政令に別段の規定あるものを除くの外、総理庁、従来の各省及び従来の各大臣の管理する外局で、これを掌る。
第四条　各大臣は、所部の職員の服務につき、これを統督する。
第五条　各大臣は、主任の事務について、法律又は政令の制定、改正又は廃止を必要と認めるときは〔以下、略〕」。

右の行政官庁法は、憲法「第五章　内閣」に組み込まれている《知》からすると、問題性をふくむものであった。同法が「この法律は、施行後一年を限り、その効力を有する」との規定をおいたのは、その結果であろう。念のためいっておくと、「施行後一年を限り」という定めは複数の法律で改められ、実際には、「昭和二三年三月中旬」の「マーカムの意見」により制定に向けて直進した国家行政組織法が施行された日（「昭和二十四年六月一日」）の前日まで、行政官庁法は「効力を有」した。――関連して参照、前記第五章**七**で引用した佐藤功教授の随筆中の一節。

行政官庁法の問題性の一つは、同法が《省》などの《一定の組織体》ではなくて「各省大臣」などの《一定の組織体の長》を構図の前面に出して定めをおいていたことに求められるであろう。一つの《知》に思いを寄せられたい。《『各省大臣』などの『長』があって『各省』などの『組織体』があるのではなくて、『各省』などの『組織体』があって『その長』すなわち『各省大臣』などがある》。この《いわれれば自明の理とされがちな知》を、憲法「第五章　内閣」は組み込んでいるのである。――さしあたり参照、前記第一章ないし第四章。

本題の話題に戻っていう。《改正前の国家行政組織法》の「内閣の統轄の下における行政機関」という言い回しが実質的にみて《初登板》した法制局等の案文は、「極秘」のスタンプが捺された「(二一、一〇、二〇)」の「行政官庁法案概貌」である。

もっとも、それから三カ月後の「(二二、一、二二、臼)」の「行政官庁法案」や「昭和二十二年四月十七日」

の日付をもって公布された行政官庁法では、その種の言い回しは《降板》している。《再登板》するのは、「昭和二三年三月中旬」の「マーカムの意見」により制定に向けて直進した国家行政組織法の案文においてである。

《初登板》の条文は、上記「行政官庁法案概貌」「第二条」である。いわく、「内閣の指揮監督（統轄）の下に一般行政事務を分担管理する最高行政官庁として、内閣庁並びに外務省、……省、……省及び……省を置く」（……は原文）。

ここに書き記した規定には、吟味的な解明の上にたった注釈をほどこす必要のある部分が認められるが、それについては次の**二**以下でおこなうこととし、この**一**では、「行政官庁法案概貌」全体に関し大局的な解読を試みることにする。

「行政官庁法案概貌」は、法案の全部を記したものではないけれども、一応「第二十三条」まで書かれている。左記は、「第九条」までの部分の再現である。

「行政官庁法案概貌」　　　　　　　（二二、一〇、二〇）

第一章　総　則

第一条　行政官庁の設置並びにその組織及び権限は、別に定めるものを除いては、この法律の定めるところによる。

第二条　内閣の指揮監督（統轄）の下に一般行政事務を分担管理する最高行政官庁として、内閣庁並びに外務省、……省、……省及び……省を置く。

第三条　内閣庁の首長は内閣総理大臣とし、各省の首長は各省大臣とする。

各省大臣は内閣総理大臣が、国務大臣の中から、これを命ずる。

第四条　各大臣は主任の事務につき、内閣に対して、その責に任ずる。

第五条　各大臣は主任の事務について、法律又は政令の制定、改正又は廃止を必要と認めるときは、案を具へて内閣に申達しなければならない。

第六条　各大臣は、主任の事務について、法律若は政令を執行するために、又は法律若は政令の特別の委任に基いて、内閣庁令又は省令を発することができる。

庁令又は省令には、公共の安寧秩序を保持するため取締上特に必要があるときは、六月以下の懲役若しくは禁錮、拘留、五千円以下の罰金又は科料の罰則を附することができる。

前項の外庁令又は省令には、特に法律の委任がある場合に限り、罰則を附することが出来る。

第七条　各大臣は、主任の事務について、国の機関としての都道府県の長（及び警視総監）を指揮監督し、都道府県を監督する。

第八条　各大臣は、庁務又は省務を総理し、所部の職員を指揮監督し、一級官及び二級官の進退についてはこれを内閣に申達し、別段の定のある場合を除くの外三級官以下の進退については、これを専行する。

第二章　内閣庁部内

第一節　内閣庁

第九条　内閣庁は、左の事務を管理する。

一　（天皇の旨を受けて）憲法改正、詔書、勅書、法律、政令及び条約を公布すること。

二　憲法改正、詔書、勅書、法律、政令及び条約の原本を保存すること。

三　各庁人事の統轄に関すること。

四　恩給に関すること。

五　統計に関すること。

第十条　内閣官房は［以下、略］」（……は原文）

この「行政官庁法案概貌」については、その下書きと理解される、あるいは、下書きをおこなうにあたっての方向を示したものと理解される手書きの資料が、佐藤達夫文書に残されていることを見落としてはならないであろう。

「行政官庁法案概貌」は、佐藤法制局次長が取りまとめたものといっていいのである。次に引用するのが、その手書きの資料である。

「←——行政官庁法案　（二一、一〇、二〇）

第一章　総則

第一条　行政官庁の設置及びその組織［『設置』『組織』のほかに『権限』をくわえるという趣旨に理解可能な記述がある］は別に定めるものを除くの外、この法律の定めるところによる。

第二条　内閣の統轄の下に［『統轄』よりも『指揮監督』が適当ではあるまいかという趣旨に理解可能な記述がある］一般行政事務を分担する最高行政官庁として、総理庁並に外務省、内務省……及び逓信省を置く。

——————・——————

第　条

大臣直轄の外局［『試験所、研究所、経済事業のみを行ふ官庁の類いを除く』との記述が脇にある］は、国会閉会中特に必要のあるときは政令で、その設置及び構成を定めることが出来る。但し、次の国会にこの法律の改正案として提出しなければならない。

本法に規定する行政各部の首長は、内閣を代表する総理大臣の指揮監督を承ける。

内閣官房及び法制局は、内閣官制の定める権限の外、政令の定めるところにより、内閣総理大臣の輔佐に任す

［右の記述の後の余白部分に、書き込みよう・筆の力の入れようがまったく異なっているけれども、『国務大臣秘

書官／無任所大臣』という備忘メモ的な叙述がある」」（……は原文）

右の「(二一、一〇、二〇)」の「行政官庁法案」を基礎にした「(二一、一〇、二〇)」の「行政官庁法案概貌」に、《改正前の国家行政組織法》の「内閣の統轄の下における行政機関」という言い回しの実質的な《初登板》をみる私の所見は、佐藤文書にふくまれている「(二一、一〇、一〇　曰)」の「中央行政官庁法案」にはその種の言い回しがみられないという事実にも支えをもっている。

「　中央行政官庁法案

(二一、一〇、一〇　曰)

第一章　総　則

第一条　この法律は、総務院及び物価院の各院並びに外務省、内務省……の各省にこれを通用［『通用』は『適用』の誤記であろうか?］する。

第一条ノ二　各院は、内閣総理大臣の指定する国務大臣の管理に属する。

第二章　所管事項

第二条　総務庁［『総務庁』は『総務院』の誤記であろう］は、内閣総理大臣の指定する国務大臣の管理に属し、左の事務を掌る。

一　内閣官房所管事務［『所管事務』は『所管事項』の誤記であろう］

二　賞勲局所管事項

三　恩給局、統計局（、印刷局）所管事項

四　宮内省所管事項

第三条　外務省は、左の事務を掌る。

一　外国に関する政務の施行

第三章　各院総裁及び各省大臣

第四条　各院総裁及び各省大臣は、主任の事務［『主任の事務』の脇に『所管事務』の記述がある］につき、この責に任ずる。主任の明瞭でない事務（であって、他の院又は省に関渉するもの）のあるときは、閣議に提出してその主任を定める。

　　註

(1)後段　内閣官制

第五条　各院総裁及び各省大臣は、主任の事務について法律又は政令の制定、廃止又は改正を要するものあるときは［以下、略］」（……は原文）

さて、以上のべたところを前提にして、読者に比較対照、すなわち、一方における左記Iと他方における左記IIとの比較対照を要望したいとおもう。

I　「(二一、一〇、一〇　臼)」の「中央行政官庁法案」、そして「昭和二十二年四月十七日」の日付をもって公布された行政官庁法。

II　「(二一、一〇、二〇)」の「行政官庁法案」、そして「(二一、一〇、二〇)」の「行政官庁法案概貌」。

比較対照、一方における右記Iと他方における右記IIとの比較対照をおこなうと、何が判明するか。《軸》的なこととしては、次のことが判明するであろう。

一方における「(二一、一〇、一〇　臼)」の「中央行政官庁法案」及び「昭和二十二年四月十七日」の日付をもって公布された行政官庁法では、《省などの組織体の存在が所与とされており、省などの組織体の設置規定の必要性やその設置形態に思いが寄せられていない》。

これに対し、他方における「(二一、一〇、二〇)」の「行政官庁法案」及び「(二一、一〇、二〇)」の「行政官庁法案概貌」では、《『……省を置く』などの規定があり、省などの組織体の設置規定の必要性に思いが寄せられているばかりか、省などの組織体の設置規定や設置形態規定を一番の前景に現して定めをおこうとする方向性が感じられる》。

そこで得られる結論的テーゼは、こうである。後者（上記Ⅱ）では、《それ以前の案文において欠如しているもの・曖昧にされているものの超克への指向性が感じられる》。

ここで、再び読者に想起を願いたいとおもう。前記第五章及び第一一章で「二一、一〇、一七（法）」の「内閣法案」に関連して書いた左の言葉を。

「二一、一〇、一七（法）」の「内閣法案」には、それ以前の案文にみられない顕著な特徴、《それ以前の案文との間に連続線を引くことが不可能なような特徴》が認められる。

この言葉を想起して、その上でその脇に、上記結論的テーゼ――佐藤次長が取りまとめた「(二一、一〇、二〇)」の「行政官庁法案概貌」には、《それ以前の案文において欠如しているもの・曖昧にされているものの超克への指向性が感じられる》というテーゼ――を並べておいてみよう。

いかなる考えが浮かんでくるであろうか。こうである。前記第五章でその「内閣法案」について語った推測と同様の推測をこの「行政官庁法案概貌」について語りうる。

前記第五章で、以下のように私は語った。「二一、一〇、一七（法）」の「内閣法案」は、《昭和二一年一〇月半ば》に総司令部の側から呈示された一定の具体的な《指針》を査定し参考にしながら作成されたのではあるまいか。

それと同様、「(二一、一〇、二〇)」の「行政官庁法案概貌」は、《昭和二一年一〇月半ば》に総司令部の側から呈示された一定の具体的な《指針》を査定し参考にしながら作成されたのではあるまいか。

《昭和二一年一〇月半ば》という時期は、強い記憶に値する。閲覧した資料を味読して得られたところは、ここに帰着したのである。

二 「二一、一〇、二〇」の「第二条」

上にのべたように、《改正前の国家行政組織法》一条の「内閣の統轄の下における行政機関」という言い回しの実質的な《初登板》は、「(二一、一〇、二〇)」の「行政官庁法案概貌」「第二条」に求められる。

左記IIがそれで、左記Iはそれに先立つ「(二一、一〇、二〇)」の「行政官庁法案」「第二条」である。

I 「内閣の統轄の下に［『統轄』よりも『指揮監督』が適当ではあるまいかという趣旨に理解可能な記述がある］一般行政事務を分担する最高行政官庁として、総理庁並に外務省、内務省……及び逓信省を置く」(……は原文)。

II 「内閣の指揮監督（統轄）の下に一般行政事務を分担管理する最高行政官庁として、内閣庁並びに外務省、……省、……省及び……省を置く」(……は原文)。

右記の二つの規定を精緻に観察されたい。そうすれば、何が観取されうるであろうか。次のＡＢＣＤが観取されるであろう。

Ａｉ その二つの規定によれば、「内閣の統轄の下における……」という言い回し中の「……」の部分に具体的に嵌め込み可能としているのは、《総理府及び省》である。——「総理庁」や「内閣庁」は未成熟な構想のなかの総理府といいうるものであるので、議論を組立てる上では、それらに代えて総理府という語句を使いたいとおもう。

ⅱ 《総理府及び省》という《組織体》が「最高行政官庁」と形容されている。

Ｂ 最初に「内閣の統轄の下に」おける……省と書かれ、次に「内閣の指揮監督の下に」おける……省が適当ではあるまいかとされ、その上で「内閣の指揮監督（統轄）の下に」おける……省と記載された。

Ｃ 「分担する」や「分担管理する」の主辞が、《大臣》ではなくて、《総理府及び省》という《組織体》となっている。

Ｄ 「分担する」や「分担管理する」の対象が、「行政事務」ではなくて、「一般行政事務」となっている。

ここに指摘したＡＢＣＤについては、更に比較対照的な考究がくわえられていいであろう。以下の**三**でＡ、**四**でＢ、**五**でＣ、**六**でＤについてその考究をおこなっていきたいとおもう。

三　《府及び省》が「最高行政官庁」

1　前記第一二章**四**で、こう論じた。《改正前の国家行政組織法》一条が「内閣の統轄の下における行政機関」というときの「行政機関」については《後方穴埋め方式》がとられており、その《後方穴埋め》をしているのが同法三条二項の規定である。同法にいう「行政機関」はすべて同法三条二項の規定――「行政機関は、府、省、委員会及び庁とし」という定め――を前提にして理解されるべきである。

そのことから知られるように、《改正前の国家行政組織法》が「内閣の統轄の下における……」という言い回し中の「……」の部分に具体的に嵌め込み可能としているのは、「府、省、委員会及び庁」である。

これに対し、「(二一、一〇、二〇)」の「行政官庁法案概貌」が「内閣の統轄の下における……」という言い回し中の「……」の部分に具体的に嵌め込み可能としているのは、《改正前の国家行政組織法》流にいうと、「府、省」である。

2　月刊誌「自治研究」二〇〇〇年一月号に寄せた論文「国家行政組織法と内閣府設置法(四・完)」と著書『行政機関と内閣府』で私は、《改正前の国家行政組織法》の一定の仕組みに照らして、同法にいう「行政機関」はこれを《始源的》なものと《準始源的》なものに分かつことができるという趣旨のことを語った(265)。――更に参照、前記第一二章**五**及び**六**。

《改正前の国家行政組織法》の「行政機関」は「府、省、委員会及び庁」を指しているが、このなかの「府、省」という《組織体》が《始源的》な「行政機関」で、「委員会及び庁」という《組織体》が《準始源的》な「行政機関」である。

以上の前置き的な論述をした上で「(二一、一〇、二〇)」の「行政官庁法案概貌」の方に立ち戻っていうと、上にのべたように「行政官庁法案概貌」は、《総理府及び省》という《組織体》をもって「最高行政官庁」と形容している。――《改正前の国家行政組織法》の言い回しを使っていうと、「府、省」という《組織体》が「最高行政官庁」である。

ところで、「府、省」という《組織体》をもって「最高行政官庁」と形容する「行政官庁法案概貌」の基盤にある見地と、「府、省」という《組織体》をもって《『始源的』『行政機関』》と形容する所論の基盤にある見地との間には実質上の違いがあるかというと、そこには実質上の違いはない。

そこで得られる論結は、こうである。「(二一、一〇、二〇)」の「行政官庁法案概貌」「第二条」が「最高行政官庁」というときの「行政官庁」概念は、《改正前の国家行政組織法》の「行政機関」概念の《大芽》、しかも制定時の国家行政組織法と系譜上のつながり(広義)をもつ法制局等の案文におけるその《大芽》としての地位を有する。

四　「内閣の統轄の下に」の没的動き

1　既述したように佐藤法制局次長は、「(二一、一〇、二〇)」の「行政官庁法案」で最初に「内閣の統轄の下に」おける……省と書き、次に「内閣の指揮監督の下に」おける……省が適当ではあるまいかとし、その上で、「(二一、一〇、二〇)」の「行政官庁法案概貌」において「内閣の指揮監督(統轄)の下に」おける……省と記載した。「内閣の統轄の下に」おける……省という章句の突然の登場などからみて、Ministries shall be set up under the control and jurisdiction of the Cabinet. といった類いの《英文》が先にあって、その《英文》の翻訳の所産として「内閣の統轄の下に」おける……省という章句が呈示されていたと推断されよう。

ここで、前記第一章ないし第五章、そして第一〇章で解明した事柄の思い出し、そして心への刻印を読者に要望したいとおもう。

心に刻印されるべきは、こうである。憲法「第五章　内閣」においては「内閣」は《行政事務の全体的要務》という「一般」を、「行政各部」は各《行政事務》という「各般」を担当するという考え方がとられており、しかも、その「行政各部」というのは《内閣と(形態的には)切り離されて置かれる組織》としての性格を有する。

このことを胸中におくと、そのつながりのなかで何が胸中に浮上してくるであろうか。こうである。上記《英文》は、妥当な憲法「第五章　内閣」論に支えられている。

妥当な憲法「第五章　内閣」論は、「内閣の統轄の下に」おける……省という章句、しかも、「轄」の趣意として《離れているもの》との《一定のつながり》が考えられている「内閣の統轄(control and jurisdiction)の下に」おける……省という章句を生むのである。——参照、前記第一二章**五**ないし**七**。更に参照、後記第一四章**一**。

強調しておきたいとおもう。いま生むとのべた章句のなかの「統轄」は、control and jurisdiction の意である。

2　ここで展開を予定している議論との関係上、再述する。佐藤次長は、「(二一、一〇、二〇)」の「行政官庁法案」で最初に「内閣の統轄の下に」おける……省と書き、次に「内閣の指揮監督の下に」おける……省が適当ではあるまいかとして、その上で、「(二一、一〇、二〇)」の「行政官庁法案概貌」において「内閣の指揮監督(統轄)の下に」おける……省と記載した。

注意を集中されたい、佐藤次長が取りまとめた「(二一、一〇、二〇)」の「行政官庁法案概貌」には、「内閣の指揮監督(統轄)の下に」おける……省とあることに。

みられるように、そこでは「指揮監督」と書かれた直後のカッコのなかで「統轄」と書かれている。この「統轄」の意味は。

この「統轄」、すなわち、「(二一、一〇、二〇)」の「行政官庁法案概貌」「第二条」がそのカッコのなかで記載した「統轄」は、control and jurisdiction の意ではなくて、control ないし general control の意であろう。

何故か。「指揮監督」と書かれた直後のカッコのなかで「統轄」と書かれているのであるから、「指揮監督」という語の意味に近い方のものが考えられていると理解されるのである。そしてこの理解は、「行政官庁法案概貌」「第九条第三号」が「人事の統轄」――「人事の」とあって「統轄」とあるから、この「統轄」はcontrolないしgeneral controlの意である――と規定していることからも裏付けられうるであろう。

3 「統轄」という用語の登場に関連しては、「〔二十一・〕十一・六」付けで佐藤次長が記した「内閣法覚書」が興味をそそられる。

「〔二十一・〕十一・六」の「内閣法覚書」は、以下のような弁明をふくんでいる。「内閣は……統轄権を有する」という条項が「更に進んで」「内閣は……指揮監督権を有する」という条項となるけれども、後者のような「露骨な条項を設ける必要はないとも思はれる」旨の弁明を。――この「思はれる」は、「(二一、一〇、二〇)」の「行政官庁法案概貌」が「内閣の指揮監督(統轄)の下に」と規定したことについての弁明と判断されるので、弁明と私は書いたのである。

その弁を発したことと関係があるであろう、次の**4**で論及する「(二二・一・三　佐)」の「行政官庁法(概貌)」が単に「内閣の統轄の下において」と書き記しているのは。繰り返す。この案文では、単に「内閣の統轄の下において」とあるのである。

話題を「内閣法覚書」の弁明の方に戻していうが、見極め作業をする必要がある大事なことは、そのような弁明が妥当な憲法「第五章　内閣」論を反省的に探究・追究する作業の上に、言葉をかえていうと、自己の知に対する批判的な(カント的意味で批判的な)吟味の上に発せられたものかどうかである。けれども、そうとはいいえないというのが私の観察的所見である。

4 佐藤次長の念頭にあった「統轄」の意味がcontrolないしgeneral controlであることを一段と明瞭に示してくれるのは、同次長が執筆したものと判断される「(二二・一・三　佐)」の「行政官庁法(概貌)」である。次に、その法案の「第七条」までの部分を再現しておこう。

「行政官庁法（概貌）　　（二二・一・三　佐）

第一章　総則

第一条　行政官庁の設置及びその組織の基本に関しては、別に法律で定めるものを除いては、この法律の定めるところによる。

第二条　各行政官庁の権限及び組織は、この法律に則つて政令でこれを定める。

第三条　一般行政事務を分担管理する最高行政官庁は、内閣総理大臣、外務大臣、内務大臣……及び逓信大臣とし、その官署として左の上欄に掲げる庁及び省を、その管理に属する外局として左の下欄に掲げる官署を置く。

総務庁　　賞勲局、……

外務省　　終戦連絡事務局

内務省

大蔵省　　印刷局、専売局

第四条　法制局の人事その他の事務整理については、総務庁の外局に準ずるものとし、この法律中外局に関する規定は、法制局にこれを準用する。

法制局は、内閣法に定める事務の外、法制に関する内閣総理大臣の諮問に応じ、その他政令の定めるところにより、内閣総理大臣を助ける。

第二章　内閣総理大臣及び各省大臣

第五条　各省大臣は、内閣総理大臣が、国務大臣の中から、これを命ずる。

第六条　内閣総理大臣及び各省大臣は、内閣の統轄の下において主任の事務を分担管理し、内閣に対してその責に任ずる。

第七条　各大臣は、所部の職員を指揮監督し、二級官以上の職員の進退についてはこれを内閣に申達し、三級官以下の職員の進退についてはこれを専行する。

第八条　各大臣は、主任の事務について、法律又は政令の制定、改正又は廃止を必要と認めるときは［以下、略］」（……は原文）

ここにみられるように「(二二・一・三　佐)」の「行政官庁法（概貌）」の軸を形成している「行政官庁」は、「各省大臣」などの《一定の組織体の長》である。「行政官庁法（概貌）」は、《省》などの《一定の組織体》ではなくて「各省大臣」などの《一定の組織体の長》を構図の前面に出して定めをおいているから、憲法「第五章　内閣」に組み込まれている一つの《知》からすると、問題性をふくむものであった。

本題に立ち返ろう。右の「(二二・一・三　佐)」の「行政官庁法（概貌）」にも「内閣の統轄の下に」という言い回しが出てくる。

強い注意を要する。そこにおいて、「内閣の統轄の下における……」という言い回し中の「……」の部分に具体的に嵌め込み可能とされているのは、「(二二、一〇、二〇)」の「行政官庁法案概貌」とは異なって、《大臣》である。

ここからみて、「(二二・一・三　佐)」の「行政官庁法（概貌）」にいう「統轄」は、control ないし general control の意であると判断される。

関連的に力説しておく。妥当な憲法「第五章　内閣」論からみて、「行政官庁法」の類いの法律において「肉付け」として必要なのは、「内閣の統轄（control and jurisdiction）の下に」おける「……省」という類いの章句であって、「内閣の統轄（control）の下に」おける「……大臣」という類いの章句ではない。——また参照、後記第一四章**一**。

5　《昭和二二年一月中旬》であると推定されるが、「内閣の統轄（control and jurisdiction）の下に」における「……省」という類いの章句の使用を正視する見地の上にたった法案づくりは、その大略的なものについてもまた、当面これを求めないという方針を総司令部の側は固めたようである。

これにより制定への途を走行したのが、「昭和二十二年四月十七日」の日付をもって公布された行政官庁法である。——参照、前記本章**一**。

もちろん、狙いがあって、その方針は固められたのである。その狙いが功を奏さないとみて出されたのが、「昭和二三年三月中旬」の「マーカムの意見」である。

これにより制定に向けて直進したのが、「昭和二十三年七月十日」付けで公布された国家行政組織法である。——ここに晴れて「内閣の統轄（control and jurisdiction）の下に」における「……省」という類いの章句が、法律中に誕生したのである。

6　既に何度かのべたように、「(二二、一〇、二〇)」の「行政官庁法案概貌」には、「内閣の指揮監督（統轄）の下に」とあった。

この記述に接して思い起こすひともあろう、《改正前の国家行政組織法》が「内閣の統轄の下に」というときの「統轄」に関する内閣法制局法令用語研究会：編『法律用語辞典』の解説を。

『法律用語辞典』は「統轄」の解説のなかで「指揮監督」と書いていたが、これは、「行政官庁法案概貌」に「指揮監督（統轄）」とあることに強い注目を払った結果であろう。——参照、前記第一二章**七**。

《改正前の国家行政組織法》の制定時における「立案を担当」した佐藤功教授は、前記第五章**七**や第一二章**七**で言及したように、同法が「内閣の統轄の下に」というときの「統轄」はcontrolないしgeneral controlの意であるという把握の下に、次のように主張している。

「国家行政組織法第一条は内閣について『統轄』という文字を用いている。『統轄』も以上述べた『統括』と異なるところはない。何故に『統轄』の文字を用いたかは明らかではない」。

「何故に『統轄』の文字を用いたか」というその問に対しては、左記のように答えることができるであろう。

――参照、前記第一二章。

妥当な憲法「第五章　内閣」論からすれば、理に適っているのは、「轄」の趣意として《離れているもの》との《一定のつながり》が考えられている「内閣の統轄（control and jurisdiction）の下に」であって、「内閣の統括（control）の下に」ではないから、『統轄』の文字を用いた」。

五　「分担管理する」の主辞の収束点

前記第五章**四**でみたように、「二一、一〇、一七（法）」の「内閣法案」は、「内閣総理大臣及び国務大臣は、……行政各部の事務を分担する」と規定して、「行政各部の事務を分担する」の主辞を《大臣》としていた。

これに対し、佐藤法制局次長が書いた、あるいは取りまとめた「（二一、一〇、二〇）」の「行政官庁法案」や「（二一、一〇、二〇）」の「行政官庁法案概貌」では、「一般行政事務を分担する」や「一般行政事務を分担管理する」の主辞が、《大臣》ではなくて、《総理府及び省》という《組織体》となっている。

重要な点を繰り返す。「（二一、一〇、二〇）」の「行政官庁法案概貌」では、「一般行政事務を分担管理する」の主辞が、《大臣》ではなくて、《総理府及び省》という《組織体》となっている。

もっとも、「二一、一〇、一七（法）」の「内閣法案」を土台として作成された佐藤次長の手になる「二一、一〇、二一（佐）」の「内閣法（案）」では、前記第五章**四**における論述から明らかなように[266]、「行政各部の事務を分担する」という部分が「行政各部の事務を分担管理する」に変わっているものの、その「分担管理する」の主辞は、土台にされた案文と同じく、《大臣》となっている。

眼を「[二十一・]十一・六」付けで佐藤次長が記した「内閣法覚書」に向けてみよう。「内閣法覚書」には、「行政官庁法に於て、『各省は内閣の統轄の下において……を管理する』と規定することが考へられる」(……は原文)とある。

みられるように「管理する」の主辞は、《大臣》ではない。《省》という《組織体》が、「管理する」の主辞である。

以上のように考察してくると、一つの問題が脳中に浮上してくるであろう。「行政官庁法」の類いの法律において、《総理府及び省》という《組織体》をもって「管理する」の主辞とすることは、認められるであろうか。

この点との関連で思い出されるべきは、第一に、以前の述作でも、そして前記第二章でも指摘した憲法六六条一項の「国務大臣」なるものであり、第二に、前記第四章で解明的に論究した憲法七四条の「主任の国務大臣」なるものである。左記のⅰⅱを読まれたい。

ⅰ　憲法六六条一項の「国務大臣」というのは、《内閣の統轄の下における『行政……部』の担当事務》を《分担管理することができる地位》——別言すると、《国務大臣を長とする『行政……部』の(各般上の)行政事務》を《分担管理することができる地位》——をいう。

ⅱ　憲法七四条の「主任の国務大臣」というのは、《国務大臣を長とする『行政……部』の(各般上の)行政事務》を《管理する》権限・責任のある国務大臣をいう。

憲法「第五章　内閣」においてとられている右記「国務大臣」論によれば、《国務大臣を長とする『行政……部』の(各般上の)行政事務》について「管理する」の主辞となりうるのは、《大臣》である。

したがって解答は、こうなる。「行政官庁法」の類いの法律において、《総理府及び省》という《組織体》をもって「管理する」の主辞とすることは、認められない。

判然明白となった事柄は、こうである。「行政官庁法」の類いの法律において「管理する」の主辞とすることができるのは、《大臣》である。

したがって、以下のようにいいうるであろう。「行政官庁法」の類いの法律における「分担管理する」の主辞は、いずれ変わる運命にあった、と。

実際、佐藤次長が執筆した「(二二・一・三　佐)」の「行政官庁法（概貌）[269]」「第三条」には、「一般行政事務を分担管理する最高行政官庁は、内閣総理大臣、外務大臣、内務大臣……及び逓信大臣とし」と規定されており、「分担管理する」の主辞は《大臣》に変わったのである。――念のためいう。この「第三条」の「最高行政官庁」ということで直接的に考えられているのは《大臣》であるから、それは、前記本章**三**で吟味的検討をくわえた「(二一、一〇、二〇)」の「行政官庁法案概貌」にいう「最高行政官庁」とは意味内容を異にしている。

いま指摘したところから知られるように「行政官庁法」系統の案文においては、佐藤次長が執筆した「(二二・一・三　佐)」の「行政官庁法（概貌）」に至って、「分担管理する」の主辞を《大臣》とする定め（着地点的な定め）が作成されたのである。

そして、「日本国憲法施行の日」から施行された行政官庁法が、その一条で「内閣総理大臣及び各省大臣の分担管理する行政事務の範囲は」云々と規定して、「分担管理する」の主辞を《大臣》とする定め（着地点的な定め）をふくんでいたことは、前記本章**一**でみたとおりである。

けれども、心に留められたい。「(二一、一〇、二〇)」の「行政官庁法案」や「行政官庁法案概貌」、あるいは「[二十一・]十一・六」付けの「内閣法覚書」において、佐藤次長は、《総理府及び省》という《組織体》をもって「分担管理する」の主辞としていたことを。

このことや、前記第五章や第一一章で明るく照明を当てた事実などに鑑みれば、もはや次のように論定していいであろう。

「二一、一〇、一七（法）」の「内閣法案」にみられる「内閣総理大臣及び国務大臣は、……行政各部の事務を分担する」旨の定めは、《自前の作品》ではない。

最後に一言。いま《自前の作品》ではないと論定した定めは、主辞の《大臣》と「行政各部の事務」とを関係づけて述辞で「分担する」と規定しているが、この「分担する」という述辞が不適切であることは、述辞を《担当する》に置き換えて考えれば容易に理解されうるであろう。「分担する」というその述辞は、既に第五章**四**でのべたように、「分担管理する」に変わる運命にあったのである。(270)

六　「分担管理する」の対象の収束点

佐藤法制局次長が書いた、あるいは取りまとめた「(二一、一〇、二〇)」の「行政官庁法案」や「(二一、一〇、二〇)」の「行政官庁法案概貌」に関しては、一つの考究問題が残されている。左記Dに係る問題である。「D『分担する』や『分担管理する』の対象が、『行政事務』ではなくて、『一般行政事務』となっている」。

1　右のDに関する私の思量において視界に入れ、そして、根底的な位置を占めることとなった《知》は、憲法七三条柱書きにいう「一般行政事務」である。正確にいうと、次のような《知》である。——参照、前記第一章。

憲法七三条柱書きが「内閣は、他の一般行政事務の外、左の事務を行ふ」というときの「一般行政事務」(そして、マッカーサー草案六五条柱書きが「内閣は、左の事務その他 executive responsibilities をおこなう」というときの executive responsibilities) というのは、《行政事務の全体的要務》をいう。

このテーゼは、月刊誌「自治研究」一九九九年一一月号で初めて公共のまなざしの下におかれたのであるが、(271) そこから溯ること三箇月前に公表された稲葉馨「行政組織の再編と設置法・所掌事務および権限規定」には、左のような叙述がある。

「内閣府……の長である内閣総理大臣は『主任の大臣』として一般行政事務(〔内閣府設置法〕四条三項)を『分

担管理する』（六条二項）(272)」。

このような稲葉教授の叙述を論評して、「自治研究」一九九九年一一月号で私は以下のように書いた。「その叙述においては、内閣府設置法が用いていない『一般行政事務』という言葉が使われているが、いうところの『一般』とはいかなる意味であろうか(273)」。

稲葉教授の叙述に出てくる内閣府設置法六条二項というのは、「内閣総理大臣は、内閣府に係る事項についての内閣法にいう主任の大臣とし、第四条第三項に規定する事務［内閣に置かれる内閣府の第二の『所掌事務』］を分担管理する」旨の定めである。

そこから判明するように稲葉教授は、「第四条第三項に規定する事務［内閣に置かれる内閣府の第二の『所掌事務』］」を特徴づけて「一般行政事務」といっているのである。

このことや、『日本国語大辞典　第二版　第一巻』一二〇〇頁（二〇〇〇年、小学館）が「一般」の語義として基本的に「一様」「共通して全体にわたっていること」「普通」の三つをあげていることに照らして考えれば、「一般」という言葉の意味として稲葉教授の念頭にあるのは「普通」であり、教授のいう「一般行政事務」の規準的意味は《普通行政事務》であるということになる。

さて、右にみたような稲葉教授の思考展開・思考枠組みをもって「内閣は、他の一般行政事務の外、左の事務を行ふ」と規定する憲法七三条柱書きに接しよう。

そのとき、そこにいう「一般行政事務」をひとはどのような意味に理解するであろうか。「一般行政事務」の規準的意味は《普通行政事務》であると解するであろう。

けれども、そのように理解することは、たとえば、そこに「他の一般行政事務」とあって「他の」と規定されていることと抵触をきたす。

「他の」というのは《同類のなかの残りの》という趣意であって、「自治研究」一九九九年一一月号で公共のまなざしの下においた論文「国家行政組織法と内閣府設置法（二）」や著書『行政機関と内閣府』で指摘したように、[274] また、前記第一章でも指摘したように、憲法七三条柱書きは《内閣は、左の事務その他一般行政事務をおこなう》旨の規定であるからである。

憲法七三条柱書きの「一般行政事務」をもって《普通行政事務》の意であると把握することは、そこに「他の」と規定されていることと抵触をきたすのである。――参照、前記第一章。

上にみてきたように稲葉「行政組織の再編と設置法・所掌事務および権限規定」は、「［内閣府設置法］第四条第三項に規定する事務」を特徴づけて「一般行政事務」といい、あたかも憲法七三条柱書きの「一般行政事務」をもって「［内閣府設置法］第四条第三項に規定する事務」を特徴づけることができるように説いていたが、そこには問題があった。

そのような問題性を意識した結果であろう、稲葉教授は、その論文「行政組織の再編と設置法・所掌事務および権限規定」が公表されて一年余を経過したときに刊行された学会誌「公法研究」収載の論稿「『行政』の任務・機能と国家行政組織改革」では、「［内閣府設置法］第四条第三項に規定する事務」を特徴づけるものとして前稿で用いた「一般行政事務」という用語の使用を避けている。

「一般行政事務」という用語に代えて用いられたのは「分担管理事務」という語句で、たとえば「内閣府設置法四条三項にいう分担管理事務[275]」というふうな記述がされている。

そして、前記第一章の注（32）で言及した行政組織研究会――稲葉教授は、藤田宙靖教授を「代表者」とするこの研究会のメンバーである――の論文も、「分担管理事務」という語句を用いている。

注意を集中されたい。内閣府設置法六条二項が「内閣総理大臣は、……第四条第三項に規定する事務を分担管理する」というときの「分担管理する」の対象が、「分担管理事務」と呼ばれていることに。

くわえて、注意を集中されたい。たとえば、稲葉教授のように「内閣府設置法四条三項にいう分担管理事務」

という記述を使用することは、ひとに一見するところ違和感を覚えさせるような章句の登場につながる可能性があることに。

たとえば、稲葉教授は「同庁［金融庁］の分担管理事務[276]」と書いているが、これは、「分担管理する」の主辞があたかも「金融庁」という《組織体》であるかのごとき書き方である。稲葉教授のいわんとするところは、おそらく、《内閣総理大臣という『大臣』の『分担管理』の対象である事務で、金融庁の所掌するもの》であろうけれども。

いま指摘した点を度外においても、「［内閣府］本府でも、栄典事務をはじめとして、内閣府設置法四条三項にいう分担管理事務を所掌することになっている[277]」という稲葉教授のその種の立言には、私は強い疑問をもっている。

また、「内閣府が一定の分担管理事務を所掌」するなどという行政組織研究会の論文の同様な立言（自治研究七六巻一〇号［二〇〇〇年］二〇―二一頁、更に同号七頁、一四頁など）にも、私は強い疑問をもっている。

具体的な論評は、別の機会におこないたいとおもうが、要は、内閣府設置法に内在している一定の先行・後行の関係――四条三項で先行的に《内閣に置かれる内閣府の第二の『所掌事務』》について定めをおき、六条二項で後行的に「内閣総理大臣は、……第四条第三項に規定する事務［内閣に置かれる内閣府の第二の『所掌事務』］を分担管理する」と規定しているという仕組み――について十分な意が払われておらず、却ってそれと正反対の先行・後行の関係を主張するに等しい立言（本末転倒の観のある立言）であるということである。

ここにのべたところから明らかであるとおもうが、念のためいう。《普通行政事務》という意味における「一般行政事務」を《内閣に置かれる組織》で担当することの法的問題性については既述したので、そのことの法的問題性は視界の外において、この**六**の論述はものされている。

この**1**を閉じるにあたって、稲葉教授もメンバーとしてくわわっている行政組織研究会の論文には、逸することのできない句がふくまれていることを指摘しておきたいとおもう。

「憲法第七三条各号に列挙された事務以外の一般行政事務」という記述が、いま逸することのできない句とのべた当の句である（参照、自治研究七六巻九号〔二〇〇〇年〕一五頁）。

強く胸に蔵することを願う。行政組織研究会の論文は、いうところの「一般行政事務」について説明をしていないことを。

この無説明と、憲法七三条柱書きに「他の一般行政事務」とあるところを行政組織研究会の論文が「以外の一般行政事務」と記したこととの間には、つながりがあるであろう。

2　以上のことをのべて、佐藤次長が書いた、あるいは取りまとめた「(二一、一〇、二〇)」の二つの案文の方に話題を戻そう。

「(二一、一〇、二〇)」の「行政官庁法案」や「(二一、一〇、二〇)」の「行政官庁法案概貌」では、「分担する」や「分担管理する」の対象は、「一般行政事務」と規定されていた。

これに対し、「二一、一〇、一七(法)」の「内閣法案」やこれを土台とする佐藤次長の手になる「二一、一〇、二一(佐)」の「内閣法(案)」では、「分担する」や「分担管理する」の対象は、「行政各部の事務」と規定されていた。

ところで、この**六**の前の**五**で明るく照明を当てたように、「内閣法案」や「内閣法(案)」では、「分担する」や「分担管理する」の主辞は《大臣》であったものの、「行政官庁法案」や「行政官庁法案概貌」では、「分担する」や「分担管理する」の主辞は《総理府及び省》という《組織体》であった。

「分担する」や「分担管理する」の主辞をもって《総理府及び省》という《組織体》としながらも、その「分担する」や「分担管理する」の対象をもって「行政各部の事務」という字句で表現する規定――たとえば《各省は、行政各部の事務を分担管理する》という規定――は、不適切であろう。

この不適切という評定は、いうまでもなく、「行政各部の事務」に代替する言葉を要求する。代替の言葉として選ばれたのが、「一般行政事務」である。

「一般行政事務」ということで「行政各部の事務」を特徴づけることができると判断した結果であろう、「行政官庁法案」や「行政官庁法案概貌」が「一般行政事務」という言葉を用いたのは。――《各省は、一般行政事務を分担管理する》。

かくして、判明する。「(二一、一〇、二〇)」の「行政官庁法案」や「(二一、一〇、二〇)」の「行政官庁法案概貌」における「一般行政事務」は、《普通行政事務》の意味である。

もっとも、「内閣は、……一般行政事務……を行ふ」と規定する憲法七三条柱書きの「一般行政事務」は《行政事務の全体的要務》の意であり、憲法「第五章　内閣」においては、「内閣」は《行政事務の全体的要務》という「一般」を、「行政各部」は各《行政事務》という「各般」を担当するという考え方がとられているから、「行政各部の事務」を特徴づける用語として――《普通行政事務》の意味であれ――「一般行政事務」を使用するのは不適当で、適当なのは「行政事務」という用語である。

前記第五章**四**で論じたように、「二一、一〇、二一」に開かれたと推断される法制局の会議で、内閣法案中の「[大臣は]行政各部の事務を分担管理する」は「[大臣は]行政事務を分担管理する」に修正された。これこそ《大臣は、行政事務を分担管理する》旨の規定こそ)が、憲法「第五章　内閣」が予定していた定めである。――参照、前記第二章、第四章及び第五章。

行政官庁法案の方も、いずれ変わる運命にあったのである。もっとも、佐藤次長が執筆した「(二一・一・三佐)」の「行政官庁法（概貌）」では、「分担管理する」の主辞を《大臣》に変えるにとどまっていて、いまだ「[大臣は]一般行政事務を分担管理する」となっており、着地点的な定めにはなっていない。

着地点的な定めになったのは、「二二・一・二四」の「行政官庁法案」である。この案文では、「[大臣は]行政事務を分担管理する」となっているのである。

そして、「日本国憲法施行の日」から施行された行政官庁法が、その一条で「内閣総理大臣及び各省大臣の分担管理する行政事務の範囲は」云々と規定して、《大臣は、行政事務を分担管理する》旨の定めをふくんでいることは、前記本章一でみたとおりである。

「一般行政事務」は排され、「行政事務」が採用された。内閣法も行政官庁法も《大臣は、行政事務を分担管理する》となったのである。

上述したように、「二一、一〇、一七（法）」の「内閣法案」にみられる「[大臣は]行政各部の事務を分担する」旨の規定は、《自前の作品》ではない。

administrative responsibilities ないし administrative affairs という英語が先にあり、その訳語として採択されたのが「行政各部の事務」であったと考えられる。

administrative は executive との対比のなかで使用される術語としての役割を与えられており、憲法七二条にいう「行政各部」に関連して用いられるものであるという《深みのある知見》が、その訳語採択の動因となったのであろう。一番の適訳は、文の構造や関連する仕組みを考慮すると、「行政事務」であるけれども。

私は推量している、「いまだ覆いをかけられたままにされている裏方がいたのではあるまいか[278]」と。

本章の末語。アリストテレス（高田三郎：訳）『ニコマコス倫理学（上）』に、こうある。「もろもろの基本命題がその結論以上に彼の知るところとなっているのでないかぎり、彼は単に偶有的な仕方で『学』を有しているにすぎない[279]」。

(265)　参照、森田・前掲注（2）七一―七二頁。また参照、森田・前掲注（200）二七―二八頁。

(266) 佐藤達夫文書の一資料に手書きで書き込まれたところによれば、「二一、一〇、一七（法）」の「内閣法案」中の「分担する」という用語の適不適が問題にされたときに、最初にそれ以上の適とされたのは「分担掌理する」であったようである。

それが、更なる考えの下に、「分担管理する」になったのである。「二一、一〇、一七」から「二一、一〇、二〇」までの間に。

(267) 森田・前掲注（1）九一―一〇頁、森田・前掲注（2）二四頁。

(268) 参照、本書第四章**二**。

(269) これについて参照、前記本章**四**。

(270) また参照、前出の注(266)。

(271) 森田・前掲注（1）六―七頁。

また参照、森田・前掲注（2）二〇―二一頁。

(272) 稲葉馨「行政組織の再編と設置法・所掌事務および権限規定」ジュリスト一一六一号（一九九九年）一一四頁。

(273) 森田・前掲注（34）一八頁注四七、森田・前掲注（2）五五頁注四六。

(274) 参照、森田・前掲注（1）六―七頁、森田・前掲注（2）二〇―二一頁。

(275) 稲葉・前掲注（110）四二頁。

(276) 稲葉・前掲注（110）四五頁。

(277) 稲葉・前掲注（110）四二頁。

(278) これは、本書第一章**二**で綴った文を借用したものである。

(279) アリストテレス・前掲注（188）二二一頁。

第一四章　国家行政組織法一条など・下

一　《改正前》一条の基盤に憲法第五章

国家行政組織法一条は、平成一一年法律九〇号により改正された。率直にいって私は、この改正に接して驚いた。何故か。これについては、後記本章**六**、**八**及び**九**で論じられるであろう。

この**一**の目的であるが、《改正前の国家行政組織法》一条の「内閣の統轄の下における行政機関」という概念は憲法「第五章　内閣」中の規定にその基本的な支えをもっていることについて明るく照明を当てること、これである。

《改正前の国家行政組織法》一条の「内閣の統轄の下における行政機関」という章句について、以前の述作及び前記第一二章で明らかにしたところを整理すれば、次のⅠⅡⅢのようになるであろう。

Ⅰ　《改正前の国家行政組織法》一条が「内閣の統轄の下における行政機関」というときの「轄（jurisdiction）」は、《離れているもの》との《一定のつながり》を言表している。

Ⅱ　《改正前の国家行政組織法》一条にいう「行政機関（administrative organs）」については、《後方穴埋め方式》がとられており、「府、省、委員会及び庁」を指している。

Ⅲ　「府、省、委員会及び庁」は《内閣と（形態的には）切り離されて置かれる》ものであることが、《改正前の国家行政組織法》一条によって《明記されている》。

ところで、憲法「第五章　内閣」中の規定である憲法七二条は、「行政各部」――英訳日本国憲法：various administrative branches――といっている。

この「行政各部」は、《内閣と（形態的には）切り離されて置かれる組織》としての性格を有する。このことも、既に論述したとおりである。

そして、憲法「第五章　内閣」は、《内閣と（形態的には）切り離されて置かれる組織》の性格を有するその「行政各部」に二種あることを認めている。

以前の述作でも、また、前記第五章**七**でも指摘したように、「憲法七三条は、憲法七二条が『行政各部』というときのその『行政……部』に二種あること」、すなわち、「内閣の統轄［control and jurisdiction］の下における『行政……部』」と「内閣の所轄［jurisdiction］の下における『行政……部』」の二種あることを「認めている」。

当面している論題との関連では、その二種のなかの「内閣の統轄の下における『行政……部』」が問題となるが、この「内閣の統轄の下における『行政……部』」という言い回しについては、この言い回し中の「行政……部」の部分の代替的別語として「行政機関」を用いつつそれを言い換えると、その「内閣の統轄の下における『行政……部』」は「内閣の統轄の下における行政機関」となることに注意されていいであろう。

もっとも、「内閣の統轄の下における『行政……部』」という言い回しの代替的言い換えとして用いられた「内閣の統轄の下における行政機関」という語句中の「行政機関」に該当するのは、《改正前の国家行政組織法》が「内閣の統轄の下における行政機関」というときの「行政機関」に当たる「府、省、委員会及び庁」でいえば、そのうちの「府、省」であることを看過してはなるまい。

「委員会及び庁」は、代替的言い換えとして用いられたその語句中の「行政機関」には該当しない。憲法七二条の「行政……部」は《形態的に自立的な組織》をいうのであって、「委員会及び庁」は《形態的に自立的な組織》ではないからである。――参照、前記第一二章**六**。

かくして、「自治研究」一九九九年一一月号掲載の論文や著書『行政機関と内閣府』と同様[280]、次のように論定していいであろう。

《改正前の国家行政組織法》一条の「内閣の統轄（control and jurisdiction）の下における行政機関（administrative organs)」という概念は、憲法「第五章　内閣」中の規定にその基本的な支えをもっている。

憲法「第五章　内閣」中の規定は、《『内閣の統轄(control and jurisdiction)の下に』おける『行政……部(administrative branches)』》の存在を肯定しているからである。

二　塩野教授の批評は根拠を欠いている

塩野宏教授は、二〇〇一年に発行されたその著作『行政法Ⅲ［第二版］（行政組織法）』で、一つの批評的論述をおこなっている。次に引用するのが、その批評的論述である。

「森田・行政機関と内閣府五七頁以下は、本書［一九九五年の『行政法Ⅲ』］の二つの行政機関概念を批判的に分析したあとで、現行の［『現行の』は誤りで、正しくは『平成一一年法律九〇号による改正の前の』である］国家行政組織法（国組法）における行政機関の概念は、『内閣の統轄の下における組織の事務の始源的・準始源的な受皿としての資格をもつ名義』に着目して構成された概念であり、講学上の行政機関の概念は『行政主体の事務の最終的な受皿としての資格を持つ名義』に着目して構成された概念であるという。本書の二つの行政機関概念は、本文でも述べたように、理論上可能な概念であるがそれは、概念構成のプロセスからすると、行政官庁法理と国組法を前提として、これを理論化したものである。したがって、上位概念としての行政機関概念をこれで過不足なく二分化して整理するという性格のものではない。その意味で、森田論文の行政機関に関する概念構成と異なる点がある。」[281]

右に引用した塩野教授の批評は、根拠を欠いている。この**二**から、それに続く**五**までの議論の主たる目的は、そのことの明証にある。

最初に、この**二**における以下の箇所では、塩野教授の批評に関する要約的な総括的なコメントを書き記しておきたいとおもう。

塩野教授は、その著作『行政法Ⅲ』（一九九五年）における二つの行政機関概念は「概念構成のプロセスからすると、行政官庁法理と国組法を前提として、これを理論化したものである」ことに強く注意を促している。けれども、強く注意を促しているその事柄はこれを正視・承認した上で、塩野教授の二つの「理論化」内容に対してそれぞれ疑問を呈し、その上で、妥当な二つの「理論化」内容について呈示を試みたのが、「森田・行政機関と内閣府五七頁以下」である。――後記本章**三**及び**四**を読まれたい。

また、塩野教授は、「上位概念としての行政機関概念をこれで過不足なく二分化して整理するという性格のものではない」ことを強調しているが、私が一度も語ったこともない「上位概念としての行政機関概念」とは、何をいうのであろうか。――後記本章**五**を読まれたい。

三　講学上の機関の概念についての批評

塩野教授は、その著作『行政法Ⅲ』における二つの行政機関概念のうちの一つは、「概念構成のプロセスからすると、行政官庁法理……を前提として、これを理論化したものである」ことを強調している。けれども、塩野教授のその「理論化」内容は妥当なものとはいいえないと立論し、その上で、妥当な「理論化」内容について呈示を試みたのが、「森田・行政機関と内閣府五七頁以下」である。

塩野教授の「理論化」内容について、具体的にみてみよう。基本的な論述は、『行政法Ⅲ』の「一八頁」にある。「行政機関――概念」と題する一節中の「二つの行政機関」という小見出しのなかにある左記の論述が、それである。

「行政機関は行政組織法上の基礎概念の一つである。／これをどのように構成するか、また、その単位をどのようにするかについては普遍的なルールがあるわけではないが、大きく二つの類型に分類できる。／一つは、当該行政機関と私人との関係、つまり、外部関係を基準として行政機関をとらえるものである。この場合にもいろいろの方法があるが、その一つとして、行政作用法上の免許、許可などの対外的権限を行使する者を、まず、中核的な行政機関として位置づけ、それを補助する機関などは、その周辺に配置するというものが考えられる。分類基準からすると、これは、作用法的機関概念であって、形態的には放射的機関概念といえる」。

「森田・行政機関と内閣府」五八―五九頁は、右記の引用節――以下この三で《塩野教授の基本的な論述》といっているのは、これを指す――を書き写し、その上で、直ちに次のように立論した。

「右に引いた論述［すなわち、《塩野教授の基本的な論述》］の最初の部分でのべられている論述目的に即して論述の主旨を捕捉すれば、こうなるであろう。《初めに講学上の行政官庁の概念あり》という思考枠組の下に行政機関の概念を構成する立場があり、これは『作用法的機関概念』をとっているといいうる、と。

ところで、この『作用法的機関概念』をとっているとされているのは、伝統的行政法学であるが、この伝統的行政法学における行政機関の概念が講学上の行政機関の概念と呼ばれてきたのであるから、塩野教授は、講学上の行政機関の概念を『作用法的機関概念』と形容していることになろう。

けれども伝統的行政法学は、《初めに講学上の行政官庁の概念あり》という思考枠組の下に行政機関の概念を構成したといいうるであろうか。伝統的行政法学において初めにおかれたのは、行政官庁の概念ではなくて行政機関の概念であって、その行政機関の概念を基準にして行政機関と捉えられたものの一種が行政官庁と資格づけられたのではなかろうか。塩野教授の議論には、行政機関の概念の問題と、その行政機関の概念を基準にして行政機関と捉えられたものの分類、しかも行政官庁を基軸としたその分類の問題（要するに、行政機関の分類の問題）との混淆があるように見受けられる。一定の論述に塩野教授自らがつけた『作用法的機関概念――行政官庁法理による機関概念』という見出しのなかのいわば副題は、はしなくもこの混淆を表示しているように考えられるが、どうであろうか」（傍点は原文）。

留意を要する点がある。第一に、ここに再現した私の立論中の「この『作用法的機関概念』をとっているとされているのは、伝統的行政法学であるが」[282]という部分には「注」がつけられていて、その「注」では塩野『行政法Ⅲ』の「一九頁」が指示されていることに留意を要する。

第二に、《塩野教授の基本的な論述》は、「作用法的機関概念」の内容それ自体（すなわち、講学上の行政機関の概念）について、説明をくわえていないことに留意を要する。

塩野教授は、「行政機関……の……概念……をどのように構成するか、……二つの類型に分類できる。／一つは、当該行政機関と私人との関係、つまり、外部関係を基準として行政機関をとらえるものである。この場合にもいろいろの方法があるが、その一つとして、行政作用法上の免許、許可などの対外的権限を行使する者を、まず、中核的な行政機関として位置づけ、それを補助する機関などは、その周辺に配置するというものが考えられる。分類基準からすると、これは、作用法的機関概念……といえる」と論説している。

けれども、その論説は、「作用法的機関概念」の内容それ自体（すなわち、講学上の行政機関の概念）についての説明をふくんでいない。

その論説が説示しているのは、伝統的行政法学が行政機関の概念を構成する際にとっていると塩野教授によって判断された一定の思考枠組にすぎない。――伝統的行政法学は《初めに講学上の行政官庁の概念あり》という思考枠組の下に行政機関の概念を構成した。

伝統的行政法学に関するこの説示は、講学上の行政機関の概念について説明をくわえているといいうるであろうか。ひとは以下のように断言するであろう。いいえない、と。

塩野教授のその説示と同様の説示を内にふくんでいるのが、稲葉馨教授の一九九九年の論文「行政組織の再編と設置法・所掌事務および権限規定」である。同論文に、左のようにある。

「わが国の伝統的な行政組織法論である行政官庁（法）理論においては、行政作用法上の処分権限等が、通常、大臣・長官・税務署長といった各レベルの組織体のトップに与えられていることに対応して、基本的に、行政主体のために活動する人を基準に行政機関をとらえてきた（人的機関概念[283]）」。

この引用節中の「人的機関概念」論というのは、正確にいうと、こうなる。「講学上の行政機関を『具体的な人間の占める《地位》——たとえば税務署長という《地位》——に焦点を定めて』説明する[284]」論というふうに。

伝統的行政法学の行政「機関」の概念を「人的機関概念」でもって律し去ることができないことは、以前の述作で指摘した。

「公正取引委員会を組成する《公正取引委員会委員の『地位』にある具体的な人間》は、これをアイデンティファイできる。けれども、《公正取引委員会の『地位』にある具体的な人間》は、これをアイデンティファイできない[285]」（傍点は原文）。

注意を向けられたい。講学上の機関の概念を「人的機関概念」でもって律し去ることができないという上の文章は、講学上の機関の《概念の外延[286]》については異論は出されず、内閣や公正取引委員会などが講学上の機関としての性格をもつとされてきたことを前提にして書かれていることに。

「人的機関概念」論——これが支配的な論である——をとる論者も、講学上の機関の一種として合議制の機関をあげてきたのである。内閣や公正取引委員会などの合議制の機関は、その「人的機関概念」でもって説明不能であるにもかかわらず。

「伝統的行政法学の機関概念（講学上の機関概念）は『人的機関概念』でもって十全に説明可能と説くのが、『人的機関概念』論である[287]」。

このような状況にあるとき、考究上の課題がどこにあるかは明白であろう。考究上の課題は、講学上の機関の《概念の内包[288]》に関する定式にあって、講学上の機関の《概念の外延》に関する事柄にはない。

再び稲葉論文に戻ろう。先に引用した所説中に「基本的に」とあった。こう記すことを通して——抽象的に私の議論を受容することを通して——稲葉教授は、伝統的行政法学の行政「機関」の概念を「人的機関概念」でもって律し去ることができないことを示唆しているのである(289)。

その示唆されているところを正面から受け止めると、稲葉論文の主張は以下のようになる。伝統的行政法学は《初めに講学上の行政官庁の概念あり》という思考枠組の下に「行政機関をとらえてきた」。

この種の主張に関する問題点を《塩野教授の基本的な論述》に即して明らかにしたのが、上で再現した『行政機関と内閣府』五八―五九頁の立論である。

更に参照を願いたいとおもう。『行政機関と内閣府』一一五頁を。そこで私は、《塩野教授の基本的な論述》について左のように論じた。

「けれども伝統的行政法学は、《初めに『行政作用法上の免許、許可などの対外的権限』を有する機関の概念あり》という思考枠組の下に『行政機関』の『概念』を『構成』した、言葉をかえていうと、《初めに講学上の行政官庁の概念あり》という思考枠組の下に『行政機関』の『概念』を『構成』した、といいうるであろうか。

既に……のべたように私は、そのようにいいえないと判断している。伝統的行政法学において初めにおかれたのは、行政官庁の概念ではなくて行政機関の概念であって、行政官庁は行政機関の一種であるとされているからである。

このことは、上に書き写した美濃部教授の所説に『国の行政機関は、其の担任する職務権限から見て、其の種類頗る多様であり』云々とあったことから、あるいは、柳瀬教授の所論に『国の行政機関は、その権限から見て分つときは、官庁と補助機関と諮問機関と執行機関との四種となる』とあることから、容易に観取されうるとおもう。

付言する。――塩野教授のようにいいうるとするのであれば、伝統的行政法学には、《初めに女性の概念あり》という思考枠組の下に人間の『概念』を『構成』するという類いの混乱と同様の混乱があることの具体的な根拠をあげて議論を展開する必要があろう。

これを要するに、塩野教授の議論は、講学上の行政機関の概念の問題と講学上の行政官庁を基軸とした講学上の行政機関の分類の問題との混淆の上に成立しているように私にはおもわれる。そしてこの混淆が、講学上の行政機関の概念に対する不適切な評価を導いていることは、後にみるとおりである」[290]（傍点は原文）。

探究・追究されるべきは、講学上の行政機関の概念についての妥当な定式化である。『行政機関と内閣府』六〇―七一頁は、その試みである。次のｉとⅱが、そこで呈示した結論的定式である。

ｉ　「講学上の行政『機関』とは、行政主体の事務を担任させて行政主体のために活動させる目的で設けられた名義で、少なくとも一つの活動事項について最終的な受皿となっているものをいう」[291]。――なお、この定式中の「『もの』が『名義』を指していることについては、多くをのべる必要はないであろう」[292]。

ⅱ　「講学上の機関とは、法人の事務を担任させて法人のために活動させる目的で設けられた名義で、少なくとも一つの活動事項についてその主辞的名義、しかも最終的な主辞的名義としての資格を認められているものをいう」[293]。

私が読者の前に呈示した講学上の機関の《概念の内包》に関する定式は、「少なくとも一つの活動事項について最終的な」ということの発見の上にたって、そこに焦点を合わせたことに一番の特徴がある。このことは、『行政機関と内閣府』六二―六九頁の論述から容易に知られうるであろう。

「受皿」という言葉についてのべておくと、『行政機関と内閣府』などにおいて私は、それを《(事務とか活動事項の) 受任の単位》の意味で使用している。

《(事務とか活動事項の) 受任の単位》ということを縮めて言い表す適当な言葉はないかという思いの下に、「受皿」は「あるポストを引き継ぐべき人材の意にも用いられる」[294]と書いている手元の辞書などを参考にして選定したのが、その「受皿」という言葉である。

「【受皿】……②転じて、ある人や物事を受け入れる組織、ポスト、場所、態勢などや、それを受け継ぐべき人をいう」旨、『日本国語大辞典　第二版　第二巻』（二〇〇一年、小学館）一六八頁。

藤田宙靖教授は、二〇〇一年に発行されたその著作『行政組織法〔新版〕』で、私の論考に対して、『受皿』という言葉が、事柄の法的な説明をするのに果して適当であるのかどうか、といった問題[295]」があるとのべている。私は、藤田教授に強く問いたい。《(事務とか活動事項の）受皿となっている名義》という言い回しには、具体的にどのような問題があるのであろうか。

読者に注意の集中を願いたいとおもう。藤田教授をふくめ諸家は、「事務配分上の単位」という用語を使って議論を展開しているが、この「事務配分上の単位」は《事務配分を受ける単位》の意味であることに。——参照、次の**四**。

諸家のいう「事務配分上の単位」は《事務配分を受ける単位》の意味であることをも視野に入れて、私は《(事務とか活動事項の）受皿となっている名義》という言い回しを選定したのである。

ここに綴った文章を読んで、連想的に思い起こすひともあるであろう。宮沢俊義『(法律学体系コンメンタール篇）日本国憲法』中の次のような立言を。

「『法律の委任』にもとづいて、その委任の範囲内で法律の所管事項を定める命令は、通例委任命令と呼ばれる。委任する命令ではなくて、委任を受けた命令という意味で、むしろ受任命令と呼ぶほうが、言葉としては、適当であろう[296]」。

私の論考に対して藤田『行政組織法〔新版〕』は、別の論評もおこなっている。左に書き記すのが、藤田教授のその別の論評である。

藤田教授の著作『行政組織法』（一九九四年）が、講学上の行政「機関」は「割り振られた権限と責務の帰属点、すなわち言い換えれば、一定の法的地位ないしポストのことを指す概念である[297]」という論述などをしていることから「理解されるであろうように、私〔藤田教授〕は、『一定の法的地位ないしポスト』の語によって、『割り振られた権限と責務の帰属点』のことを意味しようとしているのであって、それ故にこそ、合議体そのものが『行政機関』としての性質を持つことがあり得る、と説明しているのである。その限りにおいて、本書［藤田『行政組織法』］と同論文［森田論文］との間に懸隔があるようには思われない」。(298)

けれども、藤田教授のこの論評は、講学上の機関の《概念の内包》に係る問題と講学上の機関の《概念の外延》に係る問題との混淆の上に成立している。(299)

上述したように、支配的な「人的機関概念」論をとる論者、正確にいうと、「講学上の行政機関を『具体的な人間の占める《地位》――たとえば税務署長という《地位》――に焦点を定めて』説明する」論者も、講学上の機関の一種として合議制の機関をあげてきた。合議制の機関は、いうところの「地位」でもって説明不能であるにもかかわらず。

要するに、こういうことである。「合議体そのものが『行政機関』としての性質を持つことがあり得る、と説明している」こと自体は、一定の「合議体」が講学上の機関の《概念の外延》に属するという――広く広く認められ、「森田論文」も前提にしている――《概念の外延》的主張にほかならないから、そのように「説明している」こと自体は、何らの新味もないことであるし、また、「森田論文」の適否を左右する事柄でもない。「森田論文」の適否を左右するのは、講学上の機関の《概念の内包》に関する言述である。

講学上の機関の《概念の内包》に関する私の定式は、「少なくとも一つの活動事項について最終的な」ということの発見の上にたって、そこに焦点を合わせたことに一番の特徴があった。

確かに藤田『行政組織法』は、「割り振られた権限と責務の帰属点、すなわち言い換えれば、一定の法的地位ないしポスト」といっている。

けれども、私の呈示した「少なくとも一つの活動事項について最終的な」ということが、「割り振られた権限と責務の帰属点」ということの《概念の内包》に関する同著の言述において、実際に言述されていたであろうか。

そうではあるまい(300)。

内閣や公正取引委員会などは講学上の機関に当たり、内閣官房や公正取引委員会事務総局などは講学上の機関に当たらないとされてきたことの《判別基準》は、藤田『行政組織法』では示されていなかった。私は藤田教授に尋ねたいとおもう。そのことの《判別基準》として藤田教授は何を示していたのか、と。

基礎理論の建立において、《概念の内包》の定式化という作業が重要な地位を占めることは、広く了知されている事柄であろう。そして、基礎理論の建立過程で直面する概念的な問題の処理において味わう困苦のほとんどが、《概念の内包》に関するものである(301)。

意識されていい。講学上の行政機関の概念に関する従来の試みが第一段の課題としてきたのは、「行政機関」の「機関」の部分を《正確化》することによる行政機関概念の解明であることに。

従来の試みにおけるそのような課題の継承の上にたって私は、講学上の行政機関の概念について新たに概念解明の試みをおこなったのである。『行政機関と内閣府』一二六頁に、次のように書いた。

「講学上の行政機関の概念、そしてその上位概念である講学上の機関の概念は、大きな射程をもつ概念である。講学上の行政機関の概念、否、講学上の機関の概念は、種々の他の概念との結びつけ・多様な連関づけに耐えうる概念である。私は、そこに一つの《叡知》をみた。伝統的行政法学、否、伝統的法律学がいわば直観的に構成した概念について私が定式化を試み、そして、その上にたって更に定式化の試みをおこなってきた所以の一つは、そこにある」（この引用節に出てくる「上位概念」については、注記する(302)）。

塩野教授は、教授の論と私の論との間には考究目的（考究関連）上の「性格」の違いがあるように批評しているが、真実、そういいうるであろうか。ひとは以下のように断言するであろう。いいえない、と。

四　《改正前》の「行政機関」について

塩野教授は、その著作『行政法Ⅲ』における二つの行政機関概念のうちのいま一つの概念について、それは「概念構成のプロセスからすると、……国組法〔《改正前の国家行政組織法》〕を前提として、これを理論化したものである」ことを強調し、ここでも、教授の論と私の論との間には考究目的（考究関連）上の「性格」の違いがあるように批評している。真実、そういいうるであろうか。

『行政機関と内閣府』三一―三三頁、五七頁、七一―七二頁を一読すれば、私が《改正前の国家行政組織法》の行政機関概念について概念究明の試みをおこなっていることは、明白であろう。――また参照、前記第一二章及び本章**一**。

《改正前の国家行政組織法》の行政機関概念についての塩野教授の「理論化」内容には、疑問がある。教授のその「理論化」内容が妥当なものとはいいえないこと、そして、妥当と私が判断する「理論化」内容については、前記第一二章**二**ないし**四**で、以前の述作以上に浮き彫り的な探究をおこなって明らかにしたので、ここでは繰り返さない。

ここに書いたところから知られるように、塩野教授の論と私の論との間には考究目的（考究関連）上の「性格」の違いはない。塩野教授の私に対する批評は、何のためのものであろうか。

塩野教授は、自らが《改正前の国家行政組織法》を前提として「理論化」した行政機関概念をもって「事務配分的機関概念」と呼称している。

その「事務配分的機関概念」について、稲葉教授の論稿は、以下のように立言している。「〔塩野教授は、〕『事務配分的機関概念も理論モデルとして意味をもつ』ことを正当に指摘している[303]」。

けれども、《改正前の国家行政組織法》の行政機関概念についての塩野教授の「理論化」内容が妥当なものとはいいえないことは、前述したとおりである。――参照、前記第一二章**四**。

ところで、《改正前の国家行政組織法》の行政機関としての性格を有する名義も、講学上の行政機関としての性格を有する名義も、《事務受任の単位》として用いられてきた。

したがって、《改正前の国家行政組織法》の行政機関の概念と講学上の行政機関とを対比してその一方の概念をもって《事務受任的》の意であれ「事務配分的」と呼称するのは、適当ではない。

稲葉教授の論稿は、「……事務配分的行政機関概念と権限配分的行政機関概念といった理論的整理を行い(304)」とのべている。

けれども、「事務」及び「権限」という言葉に盛られてきた内容からみて(305)、「行政機関概念」の「理論的整理」において「事務配分」と「権限配分」とを――あるいは《事務受任》と《権限受任》とを――対比的に用いるのも適当ではないし、「事務配分的」という呼称も「権限配分的」という呼称も、それが《事務受任的》の意や《権限受任的》の意であっても、適当ではない。

私は判断している。「『事務配分か権限配分か』という図式それ自体が……内に問題をふくんでいる(306)(307)」。

五　「上位概念としての行政機関」とは

塩野教授は、その著作『行政法Ⅲ』における二つの行政機関概念について、「上位概念としての行政機関概念をこれで過不足なく二分化して整理するという性格のものではない」ことを強調し、『行政機関と内閣府』五七頁以下の私の立論には問題があるように説く。

塩野教授のその批評的説示が明示的に言及している私の議論は、『行政機関と内閣府』七二頁で展開されたものであり、「二つの行政機関概念に関する観望的定式」と題された一節のなかにある議論であるが、次にその一節の最初から最後までを書き写して読者の参考に供したいとおもう。

「考究の照準を、現行の国家行政組織法［すなわち《改正前の国家行政組織法》］における行政機関の概念と講学上の行政機関の概念の差異についての観望的定式に合わせよう。塩野教授の『行政法Ⅲ』にしたがえば、それは、次のようになるであろう。現行の国家行政組織法における行政機関の概念は『事務配分的機関概念』であるのに対し、講学上の行政機関の概念は『作用法的機関概念』である。

後者の方からコメントをすると、講学上の行政機関の概念についてのこの特徴づけは、講学上の行政機関の概念は《初めに講学上の行政官庁の概念あり》という思考枠組の下に構成されたという把握を前提にしているが、この前提的把握は正鵠を射たものとはみることができない……。

それでは、現行の国家行政組織法における行政機関の概念は『事務配分的機関概念』であるという特徴づけの方はどうかというと、これにも私は賛成することができない。塩野教授の『行政法Ⅲ』にしたがえば、《『その担当する事務』に着眼して機関概念が構成されていれば、そこに『事務配分的機関概念』あり》ということになるが、講学上の行政機関の概念も、《『その担当する事務』に着眼して機関概念が構成されて》いるといいうるからである。

私はどのように考えるか。以下のように考える。現行の国家行政組織法一条にいう『内閣の統轄の下における行政機関』というのは、具体的には、同法三条二項の『府、省、委員会及び庁』を指している……。この『府、省』は、《内閣の統轄の下における組織の事務の『始源的な受皿』としての資格をもつ名義》であり、『委員会及び庁』は、《内閣の統轄の下における組織の事務の『準始源的な受皿』としての資格をもつ名義》である。

現行の国家行政組織法［すなわち《改正前の国家行政組織法》］における行政機関の概念に関するこの洞察と講学上の行政機関の概念に関する上の論究成果とを考え合わせれば、こうなるであろう。現行の国家行政組織法における行政機関の概念は、《内閣の統轄の下における組織の事務の『始源的・準始源的な受皿』としての資格をもつ名義》に着目して構成された概念であるのに対し、講学上の行政機関の概念は、《行政主体の事務の『最終的な受皿』としての資格をもつ名義》に着目して構成された概念である。――ちなみにいっておくと、現行の国家行政組織法三条二項の『府、省、委員会及び庁』のうち『委員会』は、現行制度上、《一定の事務の『準始源的な受皿』としての資格をもつ名義であるとともに一定の事務の『最終的な受皿』としての資格をもつ名義》である。単純化していうと、こうである。現行の国家行政組織法における行政機関の概念は、《事務の始源的な受皿としての資格をもつ名義》に、講学上の行政機関の概念は、《事務の最終的な受皿としての資格をもつ名義》に着目して構成された概念である[308]」（傍点は原文）。

塩野教授に強く問いたい。ここに呈示された私の論結が、何故に「上位概念としての行政機関概念」について語ったことになるのであろうか。また、何故に「上位概念としての行政機関概念を……過不足なく二分化して整理するという性格のもの」ということになるのであろうか。——右で書き写した箇所における「考究の照準」は、「現行の国家行政組織法［すなわち《改正前の国家行政組織法》］における行政機関の概念と講学上の行政機関の概念の差異についての観望的定式に合わせ」られている。

念のためいう。『行政機関と内閣府』などにおいて私は、塩野『行政法Ⅲ』における二つの行政機関概念について、「上位概念としての行政機関概念をこれで過不足なく二分化して整理するという性格のもの」であるという趣旨のことをのべたことは、一度もない。

のみならず『行政機関と内閣府』などにおいて私は、自らが解明的呈示をおこなった二つの行政機関概念についても、「上位概念としての行政機関概念をこれで過不足なく二分化して整理するという性格のもの」であるという趣旨のことをのべたことは、一度もない。

そもそもの疑問がある。塩野教授は「上位概念としての行政機関概念」というが、私が一度も語ったこともない「上位概念としての行政機関概念」とは、何をいうのであろうか。

ちなみにいっておくと、塩野『行政法Ⅲ［第二版］（行政組織法）』は言及していないが、二〇〇〇年に発行された学会誌「公法研究」にのった稲葉教授の論稿が「統一的な（行政）機関概念を模索」することを「今後の方向

として」提唱している。(309)

「統一的な（行政）機関概念を模索」(310)することを提唱する稲葉教授の論には疑問があるが、ここでは立ち入らない。別に機会をみて論じたいとおもう。

塩野教授は、教授の論と私の論との間には考究目的（考究関連）上の「性格」の違いがあるように批評しているが、真実、そういいうるであろうか。ひとは以下のように断言するであろう。いいえない、と。(311)

六　「内閣の統轄の下に」概念の変容

周知のように国家行政組織法一条は、「平成十一年七月十六日」付けで公布された平成一一年法律九〇号により改正された。

国家行政組織法一条中の「内閣の統轄の下における行政機関」という部分が、「内閣の統轄の下における行政機関で内閣府以外のもの（以下『国の行政機関』という。）」というふうに変わったのである。

この改正をみて私はおもった、《改正前の国家行政組織法》の「内閣の統轄の下に」概念の没理解の上にたった改正がされた、と。

改正後の国家行政組織法一条が言及している「内閣府」について、「平成十一年七月十六日」付けで公布された内閣府設置法（平成一一年法律八九号）は、その二条で「内閣に、内閣府を置く」と規定している。

内閣府は、《内閣と（形態的には）切り離されて置かれる組織》ではない。内閣府は、内閣と《離れているもの》には当たらない。

ところで、《改正前の国家行政組織法》一条が「内閣の統轄の下に」というときの「轄」はどのような意味であったであろうか。その「轄」は、《離れているもの》との《一定のつながり》の意であった。

そのことから理解されるように、《改正前の国家行政組織法》一条が「内閣の統轄の下における行政機関」というときの「行政機関」に当たるのは、《内閣と（形態的には）切り離されて置かれる組織》としての性格を有するものである。――参照、前記第一二章。

《改正前の国家行政組織法》一条の「統轄（control and jurisdiction）」概念を前提にすれば、《内閣に置かれる組織》をもって「内閣の統轄の下における行政機関」という章句中の「行政機関」の一つとすることは、自家撞着である。

にもかかわらず平成一一年法律九〇号は、国家行政組織法一条の「内閣の統轄の下における行政機関」という部分を「内閣の統轄の下における行政機関で内閣府以外のもの（以下『国の行政機関』という。）」というふうに改めるとし、内閣に置かれる「内閣府」をもって「内閣の統轄の下における行政機関」という章句中の「行政機関」の一つとしたのである。

支配的な見解が批判的な（カント的意味で批判的な）吟味なしに正当視・受容された結果、そうなったのである。《改正前の国家行政組織法》一条が「内閣の統轄の下に」というときの「轄（jurisdiction）」をもって別段の意味のないものとして把握し、「内閣の統轄の下に」は「内閣の『統』べるという行為（control）の下に」という意味であるとする支配的な見解が、批判的な吟味の対象とされることなしに、確固たる地歩を占めることになったのである。

このようにみてくれば、もはや以下のように論定していいであろう。平成一一年法律九〇号による改正で、国家行政組織法の「内閣の統轄の下に」概念は変容した。

月刊誌「自治研究」一九九九年一〇月号に寄せた論文「国家行政組織法と内閣府設置法（一）」と著書『行政機関と内閣府』で私は、そのような論定を下した後で補足的な立論をおこなっている。次に、それを書き写しておこう。

「［その］改正で国家行政組織法の『内閣の統轄の下に』という用語は、内閣と（形態的には）切り離されて置かれる組織について使用可能な表現としての資格を失ったのである。その用語は、内閣と（形態的には）切り離されて置かれず、却って内閣に置かれる内閣府についても使用されたのであるから、そのようにいいうるのである[312]」。

「［その］改正によって『内閣の統轄の下に』という章句のなかの『轄』は、改正前にもっていた意味を喪失し、その結果として、国家行政組織法の『内閣の統轄の下に』という章句は、単に『内閣の《統》べる行為［control］の下に』ということを意味するにすぎなくなった[313]」。

「［その改正の］関係者は、『轄［jurisdiction］』の意味の没理解の上にたって『内閣の統轄の下に』を把握する支配的な見解に与していたと推断していいとおもう。概念変容は、意図されていなかったのである。けれども、客観的にみて、概念変容はないといいうるかどうか。疑問である[314]」。

七　藤田教授の批評は根拠を欠いている

以前の述作で、そして、この七に先立つ六でも私は、平成一一年法律九〇号による改正で、国家行政組織法が「内閣の統轄の下に」というときの「統轄」概念は変容したと立論した。

ところが、藤田『行政組織法［新版］』一〇二頁注三は、「同書［森田『行政機関と内閣府』］は、内閣府設置法の導入により『統轄』の語の本来の意義が変わった、という」（傍点は森田）と記している。

けれども、私はそのような主張をしたことは、一度もない。――付加的に藤田教授に尋ねる。「語の本来の意義が変わった」とは、どういうことをいうのであろうか。

また、藤田『行政組織法［新版］』一四六頁注四は、「森田・前掲『行政機関と内閣府』三頁以下は、内閣府の設置によって、国家行政組織法上の『統轄』の概念の意味が変わった、と指摘する」と記述している。

けれども、私はそのような主張をしたことは、一度もない。いま掲記した藤田教授の紹介的記述も、真実を反映していない。――『行政機関と内閣府』の何頁で私は、「内閣府の設置によって、国家行政組織法上の『統轄』

の概念の意味が変わった、と指摘」したのであろうか。

藤田『行政組織法〔新版〕』一〇二頁注三には、こうも説かれている。森田『行政機関と内閣府』は「内閣法一三条三項に定める内閣官房の事務についての内閣官房長官の『統轄』」をもってcontrol and jurisdiction の意であると主張する、と。

けれども、私はそのような主張をしたことは、一度もない。森田『行政機関と内閣府』一五頁注一四をみれば明らかなように私は、当該「内閣官房長官の『統轄』」はcontrol ないし general control の意であると論じたのである。――また参照、前記第一二章の注(263)。

更なる疑問がある。藤田『行政組織法〔新版〕』一〇二頁注三の議論における、そして、前記第一章の注(32)で言及した、藤田教授を「代表者」とする行政組織研究会の論文の議論(自治研究七六巻一〇号九―一〇頁など)における用語の「意味」解明・呈示には、問題の混淆が認められる。

詳論は別の機会にゆずるが、結論的なことは書き記しておこう。それらの議論における「現行法上」の「統轄」などの用語に関する「意味」解明・呈示は、一定の論考をする場合には不可欠な区分、すなわち、言語学にいう semantics のレヴェルにある究明と言語学にいう pragmatics のレヴェルにある究明との区分について意識を欠いており、区別を要する問題を混淆している。――さしあたり参照、前記第一二章**七**。

補遺。現代ドイツの著名な哲学者W・シュテークミュラーのよく知られた本『現代哲学の主潮流 2』に、こう書かれている。「記号学的研究が話者、表現、および意味(ないしは、指示対象)という上述の三要素を全部考慮に入れるならば、その研究は語用論(Pragmatik)に属する。……話者が捨象され、そして言語表現、および、その意味あるいは指示対象だけが考慮される限りでは、その研究は意味論(Semantik)に属する」(315)。

用語の「意味」解明・呈示に関する作業態度について少し所見をのべたので、関連して話題にしておきたいとおもう、藤田『行政組織法〔新版〕』一四六頁注二の記述を。

そこに、こうある。「憲法七三条にいうこの『一般行政事務』とは、『行政事務の全体的要諦』の意であり、文字通りの一般行政事務を意味するものではない、という指摘をするものがある。参照、森田・前掲論文」。

私は「文字通りの一般行政事務」という言い回しを用いて論を組立てたことは、一度もない。(316) そのような組立てをしなかった理由の一つは、本書「はしがき」及び前記第一三章**六**における論述から知られうるであろう。

「文字通りの一般行政事務」という言い回しは、藤田教授が使用したものである。そして、強く注意を払われていいであろう、次にのべる点に。

前記第一章の注（32）で言及した行政組織研究会の論文と同様（参照、前記第一三章**六**）、藤田『行政組織法［新版］』は、憲法七三条柱書きが「一般行政事務」というときの「一般」について説明をしていないし、また、藤田『行政組織法［新版］』は、「文字通りの一般行政事務」ということをいいながらも、「一般」の「文字通りの」意味が何であるかを明言することを避けている。

藤田教授に強く問いたいとおもう。教授は、「一般」の「文字通りの」意味は《普通》であるという判断の下に、「文字通りの一般行政事務」という言い回しを使用したのであろうか。

そうだと仮定していうが、いかなる根拠にもとづいて、《普通》をもって「一般」の「文字通りの」意味であると立言するのか。――参照、本書「はしがき」及び前記第一三章**六**。

八　《省の設置形態を明記していない》

最初に、既におこなった論定を確認しておきたいとおもう。左記Ⅰは前記第一二章**五**のなかの、ⅡとⅢは同章**六**のなかの記述である。

Ⅰ　「制定時の国家行政組織法であれ《改正前の国家行政組織法》であれ、その一条が『内閣の統轄の下における行政機関』というときの『轄』をもって《離れているもの》との《一定のつながり》の意に理解することは、総理府や大蔵省などの『行政機関』は《内閣と（形態的には）切り離されて置かれる》ものであること——《設置形態》——がその一条によって《明記されている》とみることになる」。

II 「『府及び省』という『行政機関』は《形態的に自立的な組織》であるから、次のようにいいうる……。／『府及び省』という『行政機関』は、《内閣と（形態的には）切り離されて置かれる組織》でしかも《内閣以外の組織に対しても形態的に非依存の組織》としての性格を有する」。

III 「《府や省の設置形態》に関する命題、しかも一定程度の精緻さを備えた命題は、左のようになる。／『内閣の統轄［control and jurisdiction］の下に《内閣以外の組織に対しても形態的に非依存の》行政機関として……省（府）を置く』」。

《改正前の国家行政組織法》に関するこのような論定との関連において視界に入れられるべきは、何といっても、前記本章**六**でのべた平成一一年法律九〇号による改正である。

何故かというと、その改正で、国家行政組織法の「内閣の統轄の下に」は、単に「内閣の『統』べる行為（control）の下に」という意味になったからである。

その改正で、国家行政組織法が「内閣の統轄の下に」というときの「統轄」は、control and jurisdiction の意ではなくなった。それは、control ないし general control の意になったのである。

「統轄」概念のそのような変容から、何が出来してくるであろうか。あるいは、そのような変容は何を帰結するであろうか。

この問題意識をもって思索をめぐらせば、思い起こされてくるであろう。《改正前の国家行政組織法》についての支配的な見解に対し私がおこなったコメント、前記第一二章**七**で記したコメントが。次に引用するのが、そのコメントである。

「注視されたい。《改正前の国家行政組織法》にいう『内閣の統轄の下に』の『統轄』をもって支配的な見解のようにcontrolないしgeneral controlの意に把握すると、同法は、《府や省の設置形態を明記していない》ことになることに。

のみならず、注視されたい。《改正前の国家行政組織法》が通用している時期の法律一般が、《府や省の設置形態を明記していない》ことになることに。

というのは、府設置法や省設置法における《府や省の設置規定》は、『国家行政組織法（昭和二十三年法律第百二十号）第三条第二項の規定に基いて、……省（府）を設置する』というスタイルをとっていたからである。

支配的な見解にしたがえば、《改正前の国家行政組織法》が通用している時期の法律は、《府や省の設置形態を明記していない》という結論になる。この結論をひとが脳中におくとき、脳裡に何が浮かんでくるであろうか」。

このように論じてくれれば、私が読者の前に差出そうとしているテーゼは、もはや明瞭に推察されうるとおもう。

平成一一年法律九〇号による改正の後の国家行政組織法は、その三条二項で「行政組織のため置かれる国の行政機関は、省、委員会及び庁とし、その設置及び廃止は、別に法律の定めるところによる」と規定しているものの、《改正前の国家行政組織法》と異なって、《省の設置形態を明記していない》。

その改正の後の国家行政組織法が「内閣の統轄の下に」というときの「統轄」は、control and jurisdiction の意ではなくて、controlないしgeneral controlの意であるからである。

くわえて、現行のいかなる法律も、《省の設置形態を明記していない》。省設置法における《省の設置規定》は、「国家行政組織法（昭和二十三年法律第百二十号）第三条第二項の規定に基づいて、……省を設置する」というスタイルをとっているからである。

現行の法律は、「省」については、その《設置形態》を明記していない。――《改正前の国家行政組織法》は、（私の理解にしたがえば）その点に関し明記していた。

これに対し現行の法律は、「内閣府」については、その《設置形態》を明記している。内閣府設置法（平成一一年法律八九号）二条はいう、「内閣に、内閣府を置く」。

九　「行政機関」概念の味得性を破壊

前記第一二章五で、《改正前の国家行政組織法》における「行政機関（administrative organs）」という言葉の用い方には「味得に値するものがある」と書いた。

そう書いたのは、内閣法が《内閣に置かれる組織》については（「機関」という用語を使っているものの）「行政機関（administrative organs）」という言葉を使っていないのに対して、《改正前の国家行政組織法》が《内閣と（形態的には）切り離されて置かれる組織》としての性格を有する「府、省、委員会及び庁」について「行政機関（administrative organs）」という言葉を使用していたからである。

ところが、平成一一年法律九〇号による改正の後の国家行政組織法一条は、「この法律は、内閣の統轄の下における行政機関で内閣府以外のもの（以下『国の行政機関』という。）の組織の基準を定め」云々と規定して、《内閣に置かれる組織》である「内閣府」をも「行政機関」と呼称している。

平成一一年法律九〇号の制定関係者は、《改正前の国家行政組織法》における「行政機関（administrative organs）」という言葉の用い方、そして、内閣法が《内閣に置かれる組織》にその言葉を使用していないことに味得性を認めず、その味得性を破壊したのである。

論結は、こうである。平成一一年法律九〇号による改正で、国家行政組織法の「行政機関」概念は変容した。

「自治研究」一九九九年一一月号で公にした論文「国家行政組織法と内閣府設置法（一）」と著書『行政機関と内閣府』で私は、そのような論結を呈示した後で補足的な立論をおこなっている。次に、それを引用しておこう。

「［その］改正で国家行政組織法の『行政機関』という用語は、内閣と（形態的には）切り離されて置かれる組織について使用可能な表現としての資格を失ったのである。その用語は、内閣と（形態的には）切り離されて置かれず、却って内閣に置かれる内閣府についても使用されたのであるから、そのようにいいうるのである[317]」。「[その改正の]関係者においては、国家行政組織法の『行政機関』概念の変容は、意図されていなかったといっていいとおもう。けれども、客観的にみて、概念変容はないといいうるかどうか。疑問である[318]」。

本章の末語。ゲーテはいう、「われわれがもっぱら分析を適用するさいにあまり考えないようにみえる大事なことは、いかなる分析も綜合を前提にしていることである。砂の堆積は分析されえない。しかし、もしそれが種々異なった部分、たとえば砂と金から成り立っているとすれば、洗鉱することは一種の分析であり、軽いものが洗い流され、重いものはあとに残される[319]」。

(280)　森田・前掲注（1）一七頁、森田・前掲注（2）三三頁。

(281)　塩野宏『行政法Ⅲ［第二版］（行政組織法）』（二〇〇一年、有斐閣）二八頁注一。

(282)　森田・前掲注（2）七三頁注五三。また森田・前掲注(200)二八頁注五四。

(283)　稲葉・前掲注(272)一一七頁。

(284)　森田・前掲注（2）五九頁。また森田・前掲注(200)一八頁。

(285)　森田・前掲注（2）六〇頁。また森田・前掲注(200)一九頁。

(286)　後出の注(299)を参照。

(287)　森田・前掲注（2）七三頁注五四。また森田・前掲注(200)二八頁注五五。

なお、稲葉・前掲注(110)四六頁は、「……人的行政機関概念と組織体的行政機関概念……といった理論的整理を行い」といっているが、「人的行政機関概念」論については、本文で指摘したその性格を看過してはならないであろう。

(288)　後出の注(299)を参照。

(289) 本文でのべた「示唆」は、稲葉馨『行政組織の法理論』(一九九四年、弘文堂)二〇四頁の論述にはみられない。
(290) ちなみにいう。塩野教授がその著作『行政法Ⅲ』で展開した講学上の行政機関論、そして講学上の行政官庁論は、内に大きな問題をふくんでいる。
右の点に関し参照、森田・前掲注(2)第二編第二章(章名:「行政『機関』と行政『官庁』と『法行為』と」)。

付記。塩野『行政法Ⅲ[第二版]』(行政組織法)』における講学上の行政機関論・講学上の行政官庁論も、内に大きな問題をふくんだままである。
(291) 森田・前掲注(2)六一頁、七〇頁。また森田・前掲注(200)二〇頁。
(292) 森田・前掲注(2)六一頁。また森田・前掲注(200)二〇頁。
(293) 森田・前掲注(2)七〇頁。また森田・前掲注(200)二六―二七頁。
(294) 柴田・山田(明)・山田(忠)・前掲注(168)九九頁。
(295) 藤田宙靖『行政組織法[新版]』(二〇〇一年、良書普及会)三三頁注二。
(296) 宮沢・前掲注(51)五七一頁。
(297) 藤田・前掲注(253)二九頁。
(298) 藤田・前掲注(295)三三頁注二。
(299) 左記は、近藤洋逸・好並英司『論理学概論』(一九六四年、岩波書店)一一頁中の叙述――「内包　外延　クラス」と題された一節中の叙述――である。
「哲学者はカントに限らない。プラトン、アリストテレス、ヘーゲルなど、すべて哲学者である。そこで名辞『哲学者』が適用される対象の集合をその名辞(概念)の外延(denotation, extension)とかクラス(class)というのである。名辞が適用できるものの集合が、その名辞の外延(クラス)である。勿論、名辞『哲学者』をやたらに適用することはできない。『ナポレオンは哲学者である』とはいえない。或るものが『哲学者』のクラスに含まれるか否かを決める基準がある。これはそのクラスの成員である対象の全部に共通な性質であり、『哲学者』ならば『愛知者』とか『哲学の研究者』などが、それである。このように或る名辞の適用される対象の共通性質を、その名辞の内包（intension, connotation）または意味（meaning）という」。

(300)　参照、藤田・前掲注（253）二七頁以下。

(301)　私事で恐縮であるが、参考までに明らかにしておくと、講学上の機関の《概念の内包》を定式化するという作業に私が本格的に着手してから、公表に値する成果を得ることができたと感得するまでに、七年の時間的経過があった。

(302)　「『科学者』のクラスは『自然科学者』のクラスを部分として含むが、この場合、前者を上位概念または類（genus）、後者を下位概念または種（species）と呼ぶ」旨、近藤・好並・前掲注（299）一四頁。

(303)　稲葉・前掲注（110）五一頁注四六。

(304)　稲葉・前掲注（110）四六頁。

(305)　この点に関連して参照、森田・前掲注（2）七五頁注八二及び注八三、一〇九頁注八及び注九。

(306)　森田・前掲注（2）七五頁注八三。また森田・前掲注（100）一四―一七頁（「四　大蔵省という名義について《権限の帰属》を語りえないか」）。

(307)　この判断との関連において、藤田・前掲注（253）三八頁の論述、そしてこの論述に関する藤田・前掲注（295）四五頁注二の叙述も、思量・評定の対象とされていい。

右の点について参照、森田・前掲注（2）七五頁注八二及び注八三。また森田・前掲注（100）一四―一七頁（「四　大蔵省という名義について《権限の帰属》を語りえないか」）。

(308)　森田・前掲注（2）七一―七二頁。また森田・前掲注（200）二七―二八頁。

(309)　稲葉・前掲注（110）四六頁。

(310)　念のためいう。私は、《事務受任の単位》という意味で機関という言葉を使用したことは、一度もない。また、《行政事務受任の単位》という意味で行政機関という言葉を使用したことも、一度もない。

のみならず私は、《事務受任の単位》という意味で機関という言葉を使用することにも、また、《行政事務受任の単位》という意味で行政機関という言葉を使用することにも、反対である。
(311) アンリーズナブルな批評は、塩野宏『行政法Ⅲ［第二版］（行政組織法）』二七八頁注一及び三一四頁注一にもみられる。
ここでは、具体的な立論はおこなわないが、別の機会に、学問界の向上を思欲する見地の上にたって考究的立論を展開したいとおもう。
(312) 森田・前掲注（38）一一頁、森田・前掲注（2）一二頁。
(313) 森田・前掲注（38）一一頁、森田・前掲注（2）一二頁。
(314) 森田・前掲注（38）一一頁、森田・前掲注（2）一三頁。
(315) W・シュテークミュラー（中埜肇・竹尾治一郎：監修、竹尾治一郎・森匡史・薮木栄夫：訳）『現代哲学の主潮流　2』（一九八一年、法政大学出版局）七〇頁。
(316) 参照、森田・前掲注（1）六―七頁、森田・前掲注（2）二〇―二一頁。
(317) 森田・前掲注（1）二〇頁、森田・前掲注（2）三六頁。
(318) 森田・前掲注（1）二〇頁、森田・前掲注（2）三六頁。
(319) ゲーテ（木村直司：訳）『色彩論』（二〇〇一年、筑摩書房）六〇頁。

第一五章　内閣府設置法一条・五条など

一　「行政事務」という用語と内閣府

平成一一年法律八九号をもって公布された内閣府設置法は、その一条で「この法律は、内閣府の設置並びに任務及びこれを達成するため必要となる明確な範囲の所掌事務を定めるとともに、その所掌する行政事務を能率的に遂行するため必要な組織に関する事項を定めることを目的とする」と規定し、その二条で「内閣に、内閣府を置く」と規定している。

このように内閣府設置法一条は、《内閣に置かれる組織》である内閣府について「行政事務」という言葉を使っている。

けれども、この使い方は、内閣府設置法が「トータルにその制定の基盤においている」内閣法における「行政事務」の用語方と異なっている。

内閣法では、「行政事務」という字句はその三条一項と同条二項で使用されているが、後者は前者を受けて「行政事務」といっているので、前者を知悉することが重要である。この点に関し私は、前記第五章**一**で次のように書いた。

「結論的テーゼ。内閣法三条一項が『分担管理する』の対象としている『行政事務』というのは、《大臣を長とする『行政……部』の（各般上の）行政事務》をい……〔う〕。／なお、右記の結論的テーゼ中の『行政……部』というの……〔は、〕《内閣と（形態的には）切り離されて置かれる組織》としての性格を有する」。

ここに書き記したところから知られるように内閣法は、《内閣に置かれる組織》については（「事務」という用語を使っているものの）「行政事務」という言葉を使っていない。

「内閣法や《改正前の国家行政組織法》における『行政事務（administrative affairs）』という言葉の用い方には、味得に値するものがある」ことは、前記第一二章一で指摘したとおりである。

ところが、上述のように内閣府設置法一条は、内閣法と異なって、《内閣に置かれる組織》である内閣府について「行政事務」という言葉を使っている。

そこで、こうなる。内閣府設置法の制定関係者は、同法が「トータルにその制定の基盤においている」内閣法における「行政事務（administrative affairs）」の用語方に味得性を認めず、その味得性を破壊した。

私は、月刊誌「自治研究」一九九九年一二月号で公にした論文「国家行政組織法と内閣府設置法（三）」及び著書『行政機関と内閣府』におけると同様に、左のように問いたいとおもう。

「いったい『行政事務』という言葉の下に何を考えて内閣府設置法一条は制定されたのであろうか[320]」。

二 「行政機関」という用語と内閣府

内閣府設置法が「トータルにその制定の基盤においている」内閣法は、《内閣に置かれる組織》については（「機関」という用語を使っているものの）「行政機関」という用語を使っていない。

ところが、内閣府設置法は、内閣法と異なって、《内閣に置かれる組織》である内閣府の「組織」に関連して「行政機関」という用語を使っている。

内閣府設置法五条一項はいう、「内閣府の組織は、任務及びこれを達成するため必要となる明確な範囲の所掌事務を有する行政機関により系統的に構成され、……」と。

以上の記述にみられる指摘は、既に著書『行政機関と内閣府』三九頁でおこなったところであるが、その指摘を別の角度からのべれば、次のとおりである。

内閣府設置法の制定関係者は、同法が「トータルにその制定の基盤においている」内閣法における一つの用語方、すなわち、《内閣に置かれる組織》も《内閣に置かれる組織の構成要素》も「行政機関（administrative organs）」と呼称しないという用語方に味得性を認めず、その味得性を破壊した。

三 「内閣に、内閣府を置く」の「に」

根拠を欠いていると論評せざるをえない見解が、前記第一章の注(32)で言及した行政組織研究会の論文によって提出されている。

自治研究七六巻一〇号（二〇〇〇年）六―九頁、特に九頁を読まれたい。何が知られるであろうか。行政組織研究会は、左記のように主張しているのである。

平成一一年法律九〇号による改正の後の国家行政組織法一条が「内閣の統轄の下に」というときの「内閣」は、憲法六六条一項にいう「内閣」ではなくて、「実質的又は機能的な意味での広義の内閣」である、と。

当然のことながら、右に記したところだけでは、行政組織研究会の主張内容を十分に把握することはできないであろう。補完は、次の**1**でおこないたいとおもう。

1　左に書き写すのは行政組織研究会の論文中の一節で、自治研究七六巻一〇号六―七頁の部分にみられる叙述である。

「ここでまず、『内閣』という語の多義性について指摘したい。『内閣は、……内閣総理大臣及びその他の国務大臣でこれを組織する。』（憲法六六条一項）という場合の内閣は、まさに合議体そのものを指している（狭義の内閣）。他方、『内閣の機関（内閣官房及び内閣法制局をいう。以下同じ。）並びに総理府及び各省』（行政機関の職員の定員に関する法律一条一項）という場合には、『内閣に置く』とされた機関をも含む意味で『内閣』という語を用いていると考えられる（広義の内閣）。これをさらに分かって、狭義の内閣を補助する機能を担う機関（内閣府であれば内閣補助事務担当部分のみ）だけを含む意味で用いる用語法（実質的又は機能的な意味での広義の内閣）と、およそ『内閣に置く』とされた機関であれば（それは何らかの意味で内閣の事務を補助する機能を（も）果たしているであろうから）すべて含む意味で用いる用語法（形式的又は組織的な意味での広義の内閣）とを想定することができるであろう。また、立法府及び司法府と区別された行政府全体を指す場合もあろう（最広義の内閣）」（……は原文）。

初めに結論を記し、論証は後述するところに委ねるという方式をとるのが、あるいは、読者にとって便宜かもしれないので、そうしたいとおもう。

結論的命題。行政組織研究会が右に書き写した箇所で展開した「『内閣』という語の多義性」論は、《空虚》な論である。

行政組織研究会は、「狭義の内閣」「広義の内閣」「最広義の内閣」といっているが、後述のように「広義の内閣」に係る例示は真実態においては例示といいうるものではないし、また、「最広義の内閣」に係る例示はされていないからである。――以下の**2**ないし**4**をみられたい。

2　いま私は、「広義の内閣」に係る例示は真実態においては例示といいうるものではないと書いた。この点を明証するためには、行政組織研究会の見解のポイント的基礎に溯って論を組立てる必要があろう。

最初に、その例示的見解を確認しておく。行政組織研究会によれば、「内閣の機関（内閣官房及び内閣法制局をいう。以下同じ。）」と定める「行政機関の職員の定員に関する法律一条一項」にいう「内閣」は、「『内閣に置く』とされた機関をも含む意味」である。

この例示的見解に接して、ひとは考え込むであろう。何故に「『内閣に置く』とされた機関をも含む意味」になるのであろうか。

ポイント的基礎は、こうである。たとえば「内閣に、内閣官房を置く」という規定中の「に」は、「包摂」の関係――すなわち、in――を言表しているとみられるべきものであるから、その規定が「内閣に」というときの「内閣」は、「『内閣に置く』とされた機関をも含む意味」である。

これがポイント的基礎であることは、行政組織研究会の論文が、この2の前の1で書き写した一節の直後で、段落を変えて「たとえば」と記してものした論述――次の3の冒頭部分で引用する論述――から判明するであろう。

3　行政組織研究会の主張のポイント的基礎が記されていると判断される部分は、自治研究七六巻一〇号七頁にある。左記がその部分である。

「たとえば、『環境省に、大臣官房及び次の四局を置く。』（環境省組織令二条一項）という場合に、大臣官房及び四局が環境省に包摂されていることは明らかであるが、『……公正取引委員会に事務総局を置く。』（独占禁止法三五条一項）という場合に、委員会が事務総局を包摂しているかどうかは判然としない。

内閣府は『内閣に』置かれ……〔るが、〕現行の組織関係法令全体を見渡した場合には、『……に置く』という表現は、組織の包摂関係を表すものと考えた方が分かりやすいのではないか。すなわち、補助機関を含んだ意味での『内閣』という組織を観念し、これに『置く』と考えるものである」（最初と最後の……は原文）。

この論述を読んで最初に疑問におもうのは、一方は「大臣官房及び四局が環境省に包摂されていることは明らかである」というふうに「明らかである」とのべられているのに対して、他方は「〔公正取引〕委員会が事務総局を包摂しているかどうかは判然としない」というふうに「判然としない」とのべられていることである。

「大臣官房及び四局が環境省に包摂されていることは明らかである」のは、何故であろうか。この疑問を別言すれば、次のようになる。

「環境省に、大臣官房及び次の四局を置く」という規定中の「に」が「包摂」の関係、すなわちinを言表していることは「明らかである」のは、何故であろうか。

それは、第一に、「省」が《合議体》ではないこと、第二に、制定時の国家行政組織法に明示されているように、「省」のinternal subdivisionsは「官房」などの言葉で表記することになっていること（後記本章五を参照）に求められうるであろう。――なお、「内閣は……《合議体》の性格を有する。／各省……は《合議体》の性格を有しない」旨、前記第四章の注（101）。

ここに意識の上に明るく浮上させた二点の《知》があるために、「環境省に、大臣官房及び次の四局を置く」という規定中の「に」が「包摂」の関係、すなわちinを言表していることは、「明らかである」ということになるのである。

さて、もう一方は「［公正取引］委員会が事務総局を包摂しているかどうかは判然としない」というふうに「判然としない」とされていた。

「……公正取引委員会に事務総局を置く」という規定中の「に」が「包摂」の関係、すなわちinを言表しているかどうかは「判然としない」とされているのである。

けれども、「公正取引委員会」は、「省」とは異なって、《合議体》である。《合議体である公正取引委員会に……を置く》という規定中の《に》をもって「包摂」の関係、すなわちinを言表していると理解すると、特定の《合議体》であるというその《公正取引委員会》の性格を変えてしまう。その規定中の《に》は、inの意ではない。underの意である。

上の引用節にあるように行政組織研究会の論文は、「内閣府は『内閣に』置かれ……［るが、］現行の組織関係法令全体を見渡した場合には、『……に置く』という表現は、組織の包摂関係を表すものと考えた方が分かりやすいのではないか。すなわち、補助機関を含んだ意味での『内閣』という組織を観念し、これに『置く』と考えるものである」と立言している。

けれども、「『……に置く』という表現は、組織の包摂関係を表すものと考えた方が分かりやすいのではないか」という行政組織研究会の主張は、《……に……を置く》という文をその《……》に何が挿入されているかについて見極めをして、別言すると、文の具体的な内容について考慮・見極めをして、その《……に……を置く》の《に》を解明するという態度の放擲の上に成立している。

「内閣に、内閣府を置く」と定める内閣府設置法二条は、《……に……を置く》という構造になっているが、同条中の「内閣」に関連して思い起こされるべきは、何といっても、次の規定であろう。

憲法六六条一項：「内閣は、法律の定めるところにより、その首長たる内閣総理大臣及びその他の国務大臣でこれを組織する」。

この憲法六六条一項は、「内閣」の用語方についても規定しており、しかもその「内閣」は、「固有名」に準じた地位をもつ「確定記述」としての性格を有するから、法令のなかの文にいう「内閣」は、《断り書きがある場合》や《その文に構文上の不整合をもたらし、これを確定してしまう場合》を除き、同項のいう意味に理解されることを予定している、といいうるであろう。

補遺。F・レカナティ『ことばの運命――現代記号論序説』はいう、「固有名（『キケロ』、『イエス・キリスト』、『ジスカール・デスタン』）、確定記述（『フランス共和国大統領』、『隣りの猫』、『庭を掃いている男』）などはみな単一指示表現であって、すべて表現の指示項たるただ一つの対象へさしむけられている[321]」。

再び「内閣に、内閣府を置く」と定める内閣府設置法二条に立ち戻っていうと、いま指摘したことからみて、同条中の「内閣」は、憲法六六条一項のいう意味である（この理解は、「内閣に、内閣府を置く」というその文に構文上の不整合をもたらさない）。

内閣府設置法二条は《合議体である内閣に、内閣府を置く》旨の規定であり、しかも同条が「内閣に」というときの「に」はinの意ではない。その「に」はunderの意である。

「内閣に、内閣府を置く」という内閣府設置法中の規定は、《『補助機関を含』む意味の内閣に（in）、内閣府を置く》という趣意ではない。それは、《合議体である内閣に（under）、内閣府を置く》という趣意である。

同様に、「内閣に、内閣官房（内閣法制局）を置く」という現行法中の規定は、《『補助機関を含』む意味の内閣に（in）、内閣官房（内閣法制局）を置く》という趣意ではない。それは、《合議体である内閣に（under）、内閣官房（内閣法制局）を置く》という趣意である。

以上のべたところから、もはや明らかであろう。「……公正取引委員会に事務総局を置く」という規定中の「に」は、「包摂」の関係、すなわちinを言表していない。その「に」は、underの意である。

なお、後記本章**五**で考究をおこなうが、「公正取引委員会」に置かれる「事務総局」をもって「公正取引委員会」のofficeと形容することは認められるけれども、その「事務総局」を「公正取引委員会」のinternal officeと形容することは理に反する。

一般的な論定をおこなっておこう。法令が《合議体に……を置く》というときの《に》はunderの意であって、inの意ではない。《合議体》にinという仕方で《……を置く》ことは、特定の《合議体》であるというその性格を変えてしまう。

4　この**三**の**1**と**2**で記したように行政組織研究会は、「内閣の機関（内閣官房及び内閣法制局をいう。以下同じ。）」と定める「行政機関の職員の定員に関する法律一条一項」にいう「内閣」は、「『内閣に置く』とされた機関をも含む意味」、「広義の内閣」であると主張している。

けれども、その定めにいう「内閣」は、「広義の内閣」ではない。その定めにいう「内閣」は、憲法六六条一項のいう意味に理解されることを予定しているものである（この**4**の前の**3**を参照）。

その定めにいうところの「内閣の機関」というのは、《合議体である内閣に（under）置かれる機関》をいうのである。――なお、「内閣官房の外、内閣に、……必要な機関を置き……」旨、内閣法一二条四項。

そこで論考の結果は、こうなる。行政組織研究会は、「狭義の内閣」「広義の内閣」「最広義の内閣」といっているが、「広義の内閣」に係る例示は真実態においては例示といいうるものではないし、また、「最広義の内閣」に係る例示はされていない。同研究会が展開した「『内閣』という語の多義性」論は、《空虚》な論である。

この三の冒頭部分でのべた行政組織研究会の見解は、こうであった。平成一一年法律九〇号による改正の後の国家行政組織法一条が「内閣の統轄の下に」というときの「内閣」は、憲法六六条一項にいう「内閣」ではなくて、「実質的又は機能的な意味での広義の内閣」である。

行政組織研究会のこの見解は、同研究会のいう「広義の内閣」論に支えをもっているが、支えとして提出されているその「広義の内閣」論が《空虚》な論であることは、上に指摘したとおりである。

結論を確認的に記しておく。国家行政組織法一条が「内閣の統轄の下に」というときの「内閣」は、憲法六六条一項にいう「内閣」である。——参照、この4の前の3。

5　前記第六章二で、こう書いた。「理由は後記第一五章三でのべるところにゆずるが、この『正確には』論［すなわち、in the Cabinet は『正確には under the Cabinet とすべきもの』という論］は妥当である。『内閣に……を置く』という規定の『英訳』は、『正確には』、こうなる。There shall be set up under the Cabinet ……」。

理由について、もはや多くを語る必要はないであろう。法令が《合議体に……を置く》というときの《に》は under の意であって、in の意ではないことが、その理由である。

論文「『機関』の概念、そして会計検査院法二条の問題性」会計検査研究一七号四〇頁（一九九八年）で私は、「人事院は、人事官三人をもつて、これを組織する」と規定する国家公務員法四条一項や「人事院に事務総局及び法律顧問を置く」と規定する同法一三条一項などに言及した上で、次のように説示した。

「人事院事務総局は、人事院の『中』［in］にはなく、人事院の『下』［under］にある」。

この説示の基礎についても、言葉を費やす必要はないであろう。「人事院」が《合議体》であることに着眼しているのである。——更に参照、後記本章五（注(322)にも留意）。

四　「に」は「文字通りに」は in か

藤田宙靖教授は、行政組織研究会の「代表者」であるが、二〇〇一年に発行された教授の『行政組織法［新版］』一四一頁に左記のようにある。

「内閣府は、『広義の内閣』に置かれる機関で」ある。――また参照、同『行政組織法［新版］』一三八―一三九頁。

この藤田教授の主張との関連で強く留意される必要があるのは、『行政組織法［新版］』一三五―一三六頁の叙述である。そこでは、「『内閣』の概念」と題して次のように説かれている。

「日本国憲法が想定する『内閣』とは、首長たる内閣総理大臣及びその指名する国務大臣（原則として一四名以内。内閣法二条二項参照）によって構成される合議体である。しかし、我が国の行政組織法の全体を見通すとき、これはおそらく『最狭義の内閣』とでも言うべきものであって、詳細に見るならば、現行法上用いられている『内閣』という言葉の意味は、より複雑である。

例えば……内閣には、……『内閣の事務を助けしめる』ために必要な機関を置くことができることとされている……」。この機関」としては、例えば、内閣府設置法により設置された『内閣府』があるが、この『内閣府』には、本府（内閣府設置法一六条以下）、の他『宮内庁』（四八条）が置かれ、更に、外局として『委員会及び庁』が置かれることとされている（同四九条以下）。従って、文字通りに言うならば、こういった内閣府の外局をも含めた上記の全ての機関が『内閣』の組織の中に含まれることになる筈であるが、これは明らかに、憲法の言う、先に見た（内閣総理大臣及び十数名の国務大臣によって構成される）合議機関の範囲を越えるものであると言わねばならまい（いわば『広義の内閣』概念）」。

みられるように藤田教授は、「『広義の内閣』概念」と記している。そして教授は、こう記すに先立って、「……更に、外局として『委員会及び庁』が置かれることとされている（同四九条以下）。従って、文字通りに言うならば、こういった内閣府の外局をも含めた上記の全ての機関が『内閣』の組織の中に含まれることになる」とのべている。

ここからみて、「内閣に、内閣府を置く」と定める内閣府設置法二条中の「に」は「文字通りに」は「中に」(in)の意であって、under の意ではないというのが、藤田教授の見解のポイントを形成しているとみていいであろう。

「内閣に、内閣府を置く」と定める内閣府設置法二条中の「に」は「文字通りに」は「中に」(in)の意であるとする論が、同条中の「内閣」は「広義の内閣」であるとする論を生んだのである。

藤田『行政組織法〔新版〕』によれば、内閣府設置法二条は《『広義の内閣』に(in)、内閣府を置く》という趣意である。その前提は、こうである。《……に……を置く》の《に》は「文字通りに」は「中に」(in)の意である。

けれども、そういいうるであろうか。たとえば《膝に手を置く》という文の《に》は「中に」(in)の意であろうか。その《膝に》は《膝の上に》の意である。《……に……を置く》の《に》は位置的なこと・位相的なことに関係するが、その「文字通り」の意味は「中に」(in)であるとはいいえないであろう。

《……に……を置く》という文をその《……》に何が挿入されているかについて見極めをして、別言すると、文の具体的な内容について考慮・見極めをして、その《……に……を置く》の《に》を解明するという態度は、これを放擲してはなるまい。

「内閣に、内閣府を置く」と定める内閣府設置法二条は《合議体である内閣に(under)、内閣府を置く》という趣意であること、そして、この趣意把握が《憲法六六条一項は、『内閣』の用語方についても規定しており、しかもその『内閣』は、『固有名』に準じた地位をもつ『確定記述』としての性格を有するから、法令のなかの文にいう『内閣』は、『断り書きがある場合』や『その文に構文上の不整合をもたらし、これを確定してしまう場合』を除き、同項のいう意味に理解されることを予定している》という所見などをその基礎にもっていることについては、この**四**の前の**三**で説明をくわえたので、ここで論を繰り返す必要はあるまい。

藤田『行政組織法〔新版〕』一四六頁注四は、「森田・前掲『行政機関と内閣府』三頁以下は、内閣府の設置によって、国家行政組織法上の『統轄』の概念の意味が変わった、と指摘するが、そのような見方をするならば、むしろ内閣府の設置によって『内閣』の意味が変わった、と言う方が、立法の意図に合致しているのではないかと思われる」と記述している。

私は「内閣府の設置によって、国家行政組織法上の『統轄』の概念の意味が変わった、と指摘」したことは、一度もない。藤田教授の紹介的記述は、誤りである。——参照、前記第一四章**六**及び**七**。

そして、「内閣府の設置によって『内閣』の意味が変わった、と言う」ことが根拠を欠いていることは、上で論じたとおりである。

五　妙のある「内部部局」論から離陸

この**五**では、制定時の国家行政組織法の「内部部局（internal subdivisions）」論には問題がないものの、「昭和三十二年法律第百五十九号」による改正以降の国家行政組織法の「内部部局」論には問題があることを指摘したいとおもう。

なお予め断っておくと、この**五**の**1**から**4**までにおける、制定時の国家行政組織法に係るカッコ内の英語は「英正文」（参照、前記第一二章**一**）にもとづいている。

1　制定時の国家行政組織法七条の前に「見出し」がついている。これは、七条一箇条だけの見出しではなくて、七条から九条までの三箇条の見出しである。

制定時の国家行政組織法については、森田『行政機関と内閣府』資料編Xの参照を請いたいとおもうが、七条についてはこの1で、八条（一項）については次の2で条文を引用するので、そこから規定の内容は知悉することができるであろう。九条は「地方支分部局（local branch offices）」に関する規定である。

話題を元に戻そう。その七条の前にある「見出し」は、「内部部局及び機関（Internal Subdivisions and Organs）」というものであるが、この「見出し」には意味深長なものがある。

次に書き写す七条という一箇条の条文だけを素材にして思索を練っても、そのような所見が胸中に浮かんでくるであろう。

七条（制定時）：「【一項】府及び省には、その所掌事務を遂行するため、左に掲げる内部部局を置く（shall have internal subdivisions）。／官房（Secretariat）／局（Bureaus）／課（Sections）／【二項】庁には、その所掌事務を遂行するため、左に掲げる内部部局を置くことができる（may have internal subdivisions）。／官房（Secretariat）／部（Divisions）／課（Sections）／【三項】前二項の官房、局及び部の設置並びに所掌事務の範囲は、法律でこれを定め、……。／【四項】委員会に事務局を置く（shall have a Secretariat）。前二項の規定は、事務局の内部組織（the internal organization of the Secretariat）に、これを準用する」。

みられるように、この七条が前提にしている「府、省、委員会及び庁」という四種の「行政機関」のうち、「府」「省」そして「庁」について「内部部局（internal subdivisions）」という言葉が使われている。

これに対し、「委員会」に置かれる「事務局」の「組織」には「事務局の内部（internal）組織」という言葉が使われているものの、「委員会」の「事務局」それ自体を《委員会の内部（internal）組織》と形容することは、条文の上では慎重に避けられている。

何故か。「委員会」は《合議体》であるから、「委員会に事務局を置く」という規定中の「に」はinの意ではなくてunderの意であるという見地にたっているから、そうなったのである。

制定時の国家行政組織法は、「委員会」に置かれる「事務局」をもって「委員会」のorganとか「委員会」の

office と形容することは認められるけれども、しかし、その「事務局」を「委員会」の internal organ とか「委員会」の internal office と形容することは理に反するという《知》の上にたっているのである。

2　制定時の国家行政組織法は「府」「省」そして「庁」について「内部部局（internal subdivisions)」という言葉を使っているという洞察は、重要である。

上記七条の直後にある八条は、その一項で「第三条の各行政機関には、前条の内部部局（internal subdivisions)の外、法律の定める所掌事務の範囲内で、特に必要がある場合においては、法律の定めるところにより、審議会又は協議会（諮問的又は調査的なもの等第三条に規定する委員会以外のものを云う。）及び試験所、研究所、文教施設、医療施設その他の機関（and other organs）を置くことができる」と規定しているが、ここにいう「内部部局」もまさしく「前条の内部部局」である。

そのことに注意すれば知得されうるとおもうが、八条一項が「第三条の各行政機関には」といった後で直ちに「前条の内部部局の外」というふうに記したことには、一定の目的が認められる。

すなわち、八条一項で「置くことができる」とされている「審議会」「試験所」などの「機関」は、「前条」で「内部部局」という言葉が使われている「府」「省」そして「庁」に「置くことができる」という趣旨を表出するために、そういうふうに記したのである。――「前条の内部部局の外」という部分の「英正文」は、In addition to the internal subdivisions referred to in the preceding Article である。

3　制定時の国家行政組織法における「内部部局（internal subdivisions)」論には妙が認められていいことは、二〇条一項からも確認されるであろう。

二〇条一項は、「第三条の各行政機関には、第七条の内部部局（its internal subdivisions as specified in Article 7)に応じ、それぞれの長として、左の職を置くことを例とする。／局長（Chiefs of Bureau)／部長（Chiefs of Division)／課長（Chiefs of Section)」と定めているが、ここにいう「内部部局」もまさしく「第七条の内部部局」である。

そのことに注意すれば知得されうるとおもうが、二〇条一項が「第三条の各行政機関には」といった後で直ちに「第七条の内部部局に応じ」というふうに記したことには、一定の目的が認められる。すなわち、二〇条一項で明記するのは、「第七条」で「内部部局」という言葉が使われている「府」「省」そして「庁」に係る「職」であることを言表するために、そういうふうに記したのである。——二〇条一項が「局長」というときの「局」について用いられている「英正文」の英語は Bureau であって、「委員会」に置かれる「事務局」について用いられた Secretariat などではない。

4　この**五**の**1**で、制定時の国家行政組織法七条の前にある「内部部局及び機関（Internal Subdivisions and Organs）」という「見出し」には意味深長なものがあると書いた。何故か。次の**5**の論述から推知されうるように、その「見出し」中の「内部部局」は、七条四項にいう「事務局」にも関係しているとみるひともいるであろう。けれども、七条四項の「事務局」それ自体、すなわち「委員会」の「事務局」それ自体をもって「委員会」の internal organ とか「委員会」の internal office と形容することは、条文の上では慎重に回避されていた。そこで、こう判断される。七条四項の「事務局」それ自体は、当該「見出し」中の「内部部局」という部分ではなくて、「機関」という部分で捕捉されている。

制定時の国家行政組織法七条の前にある「内部部局及び機関（Internal Subdivisions and Organs）」という「見出し」には、「委員会」に置かれる「事務局」をもって「委員会」の organ と形容することは認められるけれども、しかし、その「事務局」を「委員会」の internal organ と形容することは理に反するという《知》の上にたった工夫が認められるのである。

5　現行の国家行政組織法七条や二一条の規定内容は、制定時の国家行政組織法七条や二〇条の規定内容と違っている。

第一に、条文の上から「内部部局」という言葉が消失した。第二に、現行の国家行政組織法二一条は、制定時の国家行政組織法二〇条と異なって、「委員会」に置かれる「事務局」に係る「職」にも言及している。

いま指摘したように、条文の上から「内部部局」という言葉は消失したが、「見出し」には使われている。現行の国家行政組織法七条（のみ）の「見出し」は「内部部局」、二一条の「見出し」は「内部部局の職」となっている。

それらの「見出し」は、「委員会」に置かれる「事務局」は「委員会」の「内部部局」と形容可能であるという見地の上にたっているのである。

制定時の国家行政組織法とは異なる見地の上にたっている訳であるが、いつからそのような見地の上にたったかというと、「昭和三十二年法律第百五十九号」による改正からである。

現行の国家行政組織法七条（のみ）の「見出し」は「内部部局」で、同条七項前段には「委員会には、法律の定めるところにより、事務局を置くことができる」と規定されているが、この《委員会に置かれる事務局》という言い回し中の《に》はunderの意であってinの意ではないことの没理解の結果、そのような見地の上にたつことになったのであろうか。

それはともかく、「委員会」は《合議体》であるから、「委員会」に置かれる「事務局」は、これを「委員会」のofficeというふうに形容しうるけれども、「委員会」のinternal officeと形容することは、理に反する。

現行の国家行政組織法七条及び二一条の「見出し」は、「委員会」に置かれる「事務局」は「委員会」の「内部部局」と形容可能であるという見地の上にたっているが、それは理に反する。[322]

思い起こしを願おう。前記第一二章**四**の**2**のなかで私は、《改正前の国家行政組織法》七条というのは「《部局subdivisions and offices》を置くという類いの内容」の規定であると書いていて、「『内部部局』を置くという類いの内容」の規定であるとは書いていなかったことを。その理由は、判然明白となったとおもうので、再述する必要はないであろう。

前記本章三及び四における論考から知られるように、前記第一章の注（32）で言及した行政組織研究会の論文には、《合議体に……を置く》という規定中の《に》は「包摂」の関係、すなわちinを言表しているとの見解がふくまれていたし、同研究会の「代表者」である藤田教授の著作『行政組織法〔新版〕』にも、《合議体に……を置く》という規定中の《に》は「文字通りに」は「中に」（in）の意であるとの趣旨の記述がふくまれていた。けれども、法令が《合議体に……を置く》というときの《に》はunderの意であってinの意ではないことは、上に指摘したとおりである。「内部（internal）」部局の論は、その洞察の上にたって、これを建立する必要がある。

六　行政主体・行政組織法・行政機関

国家行政組織法一条は「この法律は、内閣の統轄の下における行政機関で内閣府以外のもの（以下、『国の行政機関』という。）の組織の基準を定め、もつて国の行政事務の能率的な遂行のために必要な国家行政組織を整えることを目的とする」と規定している。

この国家行政組織法一条には、「国の行政事務の能率的な遂行のために必要な」とある。そこから明らかなように同条は、「行政主体」という講学上の用語を用いつついうと、「国」が「行政主体」であることを前提にして定めをおいているのである。

実定「行政組織法」は、「国」が「行政主体」であることを前提にして定めをおいている。

1　右に記した所見は、法令における「国」という言葉の使用に関する一つの考究をもその基礎にもっている。法令における「国」という言葉の使用について、塩野宏「特殊法人に関する一考察――行政組織法的観点からみた――」『行政組織法の諸問題』（一九九一年、有斐閣）四頁注一は次のようにのべている。

「国及び地方公共団体のうち、地方公共団体に関しては、地方自治法上、普通地方公共団体・特別地方公共団体共に、これを法人とする旨の明示の規定がある（地方自治法二条）。国に関しては、このような定めがないが、国法学上の国家法人学説とは別に、法技術的な意味における法人格性は、実定法もこれを当然の前提としているものと解される」。

ここに引いた論述中の「実定法もこれを当然の前提」という部分は説明を要するという見地の上にたってそれを試みたのが、著書『行政機関と内閣府』一〇〇頁中の立論である。左に書き写すのが、その立論である。

「国は、現行法上、権利の主体である。地方自治法二条一項は『地方公共団体は、法人とする』と規定し、地方公共団体が権利の主体であることを明示しているが、国が権利の主体であることを明示する法律の規定は、塩野教授のいうように、存在していない。にもかかわらず、国——国という名義——は権利の主体としての資格を有するという前提で、法律などは、国という言葉を使用している。

これはどのような考えにもとづいていると判断されるかというと、次のように判断されていいであろう。日本国憲法は、国といい、そしてその国が権利の主体であることを前提にして、規定しかも種々の具体的な規定をおいている。それ故、法律の規定で《国は、法人とする》と明示しなくても、国は権利の主体であるという前提で国という言葉を法律などで使用することは、認められる。

たとえば憲法四一条は、『国会は、……国の唯一の立法機関である』と規定しているが、これは、いうところの『立法』をするということについての権利の主体は『国』であるという把握の上にたって『機関』といったと解していいであろう。いま、いうところの『立法』をするということについての権利の主体を《立法主体》と呼称するとすれば、憲法四一条は、《立法主体》は『国』であるという把握の上にたって『国会は、……立法機関である』といっているのである。……

そのように、国——国という名義——は、現行法上、権利の主体として認められている。そして現行法によれば、国は、行政をするということについても、権利の主体として認められている。憲法『第五章　内閣』は、行政をするということについての権利の主体は国であるという前提で規定がおかれていると解していいであろう。いま、行政をするということについての権利の主体を《行政主体》と呼称するとすれば、憲法『第五章　内閣』は、《行政主体》は国であるという把握の上にたって規定をおいているのである」。

右に書き写した箇所に示されている理解にしたがえば、実定「行政組織法」は、「国」が《行政主体》であることを前提にして定めをおくということになろう。そして、実際、実定「行政組織法」はそのことを前提にして定めをおいているというのが、私の所見である。

いま指摘した点とのつながりにおいて、この段階で明記しておくのが適当と判断されることがある。それは、次の**2**を読まれれば自然に把握されるであろう左記の事実である。

既に柳瀬良幹教授など――言葉をかえていうと、伝統的行政法学――が、実定「行政組織法」は「国」が《行政主体》であることを前提にして定めをおいていると捉えている。

付記。右に書き写した箇所などにいう《行政主体》は、講学上の「行政主体」に関する概念的解明作業の成果に依拠している。このことは、次の**2**の論述をみれば容易に了解されうるとおもう。――念のためいう。講学上の「行政主体」の概念に関する従来の試みが第一段の課題としてきたのは、「行政主体」の「主体」の部分を《正確化》することによる行政主体概念の解明である。
2　藤田教授の著作『行政組織法〔新版〕』二八頁注一は、既存の行政主体論に関し私がおこなった評論に関連して、左のように記している。
「本書〔藤田『行政組織法』〕が問題にしているのは、このような〔森田『行政機関と内閣府』のいう〕『形式的観点』からする『行政主体』概念が理論的に成り立ち得るか否かではなく、従来我が国行政法学で用いられて来た『行政主体』の概念が、実定法の理解及び解釈論の上でどのような機能を果たしておりまた果たし得るのか、ということであって、概念の『要否』を問う理論的なレヴェルにつき、本書〔藤田『行政組織法』〕と同書〔森田『行政機関と内閣府』」との間には違いがあるのではないか、と思われる」。

私の評論は、どのようなものであったか。次に書き写すのが、『行政機関と内閣府』一〇六頁に書かれているその評論である。

「藤田教授の『行政組織法』は、『行政組織法上において《行政主体》の概念が必要か否か、ということは結局、諸々の法主体の中に、行政組織法上の諸法理の適用を受けるものとそうでないものとの区別を行う必要があるか否かという問題に帰することとなる。……その組織が行政組織法によって規律される法主体を他の法主体から区別して表すために《行政主体》の語を用いることは、当然に可能であり、またそれなりの理論的意義を有する』と論じて、『行政組織法』との関連で行政主体の概念の要否について語っているが、疑問である。／というのは、行政主体の概念は、『行政組織法』の前提レヴェルにある概念であると判断されるからである」（……は原文、傍点は森田）。

この私の評論のなかで引用されている藤田教授の記述は、その著作『行政組織法』二四―二五頁にあるが、その藤田教授の記述をみて何が知られるであろうか。

その記述をみれば明白なように藤田教授は、講学上の概念たる行政主体概念が「必要か否か」を――「我が国行政法学で用いられて来た『行政主体』の概念」が「必要か否か」を――《一定の角度》から、すなわち、『行政組織法』との関連で」問題にしているのである。この事実を正視・承認して、その上で私が疑問を呈していることは、もはや明らかであろう。

議論の俎上にのぼされているのは、初めから、その《一定の角度》の当否、呈示されている講学上の概念についてそれが「必要か否か」を「『行政組織法』との関連で」問題にする藤田教授の論の当否である。

「我が国行政法学で用いられて来た」講学上の概念が「必要か否か」を問題にするのであれば、何にもましてされる必要があるのは、「我が国行政法学」におけるその概念構成上の着眼点や着眼基礎の解明であろう。

呈示されている講学上の概念（あるいは、呈示されてきた講学上の概念）が「必要か否か」を、その概念構成上の着眼点や着眼基礎を視界に入れることなしに問題にすることが有意義性を欠くことは、自己の呈示した講学上の概念がそのように扱われた場合のことを考えれば理解されうるとおもう。

そこで、まず第一にされるべきは、そのような解明を試みる作業ということになるが、『行政機関と内閣府』一〇三―一〇四頁でそれをおこなった。左記が、そのポイント的部分である。

「《行政をするということについての権利の主体》は『国及び公共団体』であるという把握――すなわち、行政主体は一定の《法人》であるという把握――が前提にあって、その前提の上にたって、『行政組織とは行政機関の系統を意味する』と論じているのが、柳瀬教授の議論ではなかろうか。

この点に関連しては、柳瀬教授の『行政法教科書〔再訂版〕』が、『元来法は厳格に解釈すれば特定の二人格者間の権利義務の定をいう』と説き、そして、『行政機関』としての資格をもつ名義は『独立の人格を有せず』と説いていることが想起されていいであろう。

柳瀬教授などの議論においては、『法』概念についての把握があって、それを前提にして《行政をするということについての権利の主体》という概念が構成されているのである。そうだとすれば、その《行政をするということについての権利の主体》という概念は、『行政組織』の方から眺めて構成された概念ではなくて、『行政組織』編成の前提レヴェル・先行レヴェルにある概念ということになろう。

行政主体概念は、これを〔塩野教授のように〕『行政組織法』的な関心に源を発するとみることはできないようにおもわれるが、どうであろうか」。

このような解明的作業の上にたって私は、『行政機関と内閣府』一〇八頁で、講学上の行政「主体」概念に関し次のように結論的テーゼをのべた。

「行政『主体』というのは、行政をするということについての『権利の主体』のことである。行政『主体』概念は、《法というのは権利主体間の権利義務の定めをいう》という一つの『形式的観点』に支えられているのである」。

柳瀬教授などは、その「法」概念によれば権利主体が問題になるという見地の下に、《権利主体ということ》と《行政をするということ》とを結びつけて行政主体概念を構成し、その上で、「現在の制度においては、行政の権能は国及び公共団体に属し、即ち行政の主体たるものは国及び公共団体である」（柳瀬『行政法教科書［再訂版］』［一九六九年、有斐閣］二九頁中の記述）という実定制度的命題を呈示しているのであるから、その行政主体概念が「必要か否か」を問題にするにあたっては、何よりもまず、この実定制度的命題を注視する必要がある。

要するに、こうである。柳瀬教授などの行政主体概念が「必要か否か」などの有用性の問題は、その実定制度的命題との関連でこれを判定することを要する。

注意の集中を要望したいとおもう。その実定制度的命題は、実定「行政組織法」が前提にしているとされていることに。

このことは、柳瀬『行政法教科書［再訂版］』がその実定制度的命題を記した直後に「これらの行政の主体がその権能を行使するのはすべてその機関に依る。行政組織とは即ち此の如き機関の系統をいう」と書いていることから知得されうるであろう。

そこで、以下のようになる。柳瀬教授などの行政主体概念は、「『行政組織法』の前提レヴェルにある概念であり、『行政組織』編成の前提レヴェル・先行レヴェルにある概念」(323)である。

ところが、上述のように藤田教授は、「行政組織法上において『行政主体』の概念が必要か否か、ということは結局、諸々の法主体の中に、行政組織法上の諸法理の適用を受けるものとそうでないものとの区別を行う必要があるか否かという問題に帰する」という。

藤田教授は、柳瀬教授などの行政主体概念が「必要か否か」を「『行政組織法』との関連で」問題にしており、上で注視する必要があるとのべた実定制度的命題は、その際の考察において視界の外におかれている。結論。藤田教授は、「我が国行政法学で用いられて来た『行政主体』の概念」が「必要か否か」を、その概念構成上の着眼点や着眼基礎を度外において《それと無関係に・自己流に》問題にして批評をくわえている。

3　著書『行政機関と内閣府』一〇三―一〇六頁で私は、「柳瀬教授流ないし今村教授流の行政主体概念は『行政組織法』的な関心に源を発するとする塩野教授の見解」も、「そのような行政主体概念は『行政作用法』的な関心に源を発するとする藤田宙靖教授の見解」も、根拠を欠いていると論じた。

塩野教授のその見解も藤田教授のその見解も、「行政主体の概念は、『組織』的規律と『作用』的規律という区分――そして、その一種としての『行政組織法』と『行政作用法』という区分――の前提レヴェルにある概念であ」ることの没理解の上に成立しているために、そう論じたのである。

この論定は、いうまでもなく、「『組織』的規律と『作用』的規律という区分」なるものの性格把握をもその基礎にもっている。その区分について、『行政機関と内閣府』一〇五―一〇六頁で次のように指摘した。

「『組織』的規律と『作用』的規律という区分は《法人》についてなされてきた区分であるので、その区分における『作用』的規律というのは、組織に位置する《機関》が組織の《外部》に向けて活動するときに適用をみる規律をいうと解される……。たとえば行政主体の概念のように、《機関》との関連のなかで捕捉されていないもの、あるいは《機関》との関連を捨象して捕捉されているものは、『組織』的規律と『作用』的規律という区分との関連においてその特徴づけをおこなうことができない」（傍点は原文）。

先に引用したように柳瀬『行政法教科書［再訂版］』二九頁には、「これらの行政の主体がその権能を行使するのはすべてその機関に依る。行政組織とは即ち此の如き機関の系統をいう」とあり、同著八六頁には、「行政作用は行政機関の行動を意味する」とある（傍点は森田）。

柳瀬教授のこのような論述は、「作用」的規律とは組織に位置する《機関》が組織の《外部》に向けて活動するときに適用をみる規律をいうとする論に方位をとっているといいうるであろう(324)。

これに対し、柳瀬教授などの行政主体概念は「行政作用法」的な関心に源を発するとする藤田教授が「行政作用法」ということで考えているのは、「行政」の「外部関係に関する法」「即ち行政主体と私人との相互関係に関する法」である（傍点は森田）。

丁寧にみよう。一九九四年の著作で藤田教授は、「行政の……外部関係に関する法すなわち行政作用法(325)」というふうに記述している（……は森田）。

そして、一九九八年の論文で藤田教授は、「［行政の］外部関係に関する法（即ち行政主体と私人との相互関係に関する法……行政作用法(326)）」というふうに記述している（……は原文、傍点は森田）。

もはや明らかであろう。藤田教授は、自らの採用している「行政作用法」概念を柳瀬教授などの議論のなかに《投影》して、柳瀬教授などの行政主体概念は「行政作用法」的な関心に源を発すると批評しているのである。

関連する大事な注意点を記しておこう。左記は、『行政機関と内閣府』一〇五頁のなかの論述である。

「『法』を柳瀬教授のように『特定の二人格者間の権利義務の定』、あるいは美濃部達吉教授の一九三六年の著作『日本行政法・上巻』のように『人の権利義務に付いての定め』と把握する立場をもって――『組織』的規律と『作用』的規律という区分とは無関係に――『作用』的『法』観にもとづくものと形容……するひともありえようが、しかし、このような形容における『作用』は、『組織』的規律と『作用』的規律という区分との関連においていわれる『作用』と同じではない」。

再び私は論定する。藤田教授は、「『組織』的規律と『作用』的規律という区分との関連においてその特徴づけをおこなうことができない」ものをその「区分との関連においてその特徴づけをおこな」っている。この特徴づけは、その区分にいうところとは異なった「作用」概念を柳瀬教授などの議論のなかに《投影》することによって誕生した。――藤田教授の特徴づけは、根拠を欠いている。

藤田『行政組織法［新版］』二八頁注一は、この3の前の2の冒頭部分で引用した同著中の一節に続けて直ちに「このことは」と語を継いで、「このことは、従来の行政主体概念がもともと行政作用法的な関心に源を発しているのではないか、という本書［藤田『行政組織法』］の問題提起に対する同書［森田『行政機関と内閣府』］の批判的コメント（同書一〇四頁以下）についても、同様である」と記して、一蹴的な弁を発している。

この藤田教授の一蹴的な弁が《問題の転位》の上に成立している弁であることは、この六における論及から明白であろう。

塩野教授[327]、そして藤田教授の見解は、「対象のなかに身を深く沈潜させてそこに連関が内在していないかを探る」という態度の遺漏・欠落の産物である[328]。

最終末語。詩人の谷川俊太郎の言葉に、「自分を飾り、自我を拡張する道具としての知識を学問と呼べないのは言うまでもないことであって、真の学問はそれがいかに独創的なものであろうとも、むしろほんとうに独創的であればあるほど、一個人の恣意で動かすことのできぬ確固とした客観性を持つ。その意味ではどんなにせまい範囲の特殊な学問にも、普遍性とも言うべきものがあり、こういう言いかたしかできぬところにすでに私の無学の証のあることを恥じずに言えば、私にとって学問とは人類という共同体のより正確な表現を目指すものに他ならないのである[329]」。

(320)　森田・前掲注（34）一七頁、森田・前掲注（2）五四頁。
(321)　F・レカナティ（菅野盾樹：訳）『ことばの運命――現代記号論序説』（一九八二年、新曜社）三一頁。
(322)　関連して、国家公務員法四条四項前段について所見をのべておく。
国家公務員法四条四項前段は「人事院は、その内部機構を管理する」と規定しているが、「その内部機構」という語句の使用に原動力を与えた英語は、人事院・前掲注（125）三一七頁（三二〇頁）をみれば知られるように、its own internal operating organizational structure であって、its internal organizational structure などではなかったから、その英語との関係からしても、その語句の使用は不適切で、適切なのは《その補助機構》などの言葉であった。

(323) 今村成和教授の『行政法入門』（一九六六年、有斐閣）中の議論も同様に理解されうることについて、さしあたり森田・前掲注（2）第二編第一章（章名：「行政『機関』と行政『主体』と『法』と」）を参照。

(324) 前注で言及した今村教授の著作中の議論も同様に理解されうることについて、さしあたり森田・前掲注（2）第二編第一章を参照。

(325) 藤田・前掲注（253）六頁。

(326) 藤田宙靖「行政主体相互間の法関係について——覚え書き」西谷剛・藤田宙靖・磯部力・碓井光明・来生新：編『政策実現と行政法（成田頼明先生古稀記念）』（一九九八年、有斐閣）八四頁。

(327) 森田・前掲注（2）ii頁。

(328) 「対象のなかに身を深く沈潜させてそこに連関が内在していないかを探る」という態度の遺漏・欠落、しかも塩野教授・藤田教授などの論における遺漏・欠落に関連して、更に左記の二論文の参照を読者に請いたいとおもう。

森田寛二「許可・公企業の特許などの合理的再構成——『自由』に関する『法律学』的研究・第一部（上）（下）」自治研究七八巻七号及び八号（二〇〇二年）。

森田寛二「行政事件訴訟法の『法律関係』、そして同法三六条の趣旨——『自由』に関する『法律学』的研究・第二部（上）（下）」自治研究七八巻九号及び一一号（二〇〇二年）。

なお、「『《漠然と直観的に構成され、前景に現されてこなかった背景的な知の掘り起こし・際立たせ》は、難しい。けれども、困難の前に立ちすくんではならないであろう』。超克のために思考を深めるのである」旨、森田寛二「法令のありようと法令集のありよう」小早川光郎・宇賀克也：編『行政法の発展と変革（塩野宏先生古稀祝賀）上巻』（二〇〇一年、有斐閣）四五三頁。

(329) 谷川俊太郎『散文——私は生きるのを好きであった』（一九九八年、講談社）二〇〇頁。

〈著者紹介〉

森 田 寛 二（もりた・かんじ）

1948 年　鳥取市に生まれる。

1971 年　東北大学法学部卒業。

1977 年　東北大学法学部助教授。

1988 年　東北大学法学部教授。

現　在　東北大学大学院法学研究科教授。

行政改革の違憲性

2002 年（平成 14 年）10 月 20 日　初版第 1 刷発行

著　者　森　田　寛　二

発行者　今　井　　貴
　　　　渡　辺　左　近

発行所　信山社出版株式会社

〔〒 113-0033〕東京都文京区本郷 6 - 2 - 9 -102

電　話　03（3818）1019

ＦＡＸ　03（3818）0344

Printed in Japan.

印刷・製本／松澤印刷・大三製本

ISBN 4-7972-2240-9　C3332

民事訴訟法　梅本吉彦 著　五八〇〇円

シミュレーション新民事訴訟〔訂正版〕
京都シミュレーション新民事訴訟研究会　三八〇〇円

CD版民事再生法書式集 新版
園尾隆司・須藤英章 監修　四七〇〇円

訴訟における主張・証明の法理　萩原金美 著　一二八〇〇円

民事訴訟法判例研究　野村秀敏 著　一六六〇〇円

民事手続法の改革　石川　明　著　二〇〇〇〇円

ドイツ強制執行法の改正　石川　明　著　六〇〇〇〇円

調停法学のすすめ　石川　明　著　二八〇〇円

ゲオルク・レス教授六五歳記念論文集
EU法の現状と発展　石川　明　編集代表　一二〇〇〇円

川上宏二郎先生古稀記念論文集
情報社会の公法学　二〇〇〇〇円

信山社